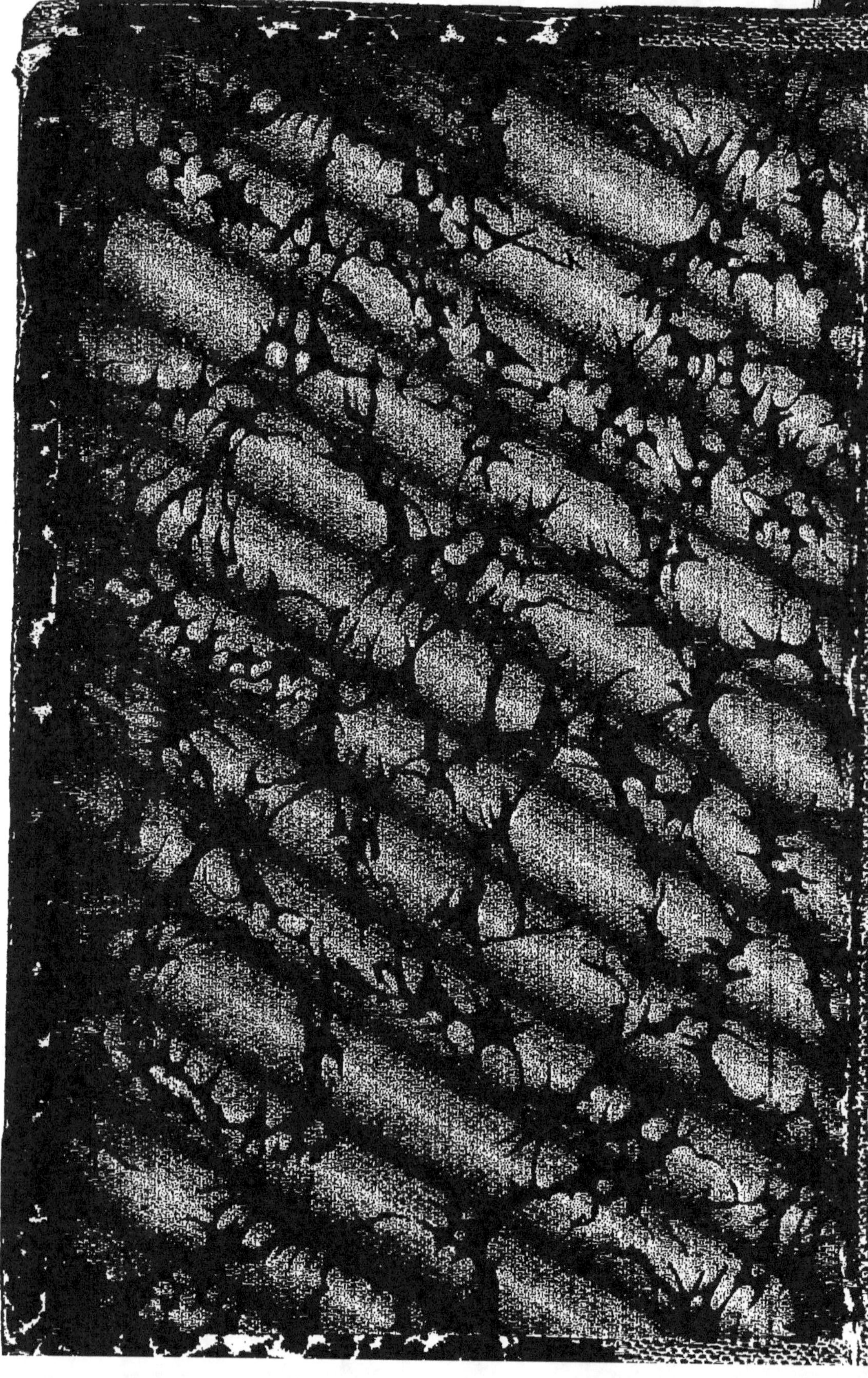

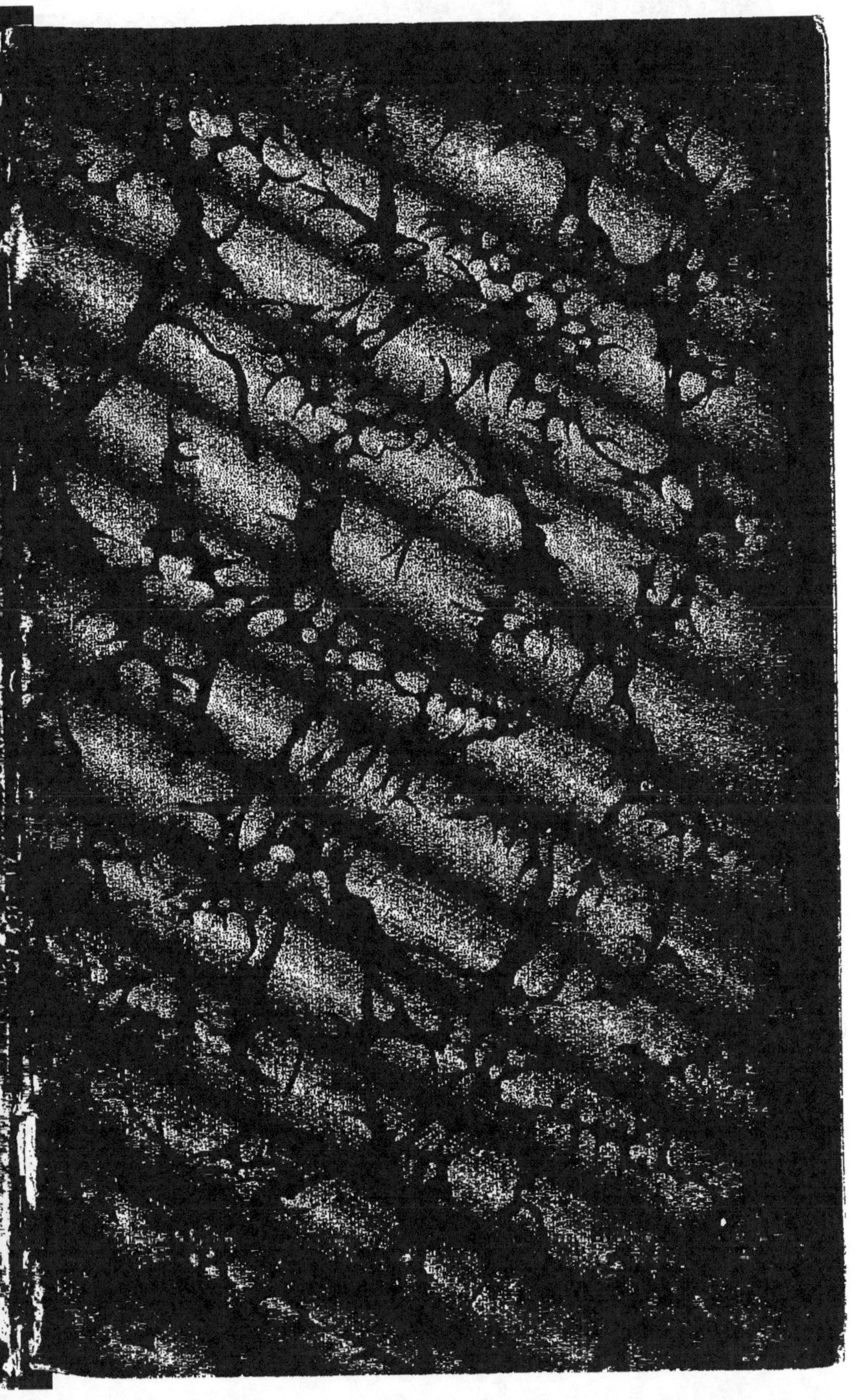

LES

# DUCS DE GUISE

## ET LEUR ÉPOQUE

ÉTUDE HISTORIQUE SUR LE SEIZIÈME SIÈCLE

PAR H. FORNERON

---

TOME SECOND

[illegible]ième édition

[illegible]

[illegible] C^ie, IMPRIM[illegible]

[illegible]

# LES DUCS DE GUISE
## ET LEUR ÉPOQUE

Ce volume a été déposé au ministère de l'intérieur (section de la librairie) en juin 1893.

PARIS. TYPOGRAPHIE DE E. PLON, NOURRIT ET Cie, RUE GARANCIÈRE, 8.

LES

# DUCS DE GUISE

## ET LEUR ÉPOQUE

ÉTUDE HISTORIQUE SUR LE SEIZIÈME SIÈCLE

PAR H. FORNERON

---

TOME SECOND

---

Deuxième Édition

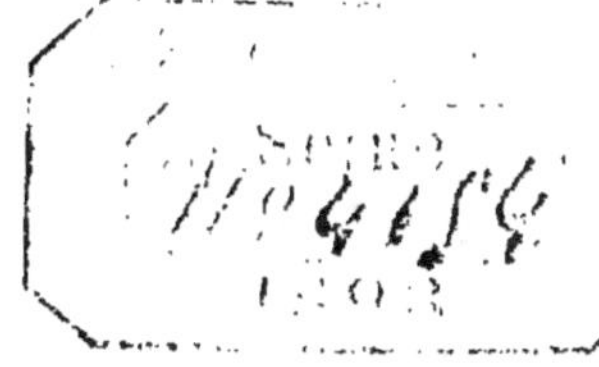

PARIS

LIBRAIRIE PLON

E. PLON, NOURRIT ET Cie, IMPRIMEURS-ÉDITEURS

RUE GARANCIÈRE, 10

1893

LES

# DUCS DE GUISE

## ET LEUR ÉPOQUE

---

## CHAPITRE XIV

### BATAILLE DE DREUX.

1562.

La perte de Rouen, après celle de Bourges, privait les huguenots de leurs deux villes principales. Condé voulut rassurer les esprits par un mot de joueur d'échecs : Nous avons perdu nos deux tours, dit-il, mais nous leur prendrons leurs cavaliers ! Il se détermina à jouer les dernières chances du parti dans une grande bataille. Mais Coligny et d'Andelot, qui avaient une médiocre confiance dans leurs auxiliaires allemands, préféraient éviter une rencontre avec l'armée catholique. D'Andelot, d'ailleurs, épuisé par une fièvre intermittente, ne pouvait se tenir sur un cheval, et ne voyait aucun capitaine pour le remplacer dans le commandement de l'infanterie.

De son côté, l'armée royale semblait peu disposée à accepter une bataille. Le connétable, malade de la gravelle, jaloux de l'autorité que donnait au duc de Guise sur les troupes l'assaut de Rouen, envieux de la part de gloire qui serait, en cas de victoire, attribuée à son rival, manœuvrait à quelques heures de distance de l'armée protestante, de manière à l'éloigner de Paris sans être forcé à une action décisive. Dans les deux camps, on comprenait qu'il faudrait en venir aux mains, et l'on voulait reculer ce moment, « chascun repensant en soy mesme que les hommes qu'il voyoit venir vers soy n'estoient Espagnols, Anglois ni Italiens, ains François, voire des plus braves, entre lesquels il y en avoit qui estoient ses propres compaignons, parents et amis, et que dans une heure il faudroit se tuer les uns les autres [1] ».

Comme pour reporter sur Catherine cette responsabilité du sang versé, les triumvirs lui firent demander si elle leur donnait l'ordre formel de livrer une bataille. La Florentine ne se laissait pas lier aussi aisément ; au lieu de répondre au gentilhomme qu'ils lui envoyaient : « Nourrice, dit-elle à la nourrice de Charles IX, demeurée près d'elle, que vous en semble? Le temps est venu que l'on demande aux femmes conseil de livrer bataille [2]. »

Un incident ne tarda pas à mettre les adversaires aux prises.

Dans les rangs huguenots se trouvait un aventurier nommé Perdriel de Bobigny, qui était fils du greffier de l'Hôtel de ville. Bourgeois riche et vaniteux, ce

[1] La Noue, p. 605

[2] Castelnau, liv. IV.

greffier prêtait son argent au maréchal de Saint-André, que des dépenses exagérées rendaient constamment besogneux, malgré ses immenses revenus; il donnait aussi sa signature au maréchal, quand les autres créanciers exigeaient que leurs prêts fussent garantis par une *caution bourgeoise*. En échange de ces complaisances, le maréchal avait admis parmi ses gentilshommes le jeune Perdriel, qui ajouta à son nom celui de la terre de Bobigny, et compta acquérir la noblesse en se consacrant à la carrière des armes [1]. Cette faveur donna à ce jeune homme de telles illusions sur sa situation réelle, qu'il osa demander la main d'une des nièces du maréchal. Celui-ci fut outré de tant d'audace, chassa l'impudent, et le laissa souffleter par son neveu le baron de Saint-Sornin, qui aggrava l'affront en refusant de se battre en duel. Flétri publiquement, exclu pour toujours de la profession militaire, exaspéré de la perte de toutes ses espérances, le jeune Bobigny guetta Saint-Sornin, le tua et disparut. Il avait été pendu en effigie et dépouillé de tous ses biens, quand il rejoignit l'armée de Condé avec quelques autres aventuriers dont il avait le commandement. Il proposa de surprendre la ville de Dreux, et offrit d'y introduire l'armée réformée par la grange d'un château qui appar-

[1] Président HÉNAUT, *Nouvel Abrégé chronologique*, année 1600 : « Tous les *hommes d'armes* étoient gentilshommes... ; il suffisoit, pour être réputé tel, qu'un homme né dans le tiers état fît uniquement profession des armes... et à plus forte raison qu'il eût acquis un fief noble. Ainsi donc, alors, on s'anoblissoit soi-même : un homme extrait de race noble, et le premier noble de sa race, s'appeloient également gentilshommes de nom et d'armes. L'article 158 de l'ordonnance de Blois de 1579 supprima la noblesse acquise par les fiefs, et l'édit de Henri IV de 1600 supprima celle acquise par les armes. »

tenait à son père, et qui communiquait avec une des portes de la ville.

Cette entreprise, mal concertée, venait d'échouer dans la nuit du 18 décembre. L'armée de Condé s'y était attardée; elle se trouva surprise le matin dans sa retraite par l'armée catholique. Le connétable, qui avait été « fort tourmenté de sa colicque et gravelle toute la nuict, et en de grands douleurs [1] », monta à cheval, jugea le moment opportun pour mettre les protestants en déroute, et, plaçant à la hâte quelques pièces de canon en batterie, commença à leur tuer du monde.

Condé prit joyeusement son parti d'accepter la bataille. Coligny continuait à donner ses ordres pour la retraite; mais il fut forcé de les annuler pour accourir à l'aide de Condé, avec tant de précipitation que plusieurs de ses gentilshommes n'eurent pas le temps de revêtir leurs armures, et furent forcés de combattre en pourpoint [2]. Le connétable vit ces hésitations, ces allées et venues dans l'armée ennemie, pendant que ses boulets enlevaient quelques files dans les rangs huguenots; il jugea, avec sa présomption accoutumée, qu'une seule charge culbuterait des gens déjà troublés et mal en ordre. Dans sa hâte d'en finir avant l'approche du duc de Guise, il fit cesser le feu et partit au galop avec toute sa cavalerie; derrière lui les Suisses doublèrent le pas et le suivirent en rangs serrés. Le duc de Guise, plus éloigné du champ de bataille, instruit tardivement, rallia les troupes qui étaient sous sa main, et s'arrêta, peu confiant dans les

[1] Brantôme, *Hommes illustres.*
[2] D'Aubigné, p. 166.

trop fameux « tours de vieille guerre » du connétable.

L'outrecuidant vieillard avait attaqué trop tôt les huguenots : en quelques minutes sa cavalerie fut détruite ou dispersée; lui-même, renversé à terre, la mâchoire fracassée, fut fait prisonnier; son troisième fils, M. de Montbéron, fut tué a ses côtés par un écuyer du prince de Condé, qu'il avait outragé, et qui le cherchait dans le combat pour se venger. La victoire des protestants semblait si complète, qu'une panique inexprimable saisit les vaincus. L'un d'eux, le brave d'Aussun, un des vétérans des guerres d'Italie, dont l'intrépidité était renommée parmi les soldats, s'enfuit au galop jusqu'à Chartres, s'arrêta et, affranchi tout à coup de cette peur étrange, tomba mort de honte et de rage. D'autres coururent jusqu'auprès de Catherine. En les voyant, elle dit simplement : « Il faudra donc dire ses prières en françois[1]. » Remarquable liberté d'esprit chez une femme qui s'était détachée de toute passion, et se tenait comme spectatrice désintéressée devant cette partie sanglante.

Cette déroute et la disparition du connétable n'étaient que le commencement de la bataille. Les Suisses continuaient à s'avancer en bon ordre; ils furent traversés quatre fois par la cavalerie huguenote, hachés, dispersés. En les voyant ainsi vaincus et débandés, les lansquenets luthériens crurent qu'ils devenaient une proie facile, et se ruèrent sur eux pour les massacrer. Entre les Suisses et les Allemands vivait toujours la vieille haine. A l'aspect de ces ennemis indignes d'eux, les Suisses du Roi serrèrent les rangs,

[1] Mézeray, *Abrégé chronologique*, Paris, 1668, t. III, p. 1031.

« au lieu de s'estonner, marchèrent droit[1] » aux lansquenets, et les mirent « en une honteuse et lointaine fuite[2] ». Il fallut que la cavalerie de Condé s'abattit de nouveau sur ces malheureux régiments suisses; cinq nouvelles charges les exterminèrent à peu près. Quelques survivants n'avaient plus que des pierres pour se défendre, et faisaient l'admiration des protestants en se retirant lentement, toujours en bon ordre, vers un petit taillis où les chevaux ne pouvaient pénétrer.

Condé restait maître du champ de bataille; les réformés se proclamaient vainqueurs; « mais, dit La Noue, il me souvient que j'ouïs M. l'amiral qui respondit : — Nous nous trompons, car bientost nous verrons ceste grosse nuée fondre sur nous. » Et il montrait dans le lointain le corps d'armée du duc de Guise. La troisième phase de la bataille allait commencer.

Le duc de Guise était demeuré immobile pendant la première partie de la journée, comme le connétable durant le combat de Renty. Il semblait indifférent; il n'avait pas reçu d'ordres. On a dit « qu'il ne se peut excuser d'avoir faict alte et temporisé avec les forces qu'il commandoit. Mais oultre ce que l'issüe en tesmoigna, qui en débattra sans passion me confessera aysément, à mon advis, que le but et la visée nonseulement d'un capitaine, mais de chasque soldat, doibt reguarder la victoire en gros, et que nulles occurrences particulières, quelque intéret qu'il y ayt, ne le doibvent divertir de ce point-là[3]. » Les hugue-

[1] CASTELNAU, p. 477.
[2] D'AUBIGNÉ, p. 168.
[3] MONTAIGNE, *Essais*, chapitre de la bataille de Dreux.

nots ne s'y sont pas trompés. Coligny voyait bien que la bataille allait recommencer, et qu'aux troupes fraîches du duc de Guise il ne pouvait plus opposer que des soldats dont l'ardeur s'était usée contre la résistance héroïque des Suisses. La Noue reconnut qu'en refusant de se mêler aveuglément à la déroute du connétable, « ledict sieur de Guise fit bien connoistre qu'il attendoit le point de l'occasion; car il eut patience de voir désordonner par les petites actions que j'ay récitées, le gros des forces de M. le Prince. Après qu'il veit qu'elles estoient for éparses, il s'esbranla. »

Il s'avance à la tête de sa cavalerie, portant sur son armure « un mantil de treilliz noir [1] », ayant « à ses deux estriers [2] » son infanterie au pas de charge, les Gascons de Charry à droite, les Espagnols de Carvajal à gauche. Sur cette masse disciplinée et compacte, Condé fond avec sa cavalerie fatiguée; il est renversé et fait prisonnier. Coligny pousse à son secours les reitres, qui n'avaient pas encore donné; ces Allemands lâchent leur coup de pistolet, font le limaçon et disparaissent. D'Andelot, malade, court au milieu des lansquenets pour les faire revenir au combat, « ce qu'ils ne voulurent faire, et ainsi se servirent ce jour-là plus des pieds et des jambes que de leurs piques et corselets [3] ». Il ne reste plus, pour couvrir la retraite des Allemands, reitres et lansquenets, que les cavaliers de Condé, qui se sont seuls battus depuis le matin, et qui, privés de leur chef, épuisés par tant de charges, font encore bonne contenance. Ils tuent à côté du duc de

[1] MERGEY, p. 571.
[2] D'AUBIGNÉ.
[3] CASTELNAU.

Guise son écuyer La Brosse, celui qui avait laissé les laquais attaquer la grange de Vassy, et ils blessent grièvement deux frères du duc de Guise : le duc d'Aumale et le grand prieur. Ce dernier succombe quelques jours plus tard.

Le maréchal de Saint-André, qui n'a pas quitté le duc de Guise pendant toute la journée, se met sur le soir à attaquer, avec une cinquantaine de cavaliers, afin de ramener des prisonniers, une troupe de huguenots qui font retraite. C'est précisément le corps que commande Bobigny, son ennemi. Les protestants s'arrêtent pour recevoir le maréchal, repoussent ses gentilshommes, le font prisonnier. Pour l'empêcher d'échapper, Bobigny l'oblige à retirer ses éperons et à l'accompagner sur un cheval de suite. Désespéré d'être pris ainsi le soir d'une victoire, et en poursuivant les fugitifs, inquiet de se voir aux mains de l'homme qu'il a si cruellement outragé, le maréchal se croit sauvé en voyant passer un des chefs huguenots, le prince de Portien ; il lui crie que c'est à lui qu'il se rend, et le supplie de l'emmener. Bobigny est trop petit compagnon pour défendre ses droits sur son prisonnier contre le prince de Portien ; il a déjà assez souffert de l'injustice des grands ; s'il perd la rançon, il ne perdra pas du moins sa vengeance. Il arme son pistolet, et casse la tête au maréchal de Saint-André, « le préféré et la fleur de toute la Cour[1] ».

Une quatrième péripétie aurait pu changer encore une fois la fortune du combat. Coligny venait de rallier les Allemands à une lieue du champ de bataille ;

[1] VIEILLEVILLE, p. 323.

leur troupe était intacte et assez nombreuse pour recommencer le combat le lendemain [1]. Mais Coligny supplia en vain ses Allemands d'affronter de nouveau les catholiques français; il leur disait « qu'ils trouveroient les restes de notre armée (catholique) en désordre, avec si peu de cavalerie, que la victoire leur seroit assurée. Mais les reistres n'approuvèrent pas ce conseil [2] », et répondirent que leurs pistolets avaient besoin de réparations, et que leurs chevaux étaient déferrés. Ils préférèrent se porter sur les riches abbayes du Berri [3], où ils purent recueillir, sans risques et sans danger, du butin pour garnir leurs chariots. Plus tard, ils eurent honte de l'abandon dans lequel ils avaient laissé la brave cavalerie protestante contre l'armée entière des catholiques, et se vantèrent, avec une fanfaronnade tardive, d'avoir été quatre fois à la charge. « Pour argent, racontait le landgrave de Hesse, un de leurs chefs, on doit aller à la charge une fois, pour son païs deux, pour sa religion trois; nous y avons esté quatre fois en ceste bataille pour les huguenots françois [4]. »

Tout l'honneur, mais aussi tout le profit de la journée était pour le duc de Guise; « d'une mesme défaite, il eut victoire de deux, ne luy estant pas la prinse de M. le connestable moins advantageuse que celle de M. le prince [5] ». Aussi le duc, « plein de joyes retenues », ne songeait qu'à se montrer généreux avec les vaincus,

[1] Castelnau, D'Aubigné, de Thou, Varillas.
[2] Castelnau, p. 479.
[3] Varillas.
[4] Tavannes, p. 267.
[5] Étienne Pasquier, *Lettres*, liv. IV, lettre XX.

familier et libéral avec ses soldats. Au prince de Condé, son captif, il témoigna grande « courtoisie et honnesteté, luy parla avec révérence et grande douceur de propos ». Alors qu'on était cruel avec ses prisonniers, quelquefois au point de ne pas épargner leur vie quand ils étaient des ennemis personnels, « il mangea avec le prince et lui offrit son lict [1] », comme pour lui prouver qu'il n'avait pas été son persécuteur durant la vie de François II, et que ce n'était pas à son instigation qu'était due sa condamnation à mort dans les derniers jours de ce règne. Le duc renvoya dans leur pays, sans rançon et avec de bonnes paroles, les lansquenets qui avaient été faits prisonniers, ménageant ainsi sa popularité parmi les anciens soldats de son père, et s'assurant pour des chances futures la reconnaissance de recrues qu'il pourrait un jour se voir obligé d'appeler [2]. A ses compagnons d'armes, il distribua trente-deux colliers de l'Ordre, le bâton de maréchal que laissait vacant la mort de Saint-André, les commandements de dix-huit nouvelles compagnies d'ordonnance. Il prit pour lui le gouvernement de Champagne.

La mort du roi de Navarre et du maréchal de Saint-André, la captivité du connétable et du prince de Condé, ne laissaient plus que deux hommes en présence, seuls debout, Coligny et le duc de Guise. Aussi Charles IX se sentit isolé avec sa mère entre ces deux sujets si puissants. Sur une lettre du duc de Guise, qui le remerciait de l'avoir créé lieutenant général du royaume, après la bataille de Dreux, et contenait des protestations de dévouement, l'enfant écrivit en

[1] La Noue.
[2] D'Aubigné, p. 170

marge : « Non ti fidar, et non sarai gabbato [1] », ne t'y fie pas, et tu ne seras pas déçu.

Le plus bruyant dans les manifestations de sa joie fut le frère du vainqueur, le cardinal de Lorraine. Il comprit, dès le premier jour, les conséquences pratiques de la situation que créait la victoire de Dreux : « Parle-t-on plus à Paris, fit-il, de nous faire rendre compte? A ce que je vois, monsieur mon frère et moi, nous orrons nos comptes tous seuls. M. le connestable est prisonnier d'un costé et M. le prince de l'autre. Voilà où je les demandois [2]. »

[1] Vieilleville, liv. IX, chap. II.
[2] L'Estoile, t. I, p. 16.

## CHAPITRE XV

### MORT DU DUC FRANÇOIS.

1563.

Les huguenots pouvaient espérer que les lansquenets feraient meilleure contenance derrière les murs d'Orléans qu'en rase campagne devant les Suisses. D'Andelot s'enferma donc avec ses fantassins allemands, chargés de butin, dans la derrière grande ville que possédait le parti. En même temps, Coligny se dirigea avec les reitres vers la Normandie, pour se rapprocher des alliés anglais et revenir, s'il obtenait le renfort promis par Élisabeth, à la tête d'une nouvelle armée. Mais les reitres, ennuyés de cette marche d'hiver, semblaient décidés à ne plus se battre, et se contentaient de « brancqueter les villages de Normandie [1] ». Si peu actifs durant la bataille, ces fuyards devenaient dangereux pour les villages et les châteaux. Diane de Poitiers, qui fallit être enlevée par eux, écrivait à la connétable : « Madame, je vous avise que je suis deslogée d'Anet sans trompette; car j'en despartis environ sur les quatre heures du soir, monstée à cheval, ayant la

[1] Castelnau, p. 482.

pluie sur le dos jusques à quatre heures du matin, dont je me suis ung peu trouvée mal [1]. »

Peu inquiet de cette singulière armée, le duc de Guise ne voulut pas laisser la sienne dans l'inaction ; il craignit qu'un hiver de repos ne calmât l'ardeur excitée par sa victoire de Dreux, et il espéra finir la guerre d'un seul coup en enlevant brusquement Orléans ; il disait que « le terrier estant pris où les regnards se retiroient, après on les courroit à force par toute la France [2] ». C'était assez dans ses habitudes de procéder par coups précipités, et de profiter de l'effet produit par les premiers succès pour mieux assurer les suivants. Mais ses troupes avaient été fort maltraitées pendant la bataille, et les froids du mois de janvier rendaient les marches pénibles. Le duc était saisi de pitié en voyant le soir d'une étape ses propres soldats « extresmement pauvres et si mal vestus, qu'ils ne pourroient porter deux de ces mauvaises journées [3] ». Il réussit cependant à réorganiser son armée, et il vint s'établir à Olivet, le 5 février 1563. Dès le lendemain, il commençait l'attaque des faubourgs d'Orléans.

Le faubourg du Portereau, sur lequel il porta ses efforts, était fortifié et défendu par des gens de pied gascons et des lansquenets. « A l'abordée qui fut du costé des Gascons [4] », les catholiques furent vigoureusement repoussés ; ils revinrent à la charge ; « mais

[1] Lettre du 11 février 1563, conservée au British Museum (collection Egerton), publiée par H. de la Ferrière, *Arch. miss. scient.*, 1869, p. 321.

[2] La Noue, p. 609.

[3] Guise, *Mémoires-journaux*, janvier 1563.

[4] La Noue.

cependant qu'on s'entretenoit là, quelques soldats écartés rapportèrent que vers le quartier des lansquenets, on n' y faisoit pas trop bonne mine ». Le duc fit aussitôt envoyer quelques volées d'artillerie dans cette direction; « les lansquenets, à ce bruit, s'estonnent et se mettent en fuite [1] » avec une telle précipitation, qu'ils s'écrasent les uns contre les autres, s'accumulent en désordre et encombrent le pont, seule issue pour rentrer en ville. Au lieu de les poursuivre, les soldats catholiques laissent ce troupeau, et viennent attaquer par derrière les protestants gascons. Ceux-ci, pris entre deux feux, veulent se replier vers le pont; ils le trouvent obstrué par les lansquenets, et augmentent la confusion. Guise pousse ses soldats vers le même point, et espère entrer dans la place avec les fuyards. « On ne sçauroit imaginer un plus grand désordre qu'il y eust là; car le pont estant embarrassé du bagage qu'on faisoit retirer dans la ville, les fuyants ne se pouvoient sauver, mesme on ne pouvoit fermer la porte des tourelles, ni hausser le pont-levis. » Ce n'étaient pas seulement leurs corps et leurs bagages que les lansquenets avaient à sauver, ils traînaient aussi leurs femmes avec des petits pendus aux bras. « Je vis des lansquenettes ne pouvant avoir place [2] » sur les bateaux qui cherchaient à les recueillir, y lancer leurs enfants; quelques-uns tombaient à l'eau, d'autres étaient écrasés. Guise, qui poussait tout devant lui, s'inquiétait des dispositions que pourrait prendre d'Andelot. Il s'informa près de quelques prisonniers « de ce que faisoit d'Andelot, qu'ils dirent avoir la fièvre quarte. Lors il

[1] La Noue.
[2] D'Aubigné, p. 173.

dit en riant que c'estoit une bonne médecine pour la guarir[1]. »

Le duc disait vrai. En apprenant que le Portereau, qu'il avait fait barricader et qui devait tenir quatre ou cinq jours, avait été enlevé « le premier jour, principalement par la lascheté des lansquenets[2] », d'Andelot se leva, se sentit guéri, monta à cheval, reconnut que « l'effroy qui fut porté dans la ville fut encore plus grand que le dommage. M. d'Andelot, qui estoit un chevalier sans peur, dit : — Que la noblesse me suive, car il faut rechasser les ennemis ou mourir. Sans s'estonner, passa les ponts et parvint jusqu'aux tourelles. Il estoit temps qu'il y arrivast, car desjà ils estoient près du pont-levis pour donner en gros. Il se passa plus d'une grosse demi-heure jusqu'à l'arrivée de M. d'Andelot, que cette porte fut ouverte sans qu'il y eust aucun qui fist teste[3]. » Mais les soldats catholiques s'étaient attardés à piller le faubourg et à ramasser ce qu'abandonnaient les lansquenets. Bientôt les murs de la ville se couvrirent de défenseurs qui « tiroient force arquebusades, et quelques pièces qui faisoient beaucoup de dommage aux nostres, et où ledit duc mesme n'estoit pas hors de danger. Il donna lui-mesme de sa main de l'argent à quelques soldats blessés, comme c'estoit ordinairement sa coustume[4]. » Mais la nuit approchait; il fut forcé d'ordonner la retraite et de se contenter, pour ce jour, de la prise du Portereau. Il écrivit le lendemain, avec regret, au frère du maréchal

[1] Castelnau, p. 484.
[2] La Noue.
[3] *Ibid.*
[4] Castelnau, p. 484.

de Brissac, le maréchal de Gonnor : « Mon bonhomme, je me mange les doigts de penser que si j'eusse heu six canons, ceste ville estoit à nous [1]. »

Il dut se résigner à commencer un siège en règle. Est-ce pendant les dix jours de ce siège [2], ou bien est-ce au siège précédent devant Rouen [3] qu'il faut placer l'anecdote suivante? Le duc de Guise aurait entendu deux soldats qui complotaient de le tuer; il les aurait appelés, et, sur leur déclaration qu'ils étaient huguenots, il leur aurait demandé « laquelle des deux religions est plus conforme à l'Évangile. Si la calviniste enseigne au soldat d'assassiner le général qui ne l'a point offensé, la catholique ordonne au duc de pardonner au soldat, encore qu'il confesse son crime. » Ce récit, qui a toutes les apparences d'une légende, servit à son tour de thème à une autre légende, qui imagine que le duc aurait reçu son meurtrier à son lit de mort, et lui aurait tenu ce langage pompeux.

Le duc de Guise était assassiné, en effet, onze jours après l'assaut de Portereau, par un aventurier poitevin qui se faisait appeler Poltrot, seigneur de Méré.

Poltrot avait passé une partie de sa jeunesse en Espagne. A quels métiers il s'était livré, on ne pouvait trop le savoir, car « il avoit pour vice la vanterie [4] ». Il fut traité moitié en bouffon, moitié en espion, quand il se présenta dans le camp huguenot. Par forfanterie et pour se faire mieux accueillir, il se déclara prêt à tuer de sa main le duc de Guise. « Les chefs à qui il

[1] GUISE, *Mémoires-journaux*.
[2] VARILLAS, t. I, p. 407.
[3] BOUILLÉ, t. II, p. 213. Cet auteur ajoute foi à la légende.
[4] D'AUBIGNÉ. Poltrot de Méré était né à Aubeterre.

communiquoit son dessein lui faisoient des remonstrances[1] », mais toutefois sans le rebuter. « Les langages qu'on lui tenoit sentoient le refus et donnoient courage. » Il y a des manières de repousser une idée en augmentant le désir de la réaliser. Le peuple de Dieu traversait une crise redoutable. Un miracle pouvait encore sauver les élus. N'était-ce pas déjà par la miséricode de Dieu qu'Holoferne avait été ému en admirant les sandales de Judith? On parlait de Sisara et de son clou, de Jéhu, d'Églon, de la sanglante poésie de l'Orient. Coligny avait trop de droiture d'âme pour se plaire dans le voisinage d'intrigues de ce genre. Mais il eut le tort de croire que ce misérable lui fournirait des avis utiles sur les forces catholiques; il lui fit cadeau d'un petit cheval et de quelques écus, se débarrassa de lui, comptant l'utiliser comme espion.

Voilà Poltrot de Méré devant Orléans; il s'offre au duc de Guise, se vante d'avoir eu la confiance du roi d'Espagne. De même que Coligny, le duc de Guise accueille cet homme, le fait manger à sa table, le laisse galoper à sa suite avec ses autres gentilshommes; « il accompagna souvent M. de Guise avec tous nous autres[2], de son logis jusqu'au Portereau, où tous les jours mondit seigneur alloit. »

Le 18 février 1563, Guise rentre d'une reconnaissance : il compte ordonner l'assaut pour le lendemain; un seul de ses gentilshommes, Tristan de Rostaing, l'accompagne. Il descend de cheval pour passer le bac de Saint-Mesmin, se remet en selle sur l'autre rive, et se dirige à travers un taillis pour atteindre son loge-

[1] D'Aubigné.
[2] Brantôme.

ment où il doit retrouver sa femme, dont il est séparé depuis le commencement des hostilités, et qui a dû arriver ce jour même. Sous le taillis se tient Poltrot de Méré; il guette le duc, le laisse passer, et par derrière, à sept ou huit pas de distance, il lui tire un coup de pistolet un peu plus bas que l'épaule droite, au défaut de la cuirasse[1]. Le duc s'affaisse sous le coup, se redresse, rentre à cheval chez lui.

La duchesse de Guise qui arrive pour voir son mari vainqueur, et pour intercéder près de lui afin d'empêcher le pillage et le massacre après l'assaut d'Orléans, le reçoit mourant. Elle peut garder de l'espoir pendant quelques jours. Catherine, qui était accourue aussitôt, écrit deux jours après le coup au cardinal de Lorraine : « Le coup n'avoit touché point aux oz ny entré dedans le coffre, ce qui me donne quelque confor; encores si ese que je suis si troublée que je ne sé que je souys[2]. » L'agonie dura six jours : spectacle déchirant pour Henri de Guise, âgé de treize ans, qui entendait nommer autour de lui Coligny comme le vrai coupable du meurtre de son père.

C'est Coligny, en effet, que Poltrot de Méré avait eu l'impudence de dénoncer comme son complice. Après avoir tué par derrière l'un de nos deux grands hommes, il s'efforçait de déshonorer l'autre par un mensonge. Après son coup de pistolet, Poltrot s'était enfui. S'il était rentré paisiblement et s'était assis à la table du duc de Guise, comme d'habitude, personne ne l'aurait soupçonné; mais son crime lui avait ébranlé le cerveau; il galopa comme un fou toute la

[1] Brantôme et Castelnau.

[2] Bibliothèque nationale, Ms. V C. Colbert, vol. 24, fol. 39-43.

nuit : au point du jour, il s'aperçut qu'il avait tourné en cercle et se retrouvait à son point de départ, près du fatal taillis; il se crut ensorcelé. Son cheval tomba d'épuisement. Il chercha à se cacher dans une grange, si blême, si tremblant, qu'il fut aussitôt questionné par les paysans, saisi, livré aux soldats. Son incurable besoin de se rendre important le fit aussitôt se vanter d'avoir été inspiré par Coligny. Ainsi se perpétuaient les haines; ainsi le soin des vengeances privées devait prolonger indéfiniment les guerres intérieures.

Le 24 février, le duc de Guise succomba. Si accablés par la douleur, si absorbés par l'idée de la vengeance que fussent la veuve et le jeune duc Henri, ils ne perdirent pas l'occasion de demander aussitôt à Catherine « l'estat de grand maistre de France », et le gouvernement de Champagne [1]. Le connétable, à qui cette charge de grand maître avait été enlevée, était prisonnier dans Orléans et ne pouvait venir la revendiquer; Catherine n'avait nulle répugnance à placer entre les mains d'un enfant de treize ans un office qui donnait tant de pouvoir autour d'elle, et de nourrir en même temps, de rajeunir la rivalité entre les Guises et les Montmorencys; elle accorda toutes les dignités que réclamait la jeune veuve, comme si les regrets de la perte du Balafré ne permettaient de rien refuser à sa famille.

Ainsi mourut, à quarante-quatre ans, celui que ses contemporains ont nommé « Monsieur de Guyse le Grand », le plus heureux de nos capitaines, le plus vigilant pour assurer l'exécution de ses ordres et le bien-être de ses soldats, « en toutes ses parties excel-

[1] Castelnau.

lent, surtout aux reconnaissances des places, duquel le naturel se fust porté non à la ruine, mais à l'estendüe de la France, en une autre saison et sous un autre frère[1] ». Ce frère avait été un fléau pour lui. François avait pu s'en débarrasser quelque temps avant sa mort, en l'envoyant au concile de Trente, et s'était montré, depuis qu'il le tenait ainsi à l'écart, capable de jouir avec une modération robuste et une sage dignité de la puissance absolue que pour la troisième fois il tenait entre ses mains. Tandis que jusqu'alors son frère l'avait entraîné à des maladresses dangereuses, à des cruautés inutiles, et l'avait embarrassé dans des intrigues mesquines, il pouvait maintenant suivre ses projets, il se sentait libre, aimé de son armée; il approchait de l'heure qui compléterait ses succès, sans s'étourdir de sa fortune, sans abuser de son pouvoir. « Cependant que je n'oublie pas que ce ne fut pas peu d'heur pour luy de mourir en ce période, lorsqu'il estoit au dessus du vent et que la fortune journalière ne luy avoit encores joué aucun tour dont elle sçait escorner les plus braves[2]. » François de Guise ne dut pas trouver rigoureuse la mort qui lui ôtait Orléans de la main, et l'empêchait d'achever sa campagne, car le triomphe même n'était pas sans amertume. Ceux qu'il combattait étaient ses propres soldats, ses vieux compagnons de gloire. On ne s'étourdit pas sur la répugnance que donnent de telles luttes. Quand les ardeurs patriotiques ne soutiennent plus le soldat, il cherche dans les excitations de la haine ou de la vengeance une fausse, une répugnante animation. Quel

[1] D'Aubigné.

[2] Pasquier, *Lettres*, liv. IV, lettre xx.

orgueil peut donner la prise de Rouen au général qui voit l'une des plus riches villes de France détruite et ruinée sous ses yeux? Ces sortes de combats où l'on perd à gagner, ce spectacle des vengeances privées, des apostasies sans pudeur, de la rapacité sans pitié, laissaient un tel dégoût, que Coligny préférait, il l'a dit, être déchiré sur une claie plutôt que de vivre dans une guerre civile. Guise, en outre, avait le sentiment qu'il travaillait pour l'étranger. S'il n'avait pu retenir un cri de douleur en voyant le Havre tomber aux mains des Anglais, il devait avoir une honte secrète et comme un remords de ses accointances avec l'Espagne. Fallait-il donc tant d'efforts, de courage, de massacres, pour aboutir à donner la prépondérance à l'Espagne? François de Guise n'était ni une de ces têtes légères qui s'exaltent et s'irritent dans la lutte, ni une de ces âmes fanatiques qui se mettent au service d'une passion aveugle. Les exagérés qui le regardaient comme leur chef étaient loin de connaître l'élévation de ses sentiments : au plus fort de la guerre civile, il semblait ne pas oublier les avances faites récemment au duc Christophe de Wurtemberg à Saverne, et il réprimait le zèle de ses officiers qui voulaient détruire les huguenots placés à Montargis sous la protection de sa belle-mère la duchesse de Ferrare. Cette fille de Louis XII écrivait à Calvin : « Ç'a esté luy qui a ployé à maintenir ceux de la religion que j'ay en ceste ville, jusqu'à en estre respondant; il s'estoit encore employé pour empescher qu'on ne confisquast Chastillon qui est a M. l'admiral, et qui ne fust saccagé ni travaillé[1]. »

[1] *Archives curieuses de l'histoire de France*, t. V, p. 404.

Cette clémence, ces complaisances pour les adversaires, prouvent qu'il n'avait ni aveuglement, ni étroit fanatisme. Sa mort frappa tous les esprits de stupeur; jusqu'alors l'assassinat était rare en France. Cette brutale façon de procurer la solution des difficultés n'était pas encore dans nos mœurs; depuis le crime du pont de Montereau, on ne voit pas de meurtre bien démontré jusqu'à celui du duc de Guise; aussi le maréchal de Montmorency s'écria en apprenant cette nouvelle : « Est de très pernicieuse conséquence; car si telles voyes ont lieu, il n'y aura seigneur en France qui soit asseuré[1]. »

Coligny eut moins de prévoyance et moins d'humanité. « Cette mort, dit-il, est le plus grand bien qui pouvoit arriver à ce royaume et à l'Église de Dieu, et particulièrement à moy et à toute ma maison. » Ce calme hautain devant la déshonorante accusation d'un Poltrot devait faire croire à une complicité secrète. Au lieu de se révolter contre l'accusation, Coligny ne daignait pas se justifier : il désavouait l'assassin, mais il ne niait pas que le crime lui fût agréable. Cette sérénité procédait assurément des dédains d'une âme supérieure pour les soupçons indignes. De même que le duc de Guise avait préféré être regardé comme le complaisant de ses laquais qui massacraient les paysans de Vassy, plutôt que de les désavouer en flétrissant le crime, de même Coligny aimait mieux se laisser vouer à la haine d'une famille qui regardait la vengeance comme un devoir sacré, plutôt que de se défendre contre une attaque injurieuse. Mais l'apparente maladresse de ses réponses procédait aussi d'un sentiment

[1] Bibl. nat., Ms. Brienne, v. 205, fol. 319, lettre publiée par Bouillé, t. II, p. 286.

mauvais; il voyait les exagérés de son parti se réjouir du coup qui leur promettait la délivrance, et il n'osait pas répudier les éloges de ceux qui avaient des sentiments assez bas pour lui en faire honneur; c'est à peu près par la même pensée que le duc de Guise n'avait pas su réprimer les acclamations des catholiques exaltés qui le méprisaient assez pour lui savoir gré des massacres de Vassy. Le supplice de tous les chefs de parti est de traîner à leur suite une troupe d'enragés qui les rendent complices de leurs sentiments les plus méprisables et les lient à eux par des suppositions, quand ils ne peuvent les saisir par des actes. Les renier, c'est perdre son pouvoir : triste conséquence des dissensions qui placent les esprits supérieurs et généreux dans la dépendance des avides et des violents. Mais s'il avait tant de faiblesse pour les derniers des siens, alors qu'il montrait tant de raideur en faisant face à ses adversaires, Coligny n'était pas l'homme qui arme un assassin; sa faute fut de ne pas désavouer la joie immorale de son parti, et non d'avoir cherché le salut dans une trahison.

A tort également, on a voulu comprendre Catherine parmi les complices de l'aventurier poitevin. « Ceux de Guise, dit-elle quelques années plus tard, se vouloient faire rois; je les en ay bien gardés devant Orléans [1]. » Elle a voulu par cette puérile vanterie persuader que sa force résultait uniquement de l'habile combinaison de ses projets; que sans rien devoir aux événements, elle avait su ménager seule les incidents fortuits, les amener, en profiter; comme si le véritable génie du gouvernement était d'amonceler des intrigues et non

[1] Tavannes.

de se tenir toujours prêt à profiter des malheurs ou des fautes de ses adversaires.

Catherine sut du moins, avec une activité admirable, reprendre dans sa main tous les fils qu'on lui avait soustraits un à un, et profiter de la fatalité qui venait de lui enlever en quelques semaines le roi de Navarre et les triumvirs, pour recouvrer son autorité. Elle se hâta de proposer la paix. Coligny, lassé de ses reîtres, accueillit ses offres. En quelques jours, on put croire qu'il n'y avait plus de dissensions religieuses en France, et que ce malheureux essai de guerre civile avait porté tous les esprits vers la concorde. Condé et le connétable, catholiques et huguenots, redevinrent frères d'armes, coururent au Havre et unirent leurs efforts pour en chasser les Anglais.

Pendant ce temps, les obsèques de François de Guise se célébraient aux frais de la ville de Paris, dernière et respectable manifestation de l'amour des Parisiens pour les deux premiers ducs de Guise qui avaient cherché cette popularité, et cru faire oublier leur origine étrangère, en se faisant adopter par eux. Le Parlement assista à l'oraison funèbre. Parmi les chansons insolentes que publièrent les pamphlets huguenots pour parodier ces obsèques, il y en a une qui semble traîner dans notre histoire, et qui a été rajeunie à la nouvelle de la mort de Marlborough, comme une mélopée de raillerie lugubre [1]. Avec la même brutalité, les catho-

[1] TARBÉ, *Recueil des poésies calvinistes*, Reims, 1867 :

C'est du grand duc de Guise
Qu'est mort et enterré :
Aux quatre coins de la tombe
Quatre écuyers y avoit,
Dont l'un portoit le casque...

liques prirent plaisir à voir périr Poltrot de Méré dans des souffrances si cruelles, qu'en les contemplant, la jeune madame de Montmorency-Thoré, belle-fille du connétable, tomba morte d'horreur.

## CHAPITRE XVI

### EFFORTS DE LA REINE MÈRE POUR ASSURER SON AUTORITÉ.

### 1563-1568.

La mort du duc surprenait la famille de Guise éparse, et la laissait sans chef. Le cardinal de Lorraine assistait au concile de Trente, le duc d'Aumale avait été grièvement blessé à la bataille de Dreux, le cardinal de Guise, incapable et brouillon, tombait, après ses repas, dans des accès de colère qui l'avaient privé de toute considération. La chute semblait si complète, que Catherine n'hésita pas à arrêter le payement du douaire de la reine Marie Stuart, et à affamer ainsi en Écosse la nièce des Guises. Elle pensa que les débris de la famille avaient assez de réclamations et de suppliques à lui soumettre pour oublier cette princesse, qu'elle châtiait en fille de marchand, selon la qualification qu'elle en avait reçue.

Catherine dut se sentir glorieuse de la supériorité de son génie, quand elle se vit enfin dominante. Ainsi se trouvaient humiliés ou tués ces hommes de guerre qui se riaient de ses ordres : un connétable qui affectait un ton de commandement, un duc de Guise qui semblait le roi des catholiques, un Condé qu'on appelait en secret *Louis treiziesme*, et jusqu'à un Saint-André, qui lui désobéissait avec effronterie, tous en ce moment anéantis ou délivrés par elle de captivité.

Son premier acte fut de se procurer la force matérielle; elle voulut être désormais « bien accompagnée » aussi; elle s'entoura d'épées. Avec son génie de séduction et son activité d'Italienne, elle se hâta de grouper autour d'elle les gens de guerre du duc de Guise. Elle n'eut pas de peine à les attirer. Les capitaines remarquaient que le nouveau duc, Henri, était pour longtemps un enfant; la paix se concluait; fallait-il encore une fois rentrer à son village, vivre dans les privations et l'ennui jusqu'à ce que surgit un nouveau Guise? Ne se laisserait-on pas tenter par l'honneur du dévouement chevaleresque à une femme, la Reine « mère de nos rois », qui aimait les fêtes, les hommes vaillants, les riches costumes; qui était entourée des plus belles filles du royaume, les couvrait d'étoffes d'or, de plumes, de parfums, et les entrainait au galop derrière elle, comme une promesse aux plus fidèles, comme un monde inconnu, plein de gloire, de splendeurs? A voir cette bruyante cavalcade de Catherine et de ses trois cents filles d'honneur, les Gascons se sentirent fixés à la Cour. Des dix meilleurs enseignes des gens de pied, Catherine fit ses *gardes-françoises*, sous le commandement de Charry.

Charry était le véritable lieutenant de Montluc, et le plus devoué au duc de Guise de tous les chefs de l'infanterie française. Pendant la guerre civile, il s'était employé à empêcher les Gascons des vieilles bandes de se lever à l'appel de d'Andelot, et avait amené les vétérans de Thionville pour décider de la victoire, le soir de la bataille de Dreux. Ce sont ces hommes que Catherine eut l'art de prendre pour elle et d'enrégimenter. « Aussy, n'y a-t-il pas de soldats en France qui surpassent les Gascons, s'ils sont bien conduits, et mesmement les dix enseignes du capitaine Charry [1]. »

Ces gens de pied de la garde royale furent divisés en trois régiments, qui avaient pour mestres de camp Cosseins, Charroux et Goas [2], et pour colonel général Charry. Plus tard, ils furent renforcés de tous les enseignes d'infanterie qui survécurent à la troisième guerre civile, et divisés en quatre corps, qui devinrent les régiments des *gardes-françoises,* de *Picardie,* de *Champagne* et de *Piémont.* Henri IV y adjoignit dans la suite son infanterie, sous le nom de régiment de *Navarre.* Ce sont les cinq premiers régiments de ligne de notre armée actuelle [3].

Charry, tout glorieux de la faveur royale, des bonnes grâces des filles d'honneur, de son importance nouvelle, se posa en adversaire de d'Andelot, et se sentit assez étourdi par sa fortune récente pour heurter avec insolence, dans l'escalier du Louvre, le 31 décembre 1563, ce général qui l'avait vu lentement parvenir, et qui était toujours suivi d'épées fidèles. De la suite de d'Andelot, au moment même de l'affront, deux gentilshommes se détachent en silence, Portant et Mouvans; ils vont chercher le Poitevin du Chastelier, dont le frère avait été tué en duel par Charry; ils se rendent sur le pont Saint-Michel et attendent, dans une des boutiques qui obstruent le pont, le retour de

[1] Montluc.

[2] Brantôme, *Grands Capitaines*, t. I, p. 645.

[3] Henri d'Orléans, duc d'Aumale, *Histoire des princes de Condé.*

Charry. Ils le voient revenir, lui barrent le passage; du Chastelier lui passe son épée au travers du corps.

Catherine ne poursuivit pas le châtiment de ce crime. Elle donna le commandement des trois régiments à son cousin Strozzi, fils du maréchal qui avait été tué à Thionville. C'était un homme de vingt-deux ans, froid, dur, entêté. Il passait pour être le seul vaillant de tous les Florentins qui entouraient la Reine mère. Les autres étaient ou des financiers qui épousaient les filles d'honneur compromises dans des scandales trop publics, ou des hommes de cour corrompus et familiers avec les négociations secrètes. Mais c'était de chefs militaires que Catherine voulait se faire accompagner, et ne trouvant que le seul Strozzi parmi ses Italiens, elle chercha à s'attacher en outre François de Gonzague, le fils du duc de Mantoue. Elle le maria à une héritière, le créa duc de Nevers, et le prépara au rôle de général d'armée.

A côté de l'infanterie française et des chefs italiens, elle ne négligea pas de s'assurer le dévouement de nos meilleurs généraux, Tavannes et Biron, qui avaient la réputation de savoir disposer les troupes pour la bataille, et de donner à propos les ordres de combat. Elle se mettait ainsi au-dessus des tentatives de rébellion ou de protection qu'essayeraient des sujets trop puissants. Désormais, on ne la contraindra plus, en enlevant les tentures de son lit, à quitter malgré elle un château; elle a ses hommes de guerre à elle. Ceux du connétable ne se croient pas plus liés que ceux du duc de Guise; tous s'empressent autour de Catherine dans cette Cour pleine de plaisirs et d'éclat.

Le plus assidu était le prince de Condé.

Ce premier chef des calvinistes ne ressemblait en rien aux sauvages puritains qui avaient fait mourir de fatigues et de chagrin, la régente d'Écosse, Marie de Guise, et qui persécutaient avec acharnement l'infortunée Marie Stuart. C'était un homme petit et blond, qui riait toujours, qui cherchait à plaire. Catherine connaissait la puissance qu'avaient sur lui les charmes des filles d'honneur; elle sut en user avec une science consommée et retenir dans ses mains ce chef des rebelles, sous les liens les mieux serrés.

Les filles d'honneur devenaient ainsi un moyen de gouvernement. Les galanteries de ses suivantes procuraient des épées à la Reine. L'usage, pour les princesses, de s'entourer de filles nobles qui se consacraient à leur service, remonte aux premiers temps du régime féodal. Le plus souvent, c'était dès l'enfance que les demoiselles étaient attachées à la princesse, pour être instruites à subir de bonne heure ses petites tyrannies. Dès qu'arriva en France la jeune Marguerite d'Autriche, qui devait grandir à la Cour et devenir la femme de Charles VIII, on donna à cette enfant six filles d'honneur de son âge [1]. Mais quelquefois elles étaient choisies soit pour leur beauté, soit pour les services rendus par le père. Ainsi fut amenée à la cour de Charles VII Blanche de Rebreuves, qui « estoit bien la plus belle fille que on eust peu avoir ne regarder [2] », et dont la beauté frappa tellement mademoiselle de Villequier,

[1] Archives nat., KK., 80 et 81. Comptes de la reine Marguerite, 1484-1489. Ces jeunes filles étaient Anne et Catherine de Brézé, Antoinette et Gabrielle de Bussières, Isabeau de Montalembert et Jehanne de Berthaune.

[2] DUCLERCQ, *Mémoires*, édit. Petitot, p. 45.

nièce d'Agnès Sorel et son héritière dans les faveurs royales, que, « sytost qu'elle vit icelle fille, prya moult de l'avoir avec elle ». Mademoiselle de Villequier « avoit toujours trois ou quatre filles ou damoiselles, les plus belles qu'elle pouvoit trouver, et qui suyvoient le Roy partout, aux despens du Roy ». Antoine de Rebreuves, le père de Blanche, s'empressa de faire conduire sa fille près de mademoiselle de Villequier « par chiceté, afin qu'elle ne luy coustast rien, nonobstant qu'il fust très riche homme. Blanche, au partir de l'hostel de son père en la cité d'Arras, plouroit fort; et assez tost après que icelle eust été un peu de temps avec ladite damoiselle de Villequier, la renommée publia qu'elle estoit aussi très bien en la compagnie du Roy, et pareillement que la demoiselle de Villequier. »

Anne de Bretagne n'aurait pas soumis ses suivantes à des exigences de ce genre. Auprès d'elle, comme auprès de la reine Claude de France, l'honneur de ces enfants était sauvegardé. Mais il fallait déjà chez ces deux princesses une grande fermeté dans la discipline, et une véritable austérité dans la dévotion, pour faire vivre à travers des fêtes continuelles et tous les hasards de la galanterie les plus belles filles du royaume au milieu des jeunes chevaliers qui revenaient de leurs campagnes avec l'habitude des mœurs brutales, le goût des jeux grossiers et bruyants, l'impatience des plaisirs, la séduction de la gloire, et les récits de coups de lance donnés et reçus. Peut-être est-ce pour diminuer les dangers que pouvaient courir les filles nobles de la suite des princesses, que la Cour conservait une bizarre institution sous le même toit que les pieuses Anne de Bretagne et Claude de France. Il y avait à la

Cour des filles soumises à une autre discipline que la leur; elles étaient sous les ordres de la « dame des filles suivant la Cour[1] ». Le Roi payait les dépenses « qu'il leur convient faire à suivre ordinairement la Cour ». Cette dame menait « les femmes et filles de sa vacation » présenter, le 1er mai, un bouquet au Roi; elle recevait de lui des étrennes le 1er janvier, « ainsi qu'il est accoustumé de faire de tout temps ». Avec les comptes de cette institution administrative, soigneusement tenus et conservés, on pourrait reconstituer la succession de ces dames, « des filles suivant la Cour ». Cécile Viefville remplaça Olive Sainte sous le règne de François Ier; Jehanne Lignière exerçait son autorité sous François II. Les plus anciennes des dépenses de cette catégorie semblent remonter au règne de Louis XI; on n'en voit plus après celui de François II. Catherine de Medici aura trouvé que cette invention de mademoiselle de Villequier était dangereuse pour sa

[1] DUCANGE, verbo *meretricalis* : « A Olive Sainte, dame des filles de joye suivant la cour du Roi, 90 livres par lettres données à Watteville, le 12 may 1535, pour lui aider et auxdites filles à vivre et supporter les dépenses qu'il leur convient faire à suivre ordinairement la Cour. » — En 1538 : « A Cécile Viefville, dame des filles de joye suivant la Cour, 90 livres, par lettres du 6 janvier 1538, tant pour elle que pour les autres femmes de sa vacation à départir entre elles pour leur droit du premier jour de may dernier passé, qui étoit dû à cause du bouquet qu'elles présentèrent au Roy ledit jour, que pour leurs estraines du 1er janvier, ainsi qu'il est accoustumé de faire de tout temps. » Mêmes dons en 1540 et 1546. Voir encore Arch. nat., KK. 62, comptes de la Chambre aux deniers, 4 mai 1470 : « Baillé par Guillaume Graffort, archier de sa garde, pour donner aux fillettes de joye suivant sa Court, pour leur may, dix escuts. » Même don en 1503. *Ibid.*, KK 127, fol. 2046, année 1560 : « A Jehanne Lignière, dame des filles de joye suivant la Court, la somme de 40 livres pour leurs estrennes du premier jour de may. » D'autres pièces du même genre sont publiées par JAL, *Dictionnaire historique*.

politique; elle n'éprouvait pas les scrupules de Claude de France pour le salut des jeunes filles qui la servaient, et préférait fortifier son pouvoir de ces ressources de la galanterie qu'on n'avait pas su utiliser avant elle.

Elle n'eut pas de peine à rassembler, à choisir ces instruments nouveaux de sa domination. La vie était si précaire, les femmes sans défenseurs étaient tellement exposées au brigandage, que toutes les mères étaient heureuses d'envoyer leurs filles sous la protection de la Reine mère. L'existence des femmes s'écoulait dans des appréhensions continuelles; la condition la plus humble n'affranchissait pas du danger : « En iceluy temps un pelletier nommé Jean Pinte mourut, et le lendemain matin, ainsy que Jean Pinte fut mis en terre, sa femme qui estoit jeune femme de trente et quatre ans ou environ épousa ce propre jour un nommé Villeret pelletier, de l'aige de vingt ans; car en ce temps, par tout le pays du duc de Bourgogne, sytost qu'il advenoit que aulcun marchand, laboureur et aulcunes fois bourgeois d'une bonne ville ou officier trespassoit, s'il estoit riche ou s'il délaissoit femme riche, le duc Philippe, son fils, ou aultres de leurs gens vouloient marier lesdites veuves à leurs archiers ou serviteurs [1]. » Les femmes nobles étaient exposées à de semblables affronts. Louis de la Viefville, seigneur de Sains, enleva une demoiselle qui avait eu l'imprudence de sortir un instant hors des murs de son château « en pleins champs, très belle, laquelle estoit noble femme [2] » ; il l'emmena chez lui, et « devant sa femme alloit... avec ladite fille, et il la faisoit seoir à sa table, et lui au

[1] DUCLERCQ, *Mémoires*, p. 52.
[2] *Id.*, *ibid.*, p. 101.

milieu d'elles deux », bien que sa femme fût « belle, bonne et preude femme ». Quand le duc de Bourgogne voulut poursuivre ce rapt, la dame de la Viefville « par plusieurs fois et par plusieurs jours se jetoit à genoulx devant la fille et lui prioit qu'elle ne se voulust plaindre de violence. Tant elle fit par doulces et humbles prières, avec mille florins d'or qu'elle lui fit avoir, que laditte fille ne se plaignit pas. » Souvent l'enlèvement n'avait pour motif que le désir d'assurer par un bon mariage à sa famille les richesses d'une héritière : Jean d'Escars de la Vauguyon contraignit une enfant dont il était le tuteur à épouser son fils, le prince de Carency. Cette orpheline était l'héritière des grands biens de la famille de Caumont la Force; l'aîné des Caumont la Force était venu, au commencement du siège d'Orléans, se plaindre au duc de Guise des exactions de Montluc en Guyenne. Rudement éconduit par le duc, il avait été frappé sur la tête de plusieurs coups d'épée par les amis de Montluc, et était mort au bout de quelques jours [1]; son frère, qui était dans les ordres, recueillit sa succession, prit des dispenses et épousa Marguerite de Lustrac, la veuve du maréchal de Saint-André; il mourut jeune. Sa fille, Anne de Caumont, mariée de force par son tuteur, malgré ses larmes, ne put trouver de protection qu'en faisant promettre sa main au fils du maréchal de Biron; c'était en 1586, à la fin du règne de Henri III. Biron provoqua en duel le prince de Carency, et le tua; mais la Vauguyon garda chez lui la veuve avec la jouissance de ses biens. Cette proie attira de nouvelles convoitises : le duc de

[1] BRANTÔME, *Hommes illustres*.

Mayenne, frère du duc Henri de Guise, et fils du grand Balafré, employa son armée de Guyenne à enlever la veuve de douze ans qu'il voulait marier à son fils. Ces romanesques aventures ne se terminèrent qu'après la paix, sous le règne de Henri IV, par un mariage de la jeune fille avec François de Longueville.

Les femmes étaient donc forcées de chercher une protection et de la payer du sacrifice de leur liberté : elles se soumettaient avec résignation, pour éviter de pires malheurs, à tous les caprices de la maîtresse choisie par leurs parents. Celles qui entraient au service des princesses n'étaient pas moins maltraitées que celles qui restaient comme suivantes chez les femmes des principaux seigneurs. Leur condition était si humble que la jeune Françoise de Rohan, cousine de Jeanne d'Albret, élevée près d'elle, lui disait [1] avec une grâce timide, en la quittant, lorsqu'elle était encore enfant :

Plus j'ay de toi souvent esté battue,
Plus mon amour s'efforce et s'évertue
De regretter ceste main qui me bat;
Car ce mal-là m'estoit plaisant esbat.
Or, adieu donc la main dont la rigueur
Je préférois à tout bien et honneur.

Ces châtiments étaient infligés par simple passe-temps et sans colère. Catherine de Medici se divertissait quelquefois à les imposer à ses filles d'honneur; elle « faisoit despouiller ses dames et filles, je dis les

[1] *Les Adieux des dames de chez la royne de Navarre à madame la princesse de Navarre,* Recueil de vers dont plusieurs pièces sont publiées par Martha Freer, *Life of Jeanne d'Albret,* t. 1, p. 19.

plus belles, et puis elle les battoit du plat de la main avec de grandes claquades et plamussades assez rudes, et les filles qui avoient délinqué quelque chose avec de bonnes verges. Aucunes fois, sans les despouiller, les faisoit trousser en robe et les claquetoit et foüettoit, selon le sujet qu'elles luy donnoient, ou pour les faire rire, ou pour plorer [1]. » Il est difficile d'énumérer tous les services qu'elle exigeait, et pour lesquels « il falloit qu'une de ses femmes, de ses plus favorites, luy servit en cela [2] ». Mais on peut rappeler que Henri III, se trouvant seul un jour avec M. de Grammont, fit appeler, pour lui parler, mademoiselle de la Mirande, une des filles d'honneur, et l'enferma avec Grammont qui l'outragea [3]. Quelquefois, le jeune Roi pénétrait avec ses gentilshommes dans la chambre des filles d'honneur : elles cherchaient à s'enfuir près de l'une des reines; celles qui ne pouvaient s'échapper étaient battues ou piquées de la pointe des épées, ou traitées plus grossièrement encore [4].

Catherine de Medici ne dépassait pas ses droits et ne trouvait pas de résistance lorsqu'elle voulait s'assurer par les complaisances d'une de ses femmes le dévouement d'un des seigneurs de la Cour; elle était assurée que dans des âmes si complètement soumises, le besoin de la servir serait plus fort que les intérêts de la passion éveillée par elle. La jeune fille ne devait songer, dans les confidences les plus tendres, qu'à

[1] BRANTÔME, *les Dames galantes,* discours II.
[2] *Id., ibid.*
[3] Bibl. nat., Ms. Dupuy, vol. XL, cité par Martha FREER, *Henry III king of France.*
[4] Martha FREER, t. II, p. 148; BRANTÔME.

prononcer les paroles exigées par sa maîtresse; elle restait dans sa dépendance au milieu des épanchements du cœur; elle lui rapportait les secrets livrés dans l'exaltation de la passion; elle quittait, elle variait ses galanteries au gré de la politique ou des curiosités de Catherine. Chacune d'elles pouvait dire en tremblant, comme sa propre fille Marguerite de Valois : « Je ne lui osois parler, mais quand elle me regardoit, je transissois de peur d'avoir fait quelque chose qui lui déplût[1]. » A son château de Chenonceau, le 15 mai 1577, Catherine réunit toute la Cour en un banquet, au milieu de la grande galerie qui couvre le Cher, et dans ce repas, « les dames les plus belles et honnestes de la Cour, estant à moitié nues, et ayant leurs cheveux espars, furent emploiées à faire le service[2] ». Quelques jours plus tard, au château de Plessis-lez-Tours, elle les fit revêtir de costumes d'homme, en soie verte[3].

En dehors de ces rares excentricités, Catherine se plaisait à couvrir ses suivantes de costumes somptueux. Pour les huit demoiselles d'honneur qui accompagnèrent en Espagne sa fille Élisabeth, on acheta « huit haquenées enharnachées de veloux violet avec des franges d'or, huit manteaux avec les devantiers de drap violet, huit chappeaux de veloux violet avec une tresse d'or autour et des plumes violettes accoustrées d'or. Pour leurs femmes de chambre, quatre hacquenées enharnachées de veloux noir, quatre manteaux avec les devantiers de drap noir bandés de veloux noir, et

[1] MARGUERITE DE VALOIS, *Mémoires*.
[2] L'ESTOILE, t. I, p. 86.
[3] J. QUICHERAT, *Histoire du costume en France*.

des chappeaux de veloux noir[1]. » Ces femmes de chambre si richement vêtues couchaient deux ensemble sur des paillasses sans draps; les filles d'honneur avaient des lits « avec des pavillons de damas violet, frangés de soie violette », mais elles étaient deux également dans chaque lit, et n'avaient pour tout mobilier que chacune un « coffre de bahut[2] ».

Malgré les robes de velours, il n'y avait dans cette vie en commun des filles d'honneur ni luxe, ni bien-être. Mêlées aux joies bruyantes et aux plaisanteries soldatesques de la jeune noblesse, elles perdaient promptement les timidités pudiques et devenaient aptes au rôle que leur assignait Catherine; elles s'habituaient à faire la guerre « selon la coustume » aux nouveaux mariés[3], ou à s'asseoir à des banquets comme celui que donna un jour le cardinal de Lorraine, où l'on n'eut à boire que dans une coupe sur laquelle étaient ciselées des figures indécentes. « Il falloit qu'elles beussent là, ou bien qu'elles esclatassent de soif; les unes disoient : Voilà de belles grotesques; les aultres : Voilà de plaisantes mommeries[4]. »

Ainsi formées à l'obéissance et dépouillées des scrupules, les filles d'honneur ne pouvaient qu'envier la fortune de celles que Catherine désignait pour devenir les favorites des principaux personnages.

[1] Guise, *Mémoires-journaux*, p. 446.

[2] *Id.*, *ibid.*

[3] Brantôme (*les Dames galantes*) cite un grand nombre d'anecdotes sur les plaisanteries qu'on faisait toujours aux nouveaux mariés (discours VII), et sur les spectateurs « cachés à la mode accoustumée ». Cet usage durait encore sous le règne de Louis XIV : « Le Roi me dit, malgré cette gravité qui ne le quittoit jamais, qu'il avoit su que... » (Saint-Simon, t. I, p. 157.)

[4] Brantôme, *les Dames galantes*, discours I.

Le roi de Navarre avait été l'un des premiers enlacé dans les liens de la Reine mère par les soins de la belle Rouhet.

Louise de Rouhet[1] avait acquis un empire absolu sur l'esprit indécis et faible du roi de Navarre; c'est par ses artifices que ce prince, après ses velléités d'indépendance, était sans cesse ramené sous la main de Catherine. Louise de Rouhet se berçait de l'espoir que le mariage avec Jeanne d'Albret serait annulé, et qu'elle deviendrait elle-même reine de Navarre. En attendant ces hautes destinées, elle mit au monde un enfant que l'on nomma Charles de Bourbon; puis elle vit la mort du roi de Navarre. Pour la récompenser du rôle qu'elle avait joué près de lui, Catherine la maria à un maître d'hôtel qui avait la surveillance des cuisines royales, Robert de Combault, seigneur de Vitry-le-François; elle en eut deux filles. Quant au petit Charles de Bourbon, son premier enfant, il fut recueilli et élevé par Jeanne d'Albret. La seule vengeance que voulut tirer l'épouse outragée fut de ne pas convertir cet enfant à la Réforme; elle le laissa catholique : bien plus, quand elle le vit âgé de huit ans, elle obtint de Charles IX l'évêché de Comminges pour ce bâtard[2], qui devint plus tard archevêque de Rouen.

Isabelle de Limeuil fut chargée par Catherine de s'emparer du prince de Condé aussitôt après la paix qui termina la première guerre de religion. Isabelle était née sur les bords de la Dordogne; elle était de la

[1] Fille de Louis de la Béraudière, seigneur de l'Isle Rouhet, en Poitou, et de Madeleine du Fou du Vigean.

[2] Martha Freer, t. II, p. 86. Cet enfant fut évêque de Lectoure en 1590, archevêque de Rouen en 1594; il fut ordonné prêtre en 1597.

maison de la Tour d'Auvergne, et parente de la mère de Catherine. Elle était remarquablement belle, sûre du pouvoir de ses charmes, fière et très spirituelle. Elle parlait et écrivait avec grâce. Dans les premiers temps qu'elle était près de la Reine, elle fit une satire en vers, sans méchanceté, contre les principales femmes de la Cour; sa maîtresse réprima cette disposition à la raillerie, et « asseurez-vous qu'elle la repassa par le foüet à bon escient, avec deux de ses compagnes qui en estoient de consente, et sans qu'elle avoit cet honneur de lui appartenir, elle l'eust chastiée ignominieusement[1] ». Cette belle fille, qui causait avec esprit, était courtisée par les plus grands personnages. « Au siège de Rouen[2], ainsi que la royne alloit au fort de Sainte-Catherine accompagnée de ses filles, M. le connestable lui ayant dit un mot et pris congé d'elle, vint à rencontrer mademoiselle de Limeuil, l'une des belles et spirituelles filles de la Cour, et qui disoit aussy bien le mot, et vint tout à cheval la saluer et pour causer avec elle; elle estoit altière quand elle vouloit, et commença à rabrouer fort et le renvoyer. » Mais elle passait pour ne pas montrer toujours autant de fierté, et pour s'être laissé aimer par Robertet du Fresne, secrétaire d'État. Un rôle plus considérable lui fut assigné par la Reine. Ce n'était pas une tâche facile que de fixer le cœur de l'inconstant Condé. Il venait de perdre sa femme, et se trouvait en commerce de galanterie avec Marguerite de Lustrac, la veuve du maréchal de Saint-André, qui voulait se faire épouser par lui et qui, pour se le mieux attacher, lui donna,

[1] BRANTÔME, *Dames galantes*, disc. VII.
[2] BRANTÔME, *Hommes illustres*, M. le Connestable, t. I, p. 315.

selon la coutume de l'époque, le château de Valery avec des meubles pour une valeur plus considérable que celle de la terre. Condé accepta le cadeau. Le château est resté dans sa famille[1]. Mais Isabelle de Limeuil lui fit un don qu'il trouva sans doute plus précieux : « n'ayant point assez de biens pour égaler la libéralité de sa rivale, il luy prit envie de la surpasser. La grossesse qui suivit de bien près sa faute la rendit publique[2]. » Un matin, tandis qu'elle aidait la Reine à sa toilette, elle se sentit prise de douleurs, n'eut que le temps de se réfugier dans la garde-robe, et donna le jour à un jeune prince. Le scandale de cette naissance sous les yeux de Catherine obligea à enfermer Isabelle dans un couvent[3]. Condé lui écrivit dans cette prison : « Hélas ! mon cœur, que vous puis-je dire aultre chose, synon que suys plus mort que vif, voiant que suys privé de vous servir? Croiez pour certain que je ne vous aymai jamais tant, vous baysant les pieds et mains en attendant myeux ; mais je pence quant vous verrai que d'aise je perdrai la parolle, car je désire autant ou plus cela que mon salut[4]. »

Condé l'enleva de son couvent[5], puis devint infidèle, puis lui reprocha son ancienne intimité avec Robertet, le secrétaire d'État, supposa, peut-être avec raison, que ce manant était le père de l'enfant ; elle revint près de

[1] Il fut vendu au dix-huitième siècle par mademoiselle de Sens. HENRI D'ORLÉANS, DUC D'AUMALE, t. I, p. 267 et notes. Valery est dans le département de l'Yonne, canton de Chéroy.

[2] VARILLAS, t. I, p. 441.

[3] Voir *Information contre Isabelle de Limeuil*, mai-août 1544, documents publiés par HENRI D'ORLÉANS, DUC D'AUMALE.

[4] Lettres publiées dans l'*Histoire des princes de Condé*.

[5] Voir lettre de Smith, ambassadeur d'Angleterre, citée par H. DE LA FERRIÈRE, *Arch. miss. scient.*, 1874, p. 64.

la Reine, perdit son fils au bout de deux ans [1], et finit par épouser un des marchands lucquois qui maniaient nos finances autour de Catherine, Scipion Sardini. Sardini devait être vieux; on le voit en 1549 vendre les étoffes de fil d'or et d'argent pour les mariages des princes, au moment de la mort de Henri II [2]. Il vivait encore en 1575, et était devenu un riche financier qui faisait attendre plusieurs mois aux ambassadeurs du roi de France le payement des mandats assignés sur sa caisse [3]. Ces traitants avaient d'ordinaire une triste fin; on ne sait ce que devint avec cet aventurier la fière Isabelle de Limeuil.

Ces campagnes imposées à des jeunes filles étaient rarement heureuses. Des accidents et des revers semblables à ceux d'Isabelle de Limeuil arrivèrent à Françoise de Rohan [4], celle qui était si glorieuse d'être souffletée par la main de Jeanne d'Albret. Elle était devenue fille d'honneur de Catherine, et avait reçu la mission de conserver à la Reine le dévouement du beau duc de Nemours. Nemours s'était depuis longtemps

[1] A Lyon, en 1564. Voir CASTELNAU et *Remarques sur la confession de Sancy*, édit. de 1720, p. 224 et suiv.

[2] Les quittances sont à la Bibl. nat., *Portef. Fontanieu*, vol. 298.

[3] Voir *Lettres* de LA MOTHE-FÉNELON, à la Reine, 6 mai 1575 : « A ce prochain mois de juing, il y aura ung an que je n'ay receu un seul denier de toutes les assignations qu'on m'a baillées, à cause que le seigneur Sardini a faict le long et difficile d'acquitter celles que M. le Trésorier de l'Espargne m'avoit adressées sur luy dès l'année passée. » A Brulard : « Je fay aussi à Leurs Majestés ung article du tort que le sieur Scipion Sardini me faict touchant les assignations que M. le Trésorier de l'Espargne m'a baillées sur luy. » 26 juin, à Brulard : « Mes assignations desquelles le sieur Sardini me faict grand tort. »

[4] Son père, René de Rohan, était le second fils du maréchal de Gié. Sa mère était Isabelle de Navarre, sœur du père de Jeanne d'Albret.

déclaré le chevalier de la duchesse de Guise. Dès 1549, il portait ses couleurs jaune et noir, au tournoi dans lequel succomba Henri II. Si la duchesse oublia ses devoirs en faveur d'un prince qui était le plus accompli cavalier de l'époque, qui descendait au galop sur son cheval le *Réal* les degrés de la Sainte-Chapelle, et « dont l'esprit, la gentillesse et la galanterie ont été si célébrés [1] », ou si elle sut conserver la fidélité de Nemours en lui refusant toutes les faveurs qui auraient pu être un outrage pour le conquérant de Calais, c'est ce qu'il est difficile de discerner exactement. Lorsque Catherine voulut gagner ce prince de la maison de Savoie, qu'elle savait aimé des gens de guerre et plein d'autorité sur la cavalerie d'ordonnance, elle dut supposer que la duchesse de Guise refusait les sacrifices nécessaires pour le défendre contre les filles d'honneur. La douce Françoise de Rohan elle-même ne se rendit que sur une promesse écrite de mariage; elle échangea son anneau avec le duc de Nemours [2], devint enceinte, apprit que, depuis la mort du duc de Guise, « madame de Guise, après avoir gardé les bienséances, vouloit épouser M. de Nemours [3] ». La malheureuse Françoise produisit sa promesse signée, plaida. « Personne des intéressés ne faisoit là un beau personnage; madame de Guise vouloit enlever M. de Nemours à sa parole, de haute lutte. M. de Nemours convenoit de l'avoir donnée, il n'osoit y manquer, et pourtant ne la vouloit point tenir. La bonne Françoise de Rohan demeuroit abusée, et, en attendant ce qui arriveroit de son ma-

[1] Saint-Simon, t. I, p. 361.
[2] Martha Freer, t. II, p. 28.
[3] Saint-Simon, t. I, p. 361.

riage, faisoit de sa turpitude la principale pièce de son sac[1]. » Les frères du duc de Guise, quand ils poussaient leur belle-sœur à épouser le duc de Nemours afin de s'en faire un allié contre leurs ennemis, n'avaient pas un rôle beaucoup plus honorable. Le Pape dut intervenir pour annuler la promesse de mariage, et, après trois ou quatre années d'incertitudes, le cardinal de Lorraine maria en 1566 devant toute la Cour, à Saint-Maur, sa belle-sœur et le duc de Nemours. Françoise essaya de troubler la cérémonie en faisant lire une protestation par un de ses gentilshommes : la Reine fit enfermer celui-ci, et la jeune fille « alla élever son poupon dans l'obscurité ». Elle n'y put tenir, vint s'humilier près de son ancienne rivale, « essaya de faire pitié à madame de Nemours[2] », se fit protéger par elle près de Henri III, et obtint en 1576 le titre de duchesse de Loudunois, ce qui lui laissa ses entrées à la Cour, où elle mena son fils qu'elle fit appeler le prince de Genevois.

Une autre des filles d'honneur, Renée de Rieux-Chasteauneuf, eut une fortune plus haute et des aventures plus romanesques. La faveur de Catherine l'introduisit comme associée intime dans le projet le plus cher de sa vie, lui fit partager ses tendresses, ses ambitions, son âme tout entière. Ce n'était pas assez pour Catherine que de compter sur le dévouement mercenaire et changeant de quelques soldats et de quelques jeunes filles. Elle rêvait d'avoir à elle seule un général, un héros, un maître. Et comme si le besoin d'aimer était un instinct tellement supérieur à la science et à

[1] Saint-Simon, t. I, p. 361.
[2] *Id.*, *ibid.*

l'expérience, que les plus forts génies et les esprits les plus corrompus doivent sentir sa domination, Catherine arrivée à l'apogée de sa puissance, redoutée de l'Europe, experte dans l'art de tromper, pleine de mépris pour les surprises du cœur et les témérités des âmes loyales, se préparait avec un amour infini son prince accompli selon les maximes florentines, son troisième fils, Henri de Valois, duc d'Anjou. L'enfant grandissait au milieu des filles d'honneur; mademoiselle de Chasteauneuf avait été chargée plus spécialement de lui, afin qu'aucune de ses pensées ne cessât jamais d'être réglée par Catherine, et que pas un acte de sa vie pût être un secret pour sa mère.

## CHAPITRE XVII

### LA JEUNESSE DU DUC HENRI DE GUISE.

### 1563-1568.

Henri de Guise avait vu succomber en pleine gloire, au milieu de son armée, ce père si grand, si obéi, si idolâtré; cet évanouissement subit des grandeurs, et cette dispersion des amis les plus fidèles, donnaient au jeune duc la passion de la vengeance, et le trempaient dès son enfance pour les haines ardentes et les représailles implacables. Il héritait de revenus considérables, mais avec la charge de deux cent mille écus de dettes [1] contractées à entretenir tant de clients et de troupes armées, durant les mois qui précédèrent la guerre civile. Catherine refusait durement de s'associer à ses vengeances, et ne dissimulait pas son désir d'être débarrassée des Guises. Quand la famille entière se présenta devant le jeune Charles IX, avec un éclat un peu théâtral, la duchesse Antoinette et la duchesse Anne, la mère et la veuve du héros, couvertes de crêpes noirs, et tous les princes de la maison, drapés de noir, pour demander « justice de la mort du feu duc de Guise

[1] Président HÉNAULT, p. 342.

contre l'amiral, Leurs Majestés commandèrent à ceux de Guise d'attendre le temps et l'occasion[1] ». S'ils insistaient, quelques mois plus tard, ils étaient repoussés de nouveau ; on leur répondait que « le Roy ne vouloit entrer en cognoissance de cette cause[2] ».

Autour de lui, nul appui pour le jeune duc ; l'aïeule Antoinette ne portait pas ses idées au delà des murs du château de Joinville ; l'important, à ses yeux, était de détruire l'hérésie à Joinville. Un de ses vassaux, M. de Raynel, eut l'imprudence de rentrer dans ses domaines, après la paix, bien qu'il eût servi dans la cavalerie de Condé : la vieille duchesse le fit pendre[3]. La veuve, aussitôt après ses premières démarches contre Coligny, se donnait tout entière à ses intrigues contre Françoise de Rohan et à son mariage avec Nemours. Le fils conservait seul la douleur dans toute son amertume ; il la vit défier par d'Andelot qui vint sous ses yeux, avec cent gentilshommes bien armés, épouser près de Nancy la dame d'Assenleville : durant trois jours et trois nuits, l'enfant entendit le bruit des fêtes. « Que n'ai-je une arquebuse, disait-il, pour tirer sur ces vilains ! »

Mais en se voyant forcé de concentrer en lui seul le soin de la vengeance, il sut la préparer sans aigreur, avec la liberté d'esprit d'un Italien. Il avait la grâce méridionale de sa mère, le charme et la témérité des Borgia, une figure douce, des cheveux blonds. Il accueillait chacun avec un mot heureux, était adroit dans ses reparties, souple et vigoureux dans les exercices du

1 Castelnau, p. 498.
2 *Id.*, p. 502.
3 Guise, *Mémoires-journaux*.

corps, tellement séduisant qu'on a pu dire de lui plus tard : « Les huguenots estoient de la Ligue, quand ils regardoient le duc de Guise. »

Dès l'enfance, il était déjà dominateur. Marguerite de Valois parlant à Henri II, son père, du petit Henri de Guise, disait : « Il fait toujours le mal, et veut estre le maistre partout [1]. » Les émotions précoces et cette prédestination à être l'ennemi des chefs protestants l'obligèrent à forcer ses talents et à exagérer même sa bravoure, pour se maintenir constamment sous les regards. Les deux premiers ducs de Guise ne se seraient pas mêlés comme lui à la petite bourgeoisie, n'auraient pas flatté les chefs des métiers, suivi les mariages et les enterrements, porté les enfants sur les fonts baptismaux ; de même, ils ne se mettaient à la tête d'une charge de cavalerie que pour assurer une victoire, et non pour faire parade d'une vaillance dangereuse. Plus Italien que Lorrain, plutôt conspirateur qu'homme d'État, et plutôt paladin que général, le troisième duc de Guise était populaire autant par ses défauts que par ses qualités. Ses défauts étaient surtout la conséquence du malheureux événement qui le laissait seul à treize ans, mais ils furent développés et cultivés par les funestes conseils du cardinal de Lorraine.

Ce prélat ne pouvait comprendre que la mort de son frère mettait fin à son pouvoir. Aux heures de sa toute-puissance, il s'était figuré que ses menées secrètes et ses discours solennels avaient autant servi à l'élévation de la maison que la défense de Metz ou la prise de Calais. Aussi sa déception fut pénible lorsqu'à son

[1] Marguerite de Valois, *Mémoires*.

retour au château de Fontainebleau, « on le fit attendre environ deux heures avant que pouvoir parler au Roy et à la Royne, lesquels on avoit faict promener tout à ce propos [1] ». La valetaille même cessa de le respecter; il voulut prêcher à la chapelle du Palais, et, en montant en chaire, il s'aperçut qu'avant qu'il y entrât, « il y eust un villain qui y estoit allé faire ses villeinies [2] ». Tant de charges et de dignités, tant d'obligés et de fidèles, n'était-ce pas assez de forces pour repousser les affronts, et se montrer redoutable encore? Le cardinal voulut frapper les esprits par un coup éclatant : il tenta le grand moyen qui n'avait jamais failli à son frère, et résolut de faire une entrée solennelle à Paris, avec le jeune duc et une escorte de cavaliers bien armés.

Pour assurer l'enthousiasme populaire et prendre en même temps ses précautions contre tout danger, le cardinal s'était concerté avec son frère le duc d'Aumale, qui devait pénétrer par une autre porte de la ville et se tenir prêt à rejoindre son cortège. Le cardinal, suivi de cinquante arquebusiers et de quelques centaines « de ses amis et serviteurs, avec armes, pistolets et arquebuses », se dirigea de bon matin vers la porte Saint-Denis. Mais, à Saint-Denis, il fut abordé par un gentilhomme du maréchal de Montmorency, gouverneur de l'Isle de France, qui le pria « de n'aller pas à Paris avec telle compagnie. Le cardinal se délibéra d'y entrer, ne faisant pas grand compte de cette prière [3] », et continua à s'avancer.

[1] CONDÉ, *Mémoires*, t. II, p. 190. C'était en février 1564.
[2] *Id., ibid.*
[3] CASTELNAU, p. 512.

Le maréchal de Montmorency était depuis longtemps lié par une sympathie secrète avec Coligny et d'Andelot, ainsi que ses frères d'Amville, Méru et Thoré. Mais ces quatre fils du connétable avaient toujours été retenus dans le parti catholique par la rude discipline de leur père; de même qu'ils s'étaient soumis à ses choix pour leurs mariages, ils sacrifièrent aussi les scrupules de leurs consciences à son autorité. Toutefois, leur dépit n'attendait qu'une occasion pour éclater. En apprenant le mépris que le cardinal témoignait de ses prières, le maréchal de Montmorency monta joyeusement à cheval, prit le commandement de ses compagnies d'ordonnance, se fit suivre de quelques gens de pied, et résolut de contraindre par la force le fanfaron à l'obéissance. Quand il arriva rue Saint-Denis, il aperçut le cortège qui pénétrait en ville, il fit prendre le galop à sa cavalerie, et en quelques minutes il eut désarmé entièrement l'escorte du Lorrain; il n'y eut de tué qu'un homme « qui faisoit résistance de rendre ses pistolets. Le cardinal se saulva en la maison d'un marchand [1]. »

Mais, dans cette fuite précipitée, l'oncle du jeune duc laissa voir une telle épouvante, le contraste entre l'insolence de ses bravades du matin et les effets de la peur dans la journée fut si plaisant, que « l'on dit que le cardinal estoit si résolu que ses chausses luy servirent de bassin et son pourpoinct de selle percée [2] ». A la nuit, il se réfugia dans son hôtel de Cluny et s'y mit en état de défense, mais il n'y éprouva pas d'autre

[1] Castelnau, p. 512.

[2] *Légende du cardinal de Lorraine* publiée dans les *Mémoires de Condé*, t. VI, p. 92.

ennui que d'entendre chanter sous ses fenêtres par les impitoyables Parisiens un refrain improvisé :

Monsieur le Mareschal
Luy fist très-bien sa saulce ;
Fy, fy du cardinal
Qui embrena sa chausse.

Le peuple n'aime pas les vaincus ; il est cruel contre ceux qu'il aurait acclamés avec fureur s'ils avaient réussi. Si empressés naguère près du conquérant de Calais, les Parisiens furent humbles devant l'énergie du maréchal de Montmorency qui « à leur nez et dans leurs rues fist ceste bravade à M. le cardinal. Au diable l'un des habitants qui osa crouler, remuer, ni sonner le moindre mot[1]. » Honteusement abandonné par eux, le cardinal s'enfuit le lendemain « aux lanternes », et courut s'enfermer à Reims. Le jeune duc avait dû mettre pied à terre comme lui, dans la rue Saint-Denis, et se réfugier chez le marchand ; mais son attitude résolue et son sang-froid l'avaient sauvé du ridicule sous lequel son oncle succombait.

Pendant ce temps, le palais de Fontainebleau était rempli de fêtes, de danses et de divertissements allégoriques, au milieu desquels la Cour se livrait à tous les plaisirs sous la tutelle de Catherine ; « le Roy et le duc son frère, se promenant au jardin, apperceurent une grande tour enchantée, en laquelle estoient détenues plusieurs belles dames, gardées par des furies infernales, de laquelle deux géans d'admirable grandeur estoient les portiers qui ne pouvoient estre vaincus, ni

[1] Brantôme, *Hommes illustres*, t. I, p. 334.

les enchantements deffaicts que par deux grands princes de la plus noble et illustre maison du monde. Alors, le Roy et le duc son frère allèrent combattre les deux géants qu'ils vainquirent, de là, entrèrent dans la tour où ils firent quelques autres combats dont ils remportèrent aussi la victoire, et mirent fin aux enchantements. En même temps, la tour artificiellement faite devint tout en feu [1]. »

Cette plénitude du pouvoir dont jouissait Catherine n'était pas sans soulever des murmures : « Chascun admiroit de voir une femme estrangère, née de condition impareille à nos Rois, au lieu d'estre envoiée en sa maison comme plusieurs reines douairières, se joüer d'un tel roïaume et d'un tel peuple que les François, mener à sa catène de si grands Princes. Mais c'estoit qu'elle se savoit escrimer de leurs ambitions, bien mesnager les espérances et les craintes, trancher du cousteau les divisions, et ainsi docte en toutes les partialités, emploier pour soy les forces qu'elle debvoit craindre [2]. » Elle était à l'apogée de sa puissance; ses fils, docilement soumis à ses volontés, lui laissaient tout le prestige de la couronne; elle n'eut plus d'autre souci que de faire pénétrer dans les villes les plus reculées la vigueur de son autorité.

Elle désira se montrer à ses sujets pour leur prouver que c'était bien elle la souveraine. Elle voulut par le même moyen faire cesser la dispersion du pouvoir qui plaçait chaque province constamment à la veille d'une guerre civile. Par exemple, à Rouen, le maréchal de Vieilleville, commandant les troupes de Normandie, se

[1] Castelnau, p. 500.
[2] D'Aubigné, liv. II, ch. vi.

brouilla avec M. de Villebon, qui était gouverneur de la ville de Rouen; on avait essayé de les réconcilier: Vieilleville, qui était d'humeur facile quand il était à jeun, « à l'issue de la grande messe le mena disner avec luy et toute sa suicte. Mais la disner finy, M. de Villebon, en se levant de table, commence à se plaindre : — Comment, vertudieu! on a dict que je ne suis pas digne de ma charge; je maintiens en cette compagnie que tous ceux qui l'ont dict en ont menty par la gorge. M. le mareschal, entrant sur ceste indiscrette parolle en une très-furieuse colère, se lève, et le pousse si roidde que sans la table il fust tombé par terre; luy disant qu'il allast vomir ses desmenteries ailleurs. M. de Villebon mect la main à l'espée, M. le mareschal à la sienne. Mais ce fust bientost faict, car du premier coup qu'il tira, la main de M. de Villebon, avec environ demy pied de l'os du bras, tomba par terre, et l'espée quant et quant [1]. »

Pour mettre un terme aux scènes de ce genre, et faire sentir partout l'autorité royale, Catherine entreprit avec ses enfants un voyage de deux ans dans le royaume. A Toulouse, elle sonda les intentions de Blaise de Montluc, l'ancien lieutenant du duc de Guise, qu'elle chercha à s'attacher en lui faisant craindre des poursuites pour les exactions qui lui étaient reprochées; le Gascon ne fit que plaisanter, et la Reine, gagnée par ses spirituelles réponses, le laissa « effacer de son lustre toutes les plainctes qu'on avoit faictes de lui [2] ». Quelquefois ces interrogatoires ou ces enquêtes n'étaient pas supportés sans impatience par les rudes

[1] VIEILLEVILLE, *Mémoires* (par CARLOIX), édit. Petitot, p. 112.
[2] D'AUBIGNÉ, p. 206.

seigneurs qui se sentaient affranchis depuis plusieurs années de tout contrôle; à Bordeaux, le marquis de Trans, comparaissant devant Lhospital qui lui reprochait plusieurs actes de brigandage, se mit à rire avec effronterie. « Comment! dit le chancelier, vous riez au lieu de vous attrister et monstrer un visage repentant de vos follies! Vous vous pourriez bien donner garde qu'avec vos risées et vos bouffonneries je vous ferois trancher la teste aussy tost que je vous en aurois donné la sentence, encore ne sçay-je à quoy m'en tenir. — Qui fut estonné? ce fut ledict monsieur le marquis. Asseurez-vous que le rire luy passa bien à ce que nous sceumes après [1]. »

Cette restauration du pouvoir central avait besoin d'être entreprise aussi bien auprès des souverains étrangers que parmi les sujets indisciplinés. Pour montrer au roi d'Espagne que l'on devait compter avec elle seule désormais, Catherine s'était ménagé à Bayonne une entrevue avec la reine Élisabeth sa fille et le duc d'Alva. Philippe II les avait chargés de proposer à sa belle-mère de revenir au plan de la paix de Cateau-Cambrésis, et d'entreprendre de concert dans toute la chrétienté, contre les huguenots, le système d'extermination qui lui avait réussi en Espagne, mais qu'il n'osait expérimenter en Flandre avant d'être sûr de se voir imiter par la France. Les moindres détails des conversations tenues à Bayonne nous sont connus par les lettres du duc d'Alva [2]. Si, d'un côté,

[1] Brantôme, *Hommes illustres*, t. I, p. 318.

[2] Gachard, *Correspondance de Philippe II*. Cet ouvrage remarquable est à peu près aussi inconnu en France que les publications des lettres et rapports des diplomates anglais; ce sont cependant les recueils les plus précieux pour l'histoire du seizième siècle.

Catherine déclara avec énergie qu'elle se ferait couper en morceaux plutôt que d'être huguenote [1], le duc eut le soupçon, d'autre part, que le roi Charles IX avait été endoctriné par les prédicants [2], et se convainquit que ce jeune prince refuserait d'entreprendre une persécution religieuse. L'échec de la mission du duc d'Alva fut complet : il ne recruta pour son maître que le seul duc de Montpensier, cadet de Bourbon, peu intelligent, mal vu des gens de guerre, vaniteux, envieux de Condé. Quant à Catherine, elle se laissait détourner volontiers par les événements, et jamais par des avis, de la ligne politique qu'elle se traçait : elle n'était pas d'humeur à partager avec Philippe II, sur les conseils du duc d'Alva, ce pouvoir acquis avec tant de patience et d'efforts. Son système était, à ce moment, d'annuler par un équilibre savant toutes les influences dominantes dans son royaume, et de les unir dans une entente commune contre l'étranger. Elle tenta, au commencement de 1566, un appel suprême à la conciliation, et fit rendre un édit favorable au libre exercice de tous les cultes chrétiens.

Cet essai de pacification servit de prétexte au cardinal de Lorraine pour recommencer les luttes qu'il avait suspendues depuis ses malheurs de la rue Saint-Denis. Il accourut à Moulins au-devant de la Reine, qui continuait son voyage en France, et se présenta avec des délégués du parlement de Dijon qui apportaient des remontrances contre l'édit favorable au culte réformé. Il s'était assuré l'appui de son frère, le

[1] GACHARD, *Correspondance de Philippe II* : « Se dexaria asserrar que hazerse ugonota. »

[2] *Id.*, *ibid.* : « Descubri lo que le tenian predicado. »

cardinal de Guise, et du cardinal de Bourbon. Les trois prélats se plaignirent que le chancelier eût fait signer cet édit sans en avoir donné auparavant communication au conseil, et menacèrent de ne plus assister aux séances. « Monsieur, dit avec hauteur le chancelier au cardinal, Monsieur, vous estes déjà venu pour nous troubler! — Je ne suis venu pour troubler, répond le prélat furieux, mais pour empescher que ne troubliez comme avez faict par le passé, bélistre que vous estes [1] ! »

La Reine n'apaisa qu'avec peine ces colères, et put bientôt comprendre pourquoi le cardinal avait repris tant d'assurance : quelques heures après cette scène, elle vit entrer dans sa chambre l'ambassadeur d'Espagne, qui se plaignit, au nom de Philippe II, « qu'elle a faict les plus grandes indignités à la maison de Lorraine qu'il n'est possible de plus ». A défaut de la populace de Paris, le cardinal avait trouvé le roi d'Espagne pour lui rendre son crédit à la Cour : ses avances avaient paru utiles à Philippe II et avaient été accueillies dans un moment où la crainte de voir Catherine porter secours aux villes des Pays-Bas rendait précieuses pour l'Espagne des intelligences qui promettaient de nouvelles guerres civiles en France. A partir du moment où Catherine résiste aux propositions de l'Espagne, formulées à Bayonne par le duc d'Alva, la famille des Guises se livre à l'Espagne : elle s'avance de plus en plus dans la voie des trahisons; bientôt elle touchera le prix de ces services honteux.

Catherine, qu'inquiétaient facilement ceux qui se

[1] Lestoile, t. I, p. 20.

donnaient l'apparence de la force, fit assembler tous les membres de la famille de Guise, les mit en présence de Coligny, sut, par un triomphe merveilleux des séductions de sa voix, de ses yeux, de son autorité, réconcilier ces ennemis, leur faire jurer l'oubli du passé : Anne d'Este et le cardinal embrassèrent Coligny [1]. Mais le jeune duc de Guise n'assistait pas à cette paix de Moulins : il n'était pas lié par ces embrassements peu sincères, et restait libre de vouer sa foi au roi d'Espagne. Il venait de partir pour la Hongrie. Soit pour fuir les conseils du cardinal, soit pour éviter les noces de sa mère et du duc de Nemours, soit pour se donner le prestige des expéditions lointaines et se signaler aux catholiques par les prouesses d'une croisade, il était allé sur le Danube combattre les Turcs, bien qu'il n'eût que dix-sept ans.

Cette campagne se passa principalement en longs repas à la cour de Vienne, au milieu desquels le jeune homme se laissa séduire par Chantonnay, l'ambassadeur de Philippe II, l'ancien confident de son oncle, le dépositaire discret des engagements de la famille avec l'Espagne. L'armée impériale recula lentement devant les Turcs, laissa ravager le pays sous ses yeux, refusa la bataille. Henri de Guise, impatient de se séparer de généraux aussi prudents, trouva un motif sérieux pour rentrer en France, dans la nouvelle d'une seconde guerre religieuse.

En 1567, les huguenots n'étaient pas, comme au moment de leur premier soulèvement en 1562, les victimes de massacres en masse, ni d'exécutions légales.

[1] Janvier 1566. Le mariage d'Anne d'Este et du duc de Nemours est du 5 mai 1566.

Il est vrai que dans chaque village ils subissaient des vexations, étaient battus, dépouillés de leurs biens, troublés dans l'exercice de leur culte, souvent assassinés : mais c'était une conséquence des divisions religieuses, à une époque où les passions étaient ardentes et les convictions énergiques. Ils ne se gênaient pas à leur tour pour attaquer les catholiques dans les pays où ils étaient les plus forts, et se montraient, dès qu'ils en avaient le pouvoir, aussi intolérants que leurs adversaires. L'oppression enseigne toujours la cruauté : le persécuté ne souhaite pas seulement de devenir libre, il veut surtout être persécuteur. Le seul intérêt, comme le devoir des réformés de France, était de profiter de l'indifférence religieuse qu'ils trouvaient dans la Reine mère, de l'éducation tolérante donnée au jeune Roi, de la disgrâce des Guises, pour supporter les outrages, laisser assoupir les haines, contribuer de tous leurs efforts à consolider l'autorité royale, et se montrer les plus sûrs appuis du trône contre les intrigues de l'Espagne. C'était la seule politique qui pût ramener la paix et la modération : ils n'avaient que cette occasion pour entrer dans les vues de Catherine. Ont-ils été effrayés par les faux récits des conversations de Bayonne, les forfanteries du cardinal de Lorraine, les préparatifs des Espagnols contre les réformés flamands ; ont-ils craint d'être dupes de Catherine et enveloppés avec leurs frères des Pays-Bas dans une vaste proscription? Ou bien leurs ministres leur ont-ils persuadé qu'il fallait attendre la délivrance uniquement du Dieu des armées, que le fer, et non de honteux tributs, devait écarter les Amalécites, que les Élus ne pouvaient se soumettre à Jézabel? Nulle faute ne pouvait être plus maladroite que cette seconde prise d'armes de 1567 : la dernière chance d'un accord avant l'épuisement complet du pays était perdue.

Comme pour aggraver la situation, Condé et Coligny eurent la malheureuse idée de vouloir enlever le Roi : ils s'avancèrent sur lui à Meaux avec leur cavalerie. Les Suisses, harangués par Catherine, animés par la présence du Roi, se formèrent en colonne épaisse, Charles IX au milieu d'eux, et rentrèrent à Paris, en faisant une si fière contenance que les réformés n'osèrent pas les attaquer. Le seul résultat de cette tentative fut d'exaspérer le Roi, de le forcer à fuir devant ses sujets, et de rendre pour longtemps toute confiance impossible et toute trêve illusoire.

Le cardinal de Lorraine s'était trouvé à Meaux près du Roi, au moment du danger : mais il n'eut pas la même confiance que lui dans les murailles vivantes que formaient les Suisses, ou bien il ne voulut pas donner de nouveau le spectale de sa terreur : il préféra s'enfuir dans une autre direction sous un déguisement; il se dirigea sur Reims, tomba, en traversant Château-Thierry, au milieu d'une troupe de huguenots, put échapper, grâce à la vitesse d'un cheval arabe que lui avait donné le roi d'Espagne, mais dut abandonner ses gens et laisser aux mains de l'ennemi ses bagages et sa vaisselle d'argent. Il ne cessa d'éperonner le précieux cheval qu'après s'être enfermé dans les murs de Reims.

Charles IX se décida à demander au roi d'Espagne des secours contre ses sujets [1]. Ainsi, dès le premier jour, les réformés venaient d'assurer par leur révolte

[1] CASTELNAU, p. 521.

cette union avec l'Espagne, qui n'avait pu se conclure encore : les troupes étrangères entraient de nouveau en France ; les malheurs des années précédentes reparaissaient.

Ce qui manquait aux catholiques, c'était un général. Le connétable qui les commandait n'avait rien perdu de son activité, ni de sa violence de caractère, mais l'âge avait aggravé ses défauts. Avec une armée dix fois supérieure à celle des huguenots, il se laissa enfermer dans Paris, puis ne sut pas résister à l'impatience des bourgeois qui demandaient une sortie en masse : les beaux régiments de la milice parisienne vinrent parader dans la plaine Saint-Denis ; ils comprenaient vingt mille hommes, tous prêts à mourir pour la foi catholique, tous « bien dorés comme calices » [1] ; tous prirent la fuite en voyant arriver sur eux cinq cents cavaliers protestants ; ils jetèrent leur armes, se cachèrent dans Paris, et « s'en souvinrent longtemps [2] ». Le connétable, pour couvrir la déroute des Parisiens, accourut bravement à la tête de sa cavalerie : son cheval fut tué. Sommé de se rendre par l'Écossais Robert Stuart, le vaillant vieillard, pour toute réponse, lui « donna de la garde de son espée dans la bouche, lui cassa trois dents [3] » ; l'Écossais lui cassa l'épaule d'un coup de pistolet. Le connétable fut dégagé par son fils d'Amville, et mourut le lendemain, âgé de soixante-quinze ans.

Les huguenots durent s'écarter de Paris à l'approche des troupes espagnoles, et manœuvrèrent dans la vallée de la Seine, pour rejoindre les reîtres qu'ils attendaient

[1] La Popelinière.
[2] D'Aubigné.
[3] *Id.*

d'Allemagne. Dans le dessein d'empêcher cette jonction, on envoya vers la frontière le seul général qui restât aux catholiques, le duc d'Aumale, frère du grand Balafré, « afin d'assembler les forces de Champagne et de Bourgogne [1] ».

Il campa près de Troyes avec son armée, et prit auprès de lui son neveu, le duc de Guise, qui voulait s'instruire sous ses ordres dans l'art de la guerre : ce fut Coligny qui donna la leçon au fils de son ancien rival.

Coligny veut trouver un passage sur la Seine pour faire sa jonction avec les renforts qui lui arrivent du Wurtemberg et du Palatinat : le duc de Guise barre le chemin. Coligny simule une attaque sur Sens : le jeune homme y accourt aussitôt avec tout ce qu'il a de troupes sous la main, se jette dans les murs de Sens; mais tandis qu'il se glorifie d'avoir contraint son adversaire à lever le siège, il apprend que l'amiral est remonté brusquement vers Troyes et a traversé la Seine à Bray. Désespéré de s'être ainsi laissé jouer, le jeune duc veut rejoindre les ennemis, court en avant avec des forces insuffisantes, « se trouve engagé à la teste de ses ennemis, faict retraite de dix lieues, excusé pour sa jeunesse, et la faute remise sur Esclavolles et Pavans, ses conseillers [2] ».

Tavannes accourt pour réparer ces maladresses, « va trouver MM. de Guise et d'Aumale avec quatre cents chevaux, par commandement de la Royne à ce qu'elle eust un surveillant près d'eux, soupçonnant leurs actions, et que leurs troupes fussent du tout compo-

[1] Castelnau.
[2] Tavannes, p. 297.

sées à leur dévotion ». Mais Tavannes arrive trop tard pour empêcher la jonction des reitres et de l'armée huguenote.

L'habile manœuvre de Coligny, qui venait de grossir son armée au prix des fatigues d'une marche rapide à travers les forces ennemies, faillit devenir inutile : les reîtres déclarèrent, dès le premier jour, qu'ils ne s'avanceraient pas davantage en France, si on ne leur payait d'abord le prix de leur engagement. Ingénieux mercenaires, ils touchaient la solde d'avance, et avaient des chevaux déferrés le jour de la bataille. La cavalerie huguenote ne s'était pas encombrée d'un trésor de guerre pour cette pointe hardie au delà de la Seine : chaque gentilhomme se dépouilla de tout ce qu'il possédait; Condé et Coligny ôtèrent les bagues de leurs doigts, les chaînes d'or de leur cou. Ce n'était pas assez pour satisfaire les Allemands : les valets, les goujats, les filles, donnèrent tout. Quand il n'y eut plus un bijou, ni un objet de prix, ni un écu dans l'armée, les Allemands n'avaient pas encore leur compte, mais ils consentirent à s'avancer sur Chartres dans l'espoir d'un riche pillage.

Le siège de Chartres traina en longueur. Tout à coup, Condé signa la paix avec Catherine le 23 mars 1568. Cette paix était aussi imprévue que la guerre avait été intempestive : les réformés ne pouvaient la refuser, puisqu'elle leur prodiguait les promesses pour l'exercice de leur culte; mais toute promesse, comme toute paix, devenait caduque désormais, depuis la malencontreuse prise d'armes de l'année précédente. De son côté, Catherine n'avait pas plus de motifs pour offrir la paix en mars, que Condé n'en avait eu de lui déclarer la guerre en septembre précédent. Pouvait-elle se faire illusion sur la solidité d'une telle paix, ou bien avait-elle besoin d'un répit pour rassembler ses forces? Peut-être ne faut-il pas supposer trop de combinaisons dans ces événements. Condé cédait facilement à l'impression du moment; d'autre part, Catherine, soumise à son idole, Henri de Valois, n'avait plus dans ses desseins la fermeté qui avait créé sa puissance. La guerre et la paix commençaient à dépendre des caprices de l'enfant dont elle voulait faire le héros catholique. Elle lui avait donné le commandement de l'armée destinée à faire lever le siège de Chartres; mais la campagne n'avait pas été brillante. Le jeune prince avait suivi les manœuvres de Condé, et vu approcher l'heure où il aurait l'humiliation de voir prendre Chartres devant son armée : ses débuts dans la carrière militaire menaçaient d'être un échec. Sa mère intervint à propos pour lui épargner cette avanie : telle est probablement la cause de cette paix subite. La mère résolut de ne plus risquer cette réputation si chère qu'en s'entourant de toutes les chances favorables, et en assemblant longuement une armée solide avec de bons généraux. Aveuglée par l'idée fixe de créer la grandeur de son fils et de le voir vainqueur dans les batailles rangées, elle fléchit dans sa politique : en même temps, l'enfant, entrant pleinement dans son rôle, attacha sa haine à tous ceux qui le menaçaient d'une rivalité, Condé d'abord, ensuite Henri de Guise.

# CHAPITRE XVIII

## PREMIÈRES RIVALITÉS DES DEUX HENRI.

### 1568-1570.

Coligny avait pris part, contre son gré, aux deux premières guerres civiles; il aurait préféré, surtout depuis la mort du duc de Guise, se tenir à la Cour, faire tourner au profit de son parti les heureuses dispositions du jeune Roi, et essayer l'influence que pourrait avoir sur lui, à côté de Catherine, l'exemple des mœurs pures et de la sincérité dans les engagements. Mais Catherine n'était plus d'humeur à tolérer auprès d'elle ni triumvirs, ni grands vassaux. — Je ne me laisserai gouverner par personne, écrivait-elle à sa fille[1]; et elle ajoutait que si Coligny se présentait à la Cour, « il y sera comme s'il estoit mort ». Cependant, la paix livrait les huguenots à toutes les vengeances privées et aux persécutions locales : « Ils ont plus perdu par les édits en temps de paix, que par la force en temps de guerre[2]. »

Entre une paix qui n'était pas tenable et une prise d'armes qui ruinait la France, Coligny cherchait un

[1] Arch. nat., Simancas, carton B, lettre publiée par BOUILLÉ.
[2] PASQUIER, *Lettres*, liv. V, lettre III.

moyen d'assurer la sécurité de son parti. Il songea d'abord à faire passer quelques familles en Amérique, et dirigea des explorateurs sur la Floride; il rêvait un asile lointain pour les opprimés de son pays; mais les Espagnols surprirent et mirent à mort tous les Français qui faisaient partie de cette expédition. Aux puritains d'Angleterre était réservé l'honneur de transporter la foi protestante et la civilisation en Amérique. C'est alors que Coligny imagina un autre projet qui est demeuré assez mystérieux. Il envoya à Constantinople son fils adoptif Téligny et le baron de Villeconin. « Le grand sultan Soliman, l'un des grands personnages et capitaines qui régna dessus les Ottomans, l'envoya rechercher d'amitié; ils avoient quelque intelligence pour faire quelque haute entreprise que je n'ai jamais pu tirer ni savoir de M. de Téligny, mon grand amy [1]. » Malheureusement, Soliman venait de mourir quand débarquèrent les capitaines huguenots; on ne voulut pas écouter ces étrangers, on les obligea à reprendre la mer. Villeconin mourut dans la traversée, Téligny a conservé le secret; Coligny a seulement déclaré au Roi que son intervention dans cette affaire n'avait rien que de légitime [2]; mais, à travers ces réticences, il n'est pas difficile de reconnaître que Coligny suivait sa première pensée d'émigration, et qu'au voyage coûteux, effrayant par les dangers d'une traversée de plusieurs mois et d'un débarquement incertain sur les côtes désertes de la Floride, il voulait substituer une colonisation de la Terre sainte par les nouveaux enfants d'Israël qui subissaient la persécu-

[1] BRANTÔME, *Hommes illustres*.
[2] Sir Henry Norris to Cecil, 6th april 1567.

tion en France. S'il avait pu obtenir des Ottomans les concessions de terre, les places de sûreté, les garanties contre les agressions, il aurait excité un immense enthousiasme parmi ses coreligionnaires en leur proposant cette fuite d'Égypte; dans leur manie de ressemblance avec le peuple de Dieu, les huguenots auraient été glorieux de passer la mer Rouge, de franchir le désert, de fonder à nouveau Sion. Ils auraient porté la langue, l'activité et les puissances industrielles de la France dans tout l'Orient; ils nous auraient assuré l'empire de la Méditerranée, avec des débouchés pour notre commerce et l'essor dans les idées que donne toute expansion d'une nation. Faire de Jérusalem la capitale d'une république protestante était une pensée grandiose dont la réalisation aurait moins épuisé la France que les trente années de guerres, de ravages et de massacres.

Les desseins des Guises étaient moins vastes et moins désintéressés. Ils ne visaient plus qu'à se tenir sous la tutelle du roi d'Espagne et à y enfermer avec eux Catherine de Médici : « N'y a famille en ce royaume qui soit plus prompte et dédiée au service de Vostre Majesté que la nostre », écrivait le cardinal de Lorraine à Philippe II [1]. Quand le duc d'Alva faisait défiler sur les frontières de France et de Lorraine ses vétérans espagnols qui devaient réduire les Pays-Bas à l'obéissance, il était accompagné par un secrétaire du cardinal de Lorraine qui lui peignait les catholiques de France comme saisis d'une joie extraordinaire à la vue de cette armée, gage de leur rédemption. — La

[1] Le 19 novembre 1568. Arch. nat., papiers de Simancas, B. 23, pièce 69.

maison de Guise tout entière, ajoutait-il, va agir à la Cour dès que les forces de Philippe II occuperont les Flandres [1]. Le duc d'Alva s'empressa de transmettre à son Roi ces paroles dans lesquelles il ne voyait encore que l'intention naïve de profiter du prestige qu'allait procurer à Philippe II la vigueur de la répression dans les Pays-Bas; mais le cardinal ne se gêna pas pour écrire directement au roi d'Espagne, d'un style humble, prolixe, monotone. Nos archives et celles de l'Espagne sont remplies de ces preuves d'une trahison de tous les instants. A la même époque, le cardinal feignit de se rapprocher du prince de Condé, et de lui offrir une sorte d'alliance. — Oublions le passé, lui écrivait-il le 28 mai 1568, rappelons-nous uniquement que nous sommes proches parents [2]!

Il puisait le courage nécessaire pour tant de perfidies dans la pensée qu'il travaillait à la fortune de son neveu, et qu'il formait son jugement par des exemples instructifs. Il s'était improvisé comme le tuteur du jeune duc, et croyait devoir occuper par des manœuvres criminelles cet interrègne entre le second et le troisième duc de Guise. Il ne tarda pas à reconnaître que la véritable puissance passait peu à peu entre les mains de

[1] NAVARRETE, *Documentos inéditos*, t. VI, p. 371 : « Es increible el contentamiento con que estan los católicos de Francia de ver pasar estas fuerzas de V. M. en Flandres, que les parece ser esta su redempcion; y asi me dijo un secretario del card. de Lorena. Toda la casa de Guisa estavan resueltos como las fuerzas de V. M. estuviesen en Flandres irse ellos a la corte; seran vistos diferentemente de como lo han sido hasta aquí. »

[2] HENRI D'ORLÉANS, DUC D'AUMALE, t. III, p. 360 : « Norreys to Elisabeth, 4th june 1568. — The cardinal wrote the 28 of maye unto him, wherein he requirid the prince to treade all things paste ander fote, and to remember that they were nyghe allyed together. »

Henri de Valois; il se fit le conseiller de ce prince [1], et se soumit à ses caprices avec cette patience qu'il avait déjà montrée dans sa jeunesse auprès de Diane de Poitiers.

Catherine commettait une imprudence en laissant pénétrer ainsi près de son fils un conseiller aussi dangereux que le cardinal, mais elle avait toujours ressenti une secrète admiration pour la dépravation de cet homme; elle espéra qu'il pourrait offrir à Henri de Valois quelques avis précieux et des leçons qui lui feraient acquérir de bonne heure l'expérience de la politique. Enfin, elle était déjà tellement aveuglée par sa tendresse, « faisant de son fils son idole, le voulant contenter en tout ce qu'il désiroit d'elle [2] », qu'elle ne sut ou n'osa lutter contre le penchant qui rapprochait ces âmes également avides de corruption.

Depuis la mort du duc de Guise, la pensée de Catherine avait pu se développer à l'aise pendant cinq années; la régente posait bien les fortes bases de la politique de Henri IV et de Richelieu : soumettre tous ses sujets, huguenots ou princes; ne plus tolérer ni des menaces, ni le moyen de prononcer des menaces; devenir maître chez soi; ensuite, empêcher l'agrandissement de ses voisins; contrecarrer sans relâche les desseins de l'Espagne et de la maison d'Autriche. Mais elle ne sut qu'indiquer les idées, à travers les vacillations et les défaillances. Ses complaisances pour son fils Henri, le peu d'honnêteté des moyens qu'elle employait souvent,

[1] Henri d'Orléans, duc d'Aumale, t. III, p. 360 : « All things are ruled by mons. de Anjou who hathe his prevy counselers, the cardinal of Lorreine beinge the cheffest. »

[2] Marguerite de Valois, p. 43.

sa facilité d'embrasser, comme tous les parvenus, un trop grand nombre de projets à la fois, de n'en abandonner, mais de n'en achever aucun, et, par-dessus tout, ses faussetés pusillanimes entre les Bourbons et les Guises, ont fini par lui laisser peu d'action sur les événements de son temps. Elle est, de tout le seizième siècle, le personnage qui a eu le plus d'influence sur les hommes, et qui a le moins changé le cours des choses. Après avoir tenu durant ces cinq années les Guises dans une sorte de disgrâce, elle est assez imprudente pour leur laisser reprendre de l'influence. Elle veut les avoir pour alliés dans la misérable lutte qu'engage son fils Henri de Valois contre le prince de Condé. Aveugle pour son fils, elle ne voit pas qu'elle introduit près de lui ses ennemis les plus redoutables; elle croit Condé seul dangereux, et les Guises abattus; elle les suppose si accablés qu'elle fait donner six mille livres au duc de Guise, et autant au duc d'Aumale [1], cadeau humiliant pour ceux dont les pères avaient tant de fois vidé le trésor royal. Elle s'attarde dans son système de bascule.

En cela elle procède un peu par routine, beaucoup aussi par amour de l'art et par plaisir de manier à son gré ceux qui avaient été ses protecteurs ou ses rivaux; mais elle cède surtout aux caprices de son fils qui se laissait gagner à une haine étroite contre Condé. Lui qui voulait être seul admiré dans le monde des filles d'honneur, il était envieux du rire facile et de la vivacité pétulante de Condé : aux yeux de ces jeunes filles, un autre que Henri de Valois savait plaire, premier obstacle devant l'enfant gâté, colères naissantes que la mère par-

[1] Mars 1568. Voir Bouillé, t. II, p. 397 et 406.

tageait involontairement. Condé prétendait à une autre rivalité; il désirait l'épée de connétable; il fut brusquement accosté un soir par le petit Henri de Valois qui lui fit défense de songer à cette dignité et lui déclara se la réserver à lui-même. La mère eut la faiblesse de s'associer à ces puériles rancunes, et crut les servir en recherchant l'appui des Guises. Ceux-ci acceptèrent les dons et continuèrent leur correspondance avec le roi d'Espagne.

Non que Henri de Guise fût enclin à se livrer à l'Espagne; il était trop Italien pour aimer à se sentir enlacé d'avance. Au fond, il se défiait de Philippe II, comprenait que leurs intérêts étaient contraires, et n'avait qu'une médiocre estime, lui le brillant cavalier, pour cet homme de bureau qui ne quittait pas sa chaise, au fond de son palais. Mais il était surtout dominé par le désir de venger la mort de son père; il avait voué sa vie à cette pensée, et il comptait trouver un appui ou un asile près du roi d'Espagne. On peut croire, du reste, que Catherine elle-même toléra ces relations; elle se sentait gagner par la haine des réformés qu'elle regardait comme les ennemis dont la défaite devait procurer à son fils Henri une réputation de général. De plus, elle voyait avec un dépit mal dissimulé Charles IX témoigner de la confiance à Coligny et à Condé.

Ce jeune Roi était le plus heureusement doué de tous les Valois; il avait le cœur délicat et tendre, le tact sûr; il n'était ni faux, ni cruel; il savait se faire aimer, il n'avait que défiance pour l'esprit dominateur de Catherine, et mépris pour l'âme basse de Henri de Valois. Sentant des trahisons autour de lui, vaguement soupçonneux, il était en réalité si complètement délaissé par sa mère, que le cardinal de Lorraine osait écrire au roi d'Espagne que l'on pouvait se fier en Catherine, et qu'il était « le plus content du monde d'elle [1] », et ensuite : « La Roine faict tout le debvoir que l'on sçauroit désirer [2]. » Le cardinal s'avança davantage encore. Sentant Catherine se fier à lui pour la première fois, il comprit qu'il pouvait la trahir ; il la vit suffisamment aveuglée par la passion de créer un parti au profit de Henri de Valois. Il n'osa pas s'adresser directement à Philippe II et se servit de l'intermédiaire du duc d'Alva. Dans quels termes ce frère du grand Balafré proposait-il de livrer la France à l'Espagne? On possède seulement la lettre du duc d'Alva annonçant à Philippe II que le cardinal de Lorraine offre de faire remettre nos places frontières entre les mains du roi d'Espagne, dans le cas où Charles IX et ses frères mourraient sans héritiers, et de reconnaître Philippe II comme roi de France, en vertu des droits de sa femme Élisabeth de Valois. Le duc d'Alva ajoute que la loi salique ne saurait être une objection sérieuse, puisqu'elle est une coutume surannée d'une peuplade païenne, et Philippe II, de sa main, donne son approbation à ce plan par une note qu'il a écrite en marge de la lettre [3].

Tandis qu'il convoitait ainsi la succession d'une famille jeune, nombreuse et en apparence vivace, Philippe II vieilli semblait perdre pour lui-même l'espoir d'un héritier. Son fils don Carlos était mourant dans cette même année 1568. C'était un prince qui avait

[1] Simancas, B. 22, p. 58.
[2] Simancas, B. 23, p. 74.
[3] PRESCOTT, *History of the reign of Philipp the second*, t. II, p. 114.

annoncé les plus heureuses qualités dans les premiers temps de sa vie. A quinze ans, il descendit une nuit un escalier pour se rendre secrètement, selon le récit de M. de Guibert, l'ambassadeur de France, près de la fille d'un portier du château; son pied glissa, il roula sur plusieurs marches, et sa tête vint heurter contre une porte en chêne [1]; les os du crâne furent atteints, les pansements furent mal faits, l'érésipèle envahit la tête, les yeux se fermèrent. Un miracle seul pouvait sauver la vie du prince chéri de tous les Espagnols. Au monastère Jesu-Maria reposait le corps de Fray Diego, religieux franciscain, mort depuis plus de cent ans en odeur de sainteté; ce cadavre fut exhumé, tiré de sa bière, déposé dans le lit de Carlos; sous le capuchon pourri du mort, on introduisit la tête du jeune prince contre celle du cadavre; on l'y laissa une nuit entière. Le lendemain on transporta dans la chambre une image miraculeuse de Notre-Dame d'Atocha. Don Carlos fut guéri; les croyants attribuèrent la guérison à la Vierge d'Atocha, les moines à Fray Diego. Mais à partir de cette époque, l'enfant devint sujet à des accès de démence qui rendaient son approche dangereuse; le duc d'Alva dut le désarmer de force pour n'être pas poignardé par lui; le cardinal Espinosa, laissé seul un jour avec lui, ne put s'échapper qu'après les plus humbles supplications et les ruses les plus savantes; don Juan d'Autriche, qui avait toujours été son ami préféré et son confident, faillit aussi devenir victime d'une de ses crises mentales, et dut tirer l'épée pour se défendre. Tous les officiers de la maison du jeune prince avaient

[1] Prescott, *History of the reign of Philipp the second*, t. II, p. 276.

été forcés de fuir loin de ses attaques; on fut obligé de l'enfermer et de le garder à vue; sa maladie s'aggrava, il mourut après une année de séquestration [1].

Ce n'était pas la seule douleur qu'éprouvât Philippe II. Il avait à la même époque (1566-1570) l'humiliation de soutenir une lutte acharnée, au cœur de l'Espagne, contre des sujets rebelles, et d'y voir périr ses meilleurs vétérans des guerres d'Italie. Les Morisques [2] étaient la population la plus industrieuse, la plus active de l'Espagne; leurs barrages et leurs canaux donnent encore aujourd'hui, après quatre siècles, la richesse à des vallées entières; leurs manufactures étaient les seules de la Péninsule. Poussés à la révolte par une série de vexations qui les atteignaient dans leur foi et leurs préjugés de musulmans, telles que l'interdiction de jamais se baigner, ils se soulevèrent et soutinrent la lutte durant quatre ans. La répression fut cruelle : les habitants de villes entières, comme ceux de Galera, furent mis à mort sans qu'il échappât un seul être vivant; ceux d'autres villes furent menés en troupeaux sur le marché de Grenade, où ils furent vendus aux enchères comme esclaves; dans le trajet, les soldats d'escorte en échangèrent quelques-uns contre du grain avec leurs fournisseurs. Les oliviers furent coupés. L'Espagne sortit de cette révolte aussi épuisée que la France après ses trente ans de guerre. Dans sa main, Philippe II ne possédait, pour soutenir la partie

[1] Don Carlos était fils de Marie de Portugal, première femme du Roi. La seconde, Marie Tudor, et la troisième, Élisabeth de Valois, ne lui laissèrent pas de fils. Il se remaria pour la quatrième fois en 1570.

[2] De Circourt, *Histoire des Arabes d'Espagne*; Prescott, t. III, p. 145.

qu'il jouait contre toute l'Europe, que des pays déchirés par la guerre civile, des finances ruinées par une série de banqueroutes, des armées occupées à assiéger ses propres villes en Andalousie comme en Flandre. Dans ce jeu effréné, il n'avait autour de lui que des femmes, Élisabeth en Angleterre, Catherine de Médici en France, Jeanne d'Albret en Béarn, sa tante Catherine en Portugal, Marguerite de Parme aux Pays-Bas. Associées dociles ou adversaires versatiles, elles semblaient se prêter par leur soumission aussi bien que par leurs fautes au succès de ses projets. Mais sa plus précieuse force était la complicité de la maison de Guise. Sans les Guises il était impuissant, ruiné, moqué. Aussi, tandis que chez lui défaillaient ses forces, il semblait encore menaçant à l'étranger; il était mieux obéi et plus craint à Paris qu'à Grenade et à Bruxelles.

A Paris, il était le maître des exécuteurs de la justice; le prévôt du Roi et ceux des maréchaux étaient à ses ordres : pour lui, ils arrêtèrent et étranglèrent sans formalité un pilote portugais qui s'était réfugié à Paris sous la protection de Catherine de Médici, après avoir dirigé sur Madère les vaisseaux qu'elle envoyait afin de s'emparer de ces îles pour son propre compte. Chez elle, elle ne put le sauver de la vengeance de Philippe II. De même, un courrier que le prince d'Orange lui envoyait de Flandre fut annoncé aux prévôts par le roi d'Espagne, saisi par eux à son entrée à Paris, et immédiatement pendu « tout botté[1] ».

Mais Catherine songeait moins à tirer vengeance de

[1] Renseignements transmis au prince de Condé dans une dépêche qui fut trouvée dans son gant après sa mort. Cette dépêche qui existe encore est publiée par HENRI D'ORLÉANS, DUC D'AUMALE, t. II, p. 389.

ces affronts qu'à s'assurer l'appui de Philippe II pour la troisième guerre civile qu'elle préparait en France.

Tant qu'elle avait été la seule dépositaire du pouvoir royal, elle avait défendu avec intelligence les droits de la couronne : mais Charles IX avançait en âge, il parlait d'user de son autorité. Bientôt, il se marierait; de nouvelles influences allaient naître, et Catherine voyait approcher le moment où elle serait reléguée sans crédit au fond d'inutiles honneurs. A tout prix elle voulait conserver la force, et si elle était contrainte de la résigner légalement comme régente, elle se préparait à la recouvrer comme chef de parti. Elle résolut de grandir Henri de Valois à côté du Roi, et de se maintenir au-dessus des deux frères, en faisant naître leur rivalité.

Un tel revirement de politique ne pouvait être ni servi, ni compris par le chancelier de l'Hospital, ce fidèle conseiller des jours dangereux, le compagnon du voyage en France, qui avait consacré tout son talent à restaurer la suprématie royale. Catherine voulut se débarrasser de ce censeur importun, de ce Français qui ne comprenait pas les raffinements de sa politique. Elle profita du mouvement d'opinion qui suivit en France la nouvelle de l'exécution à Bruxelles des comtes d'Egmont et de Horn. En voyant, au mois de juin 1568, cette vigueur de répression avec laquelle Philippe II usait du prétexte de l'hérésie pour accabler les résistances nationales, les catholiques de France demandèrent qu'un concert fût établi avec lui pour punir les fauteurs de la seconde guerre civile. Catherine leur sacrifia tout d'abord le chancelier qui, en sa qualité de modéré, était suspect aux deux partis : elle remarqua, d'ailleurs, que cette seconde guerre civile n'avait pas grandi Henri de Valois, et elle se décida à en provoquer une troisième, dans laquelle il serait savamment secondé. Pour commencer, elle complota avec le cardinal de Lorraine l'enlèvement en pleine paix des deux chefs réformés, Condé et Coligny.

« Ceste entreprise mal dressée de quenoüille et de plume, de la Royne et du cardinal de Lorraine[1] », échoua : les deux chefs purent échapper au guet-apens, traversèrent la France au galop, à peu près seuls traqués dans le trajet, atteignirent enfin la Rochelle[2]. Jeanne d'Albret vint les rejoindre avec son fils et les contingents de Béarn : la troisième guerre civile commençait.

Le duc de Guise accourut l'un des premiers à Orléans, près de M. de Sansac « qui assembloit l'armée », et qui lui donna « imprudemment » dix-huit compagnies de gens d'armes, sans attendre « les ordres du Roi ni de son frère[3] ». Ce commandement considérable, enlevé de la sorte par surprise, fut un embarras pour Henri de Valois pendant toute la campagne, et la cause des premières inimitiés entre les deux jeunes gens. Henri de Guise s'était par son élan, son audace, son ardeur, fait reconnaître comme le chef d'une jeunesse qui méprisait les vieux généraux, ne rêvait que les prouesses des romans de chevalerie, dédaignait l'infanterie, l'ordre de bataille et même l'autorité du bel Henri de Valois, regardé comme trop docile aux conseils de Biron et de Tavannes. « M. de Tavannes

[1] Tavannes, p. 304.
[2] Septembre 1568.
[3] Tavannes, p. 304

vouloit tout régenter et que tout passât par son advis et son œil[1] ». A ce vieux chef qui veut tout prévoir, le duc de Guise est préféré : avec Guise les hardies chevauchées, les résolutions imprévues, les heureux coups de main : « Ce que je ne résoudrai en un quart d'heure, disait-il, je ne le résoudrai de tout le reste de ma vie. » Il avait dix-huit ans, était sans peur, se pensait prédestiné à de grandes actions au milieu de ses compagnons, les fils des défenseurs de Metz, qui voulaient dépasser les exploits de leurs pères. De ces téméraires, le plus fou était le fils du maréchal de Brissac. Timoléon de Cossé-Brissac voulait devenir connétable ; il portait à la guerre une sorte de frénésie : « il aimoit à tuer, jusque-là qu'avec sa dague, il se plaisoit à s'acharner sur une personne, à lui en porter des coups, jusqu'à ce que le sang lui en rejaillissoit sur le visage[2]. » Il se fit tuer inutilement dès les premiers mois de la guerre, ainsi que son ami Martigues, et que la plupart de ces ambitieux trop braves, les premiers compagnons de Henri de Guise et les auteurs véritables de ses premières fautes.

Cette campagne, favorable sur presque tous les points aux catholiques, n'offrit cependant que des revers au duc de Guise[3]. Il faut toutefois remarquer que, si l'on cesse de considérer les événements dans

[1] Brantôme, t. I, p. 520.

[2] Brantôme, *Vie de Timoléon de Cossé-Brissac.*

[3] Surpris dans une maladroite sécurité au Paupre par Montgomery, le jeune duc n'eut pas le temps de mettre ses éperons et dut s'enfuir en sautant sur le cheval d'un de ses gentilshommes ; il laissa ainsi aux mains des huguenots « ses estrières et esperons et trente-six pièces de sa vaisselle d'argent » La Mothe-Fénelon, *Correspondance*, t. I, p. 148.

leurs traits principaux, et si l'on veut pénétrer dans les épisodes des combats de cavalerie, des surprises de châteaux, des expéditions audacieuses, on tombe dans une complète incertitude, et l'on est entouré de contradictions. Par exemple, le maréchal de Tavannes était le vrai chef de l'armée catholique, et comme le tuteur de Henri de Valois : avec ses notes, ses deux fils, Gaspard et Guillaume de Saulx-Tavannes, ont raconté chacun les détails de cette campagne, et cependant leurs Mémoires sont quelquefois en contradiction. Gaspard de Tavannes rapporte que « La Rivière, capitaine de chevau-légers, vaillant et inconsidéré, se laisse investir dans la tour de Jarnac avec cinquante des signalés volontaires de l'armée ». C'est la fleur de ses compagnons, le duc de Guise veut les délivrer : Henri de Valois s'y oppose, puis cède à ses instances et lui accorde trois mille chevaux, puis révoque cet ordre. Enfin, Henri de Guise part avec sa seule compagnie d'ordonnance et les volontaires qui ne craignent pas de désobéir au prince ; suivi de deux cents chevaux seulement, il n'hésite pas à se hasarder, pour délivrer M. de La Rivière, au milieu de l'armée calviniste ; il trouve devant lui « toute la cavalerie de l'amiral en bataille, qui le chassa et le poursuivit proche l'armée ». Cette leçon, qui châtiait le jeune homme de son imprudence, est racontée autrement par Guillaume de Tavannes. Guise insiste toujours près de Henri de Valois afin d'obtenir la cavalerie, et de se porter en avant, mais ce n'est pas pour délivrer La Rivière qui n'est pas encore assiégé. Quelques jours après seulement, « La Rivière délibéra de s'aller saisir de la maison de Jarnac qui estoit pleine de meubles, à quatre lieues de

Cognac où estoit le camp des ennemis : il y demeura deux jours, accompagné d'environ cinquante ou soixante chevaux ; au troisième, il fut assiégé sans qu'il en avertist l'armée, et ne le sceut-on que quinze jours après ». Le duc de Guise attaqua la cavalerie de l'amiral, non pour la traverser et délivrer La Rivière, mais uniquement pour faire montre de témérité. « M. de Guise et le sieur de Brissac montèrent à cheval avec cinq ou six cents chevaux » ; ils furent ramenés en déroute sur le champ catholique.

De semblables imprudences amenèrent plusieurs fois les mêmes défaites. Du commencement de septembre au mois de décembre 1568, les deux armées manœuvraient à quelques lieues de distance l'une de l'autre, et semblaient alternativement offrir ou éviter une bataille. Le 16 novembre, l'armée calviniste se trouva si rapprochée de celle de Henri de Valois, à Jazeneuil, qu'elle dut rétrograder. Elle se replia en bon ordre dans les vignes, et présenta un front menaçant. Contrairement aux ordres de Henri de Valois, Henri de Guise entraîna sa cavalerie au milieu des vignes, sans même remarquer un fossé qui avait été creusé à la hâte par les huguenots entre les deux armées. Ses cavaliers furent culbutés ou arrêtés brusquement sous le feu des mousquetaires ennemis ; quatre pièces de canon complétèrent leur déroute. Henri de Guise, mêlé aux fuyards, fut chargé vigoureusement par Condé ; il fallut que l'armée catholique s'ébranlât tout entière pour le dégager. Sans les sages mesures de Biron, toute la cavalerie du duc de Guise aurait été perdue par sa faute.

L'hiver suspendit momentanément les hostilités ;

mais dès le mois de février de l'année suivante, Henri de Valois reprit l'offensive, tandis que Condé se rapprochait des montagnes du Rouergue pour y rallier les sept vicomtes qui promettaient toujours leur arrivée, comme au temps de la première guerre civile. Par une marche habilement dirigée, Tavannes et Biron réussirent à lui barrer le chemin; les deux armées se retrouvèrent de nouveau face à face, le 13 mars 1569, près de Jarnac, et se livrèrent bataille.

Le début de la journée semblait favorable aux huguenots, à cause d'une nouvelle faute du duc de Guise : « M. de Guise et quelques autres se hastèrent tant, qu'ils arrivèrent où estoient les ennemis [1]. » Cette troupe étourdie fut repoussée, Guise tomba de cheval [2], mais l'armée catholique survint assez tôt pour le dégager. Condé eut le bras cassé dans une charge, et fut fait prisonnier. La déroute des huguenots fut complète; à plus de huit lieues du champ de bataille, devant Saintes, ils laissèrent prendre, dans leur fuite, la cornette de l'amiral.

Pendant la poursuite des vaincus, les vengeances privées cherchaient les prisonniers. Le capitaine des gardes de Henri de Valois, « un brave et vaillant gentilhomme [3] », parle à ce prince, le quitte, découvre Condé prisonnier et blessé au pied d'un arbre, et « descharge son pistolet dans sa teste ». C'était le début du jeune général de l'armée victorieuse : il faisait disparaître son ennemi Condé. Sa carrière commençait par le meurtre du chef des huguenots, elle se

[1] Guillaume DE TAVANNES, p. 459.
[2] TAVANNES, p. 305.
[3] BRANTÔME, disc. LXXX.

terminera par l'assassinat du chef des catholiques. Un des gentilshommes attachés à la maison de Montmorency vit amener devant Henri de Valois Robert Stuart, celui qui avait tué le connétable à la bataille de Saint-Denis : il parla aussi de sa vengeance, reçut la permission qu'il demandait, et poignarda le prisonnier « en achevant de parler à Monsieur, qui en ouït les coups [1] ». Un autre prisonnier, Chastelier-Portal, qui avait tué Charry, fut également déchiré le soir à coups de poignard [2]. « Chascun est là pour son escot, mais de tels coups se doibvent faire sur la chaude-colle, et non de sang-froid [3]. »

Les basses rancunes trouvent toujours leur satisfaction dans les discordes intestines ; elles savent mettre à leur service le prétexte des proscriptions ou celui des hasards d'une bataille. La mort de Condé ne sembla pas suffisante pour satisfaire Henri de Valois : il voulut voir le corps de celui qu'il avait détesté, jeté ignominieusement sur une ânesse, d'après une vieille coutume des combats judiciaires.

Mais il recueillit peu d'honneur de cette grande victoire. Le cardinal de Lorraine comprit que s'il laissait établir cette nouvelle réputation, il verrait « ses nepveux exclus du commandement [4] », et il s'appuya de l'opinion de la cour de Rome, pour faire croire que le succès de la journée était dû à la promptitude de décision montrée par Henri de Guise. Le Pape écrivit au jeune duc de Guise qu'en l'honneur de

[1] D'Aubigné, p. 280.
[2] *Id., ibid.*
[3] Brantôme, *M. le Connétable*, p. 326.
[4] Tavannes, p. 339.

son triomphe « il auroit fort souhaité luy envoyer un présent, mais estant fort pressé d'argent, il pouvoit compter en récompense sur la faveur des biens célestes avec lesquels tous les biens de la terre ne pouvoient entrer en comparaison [1] ».

Ainsi, Henri de Valois voyait surgir un nouveau rival qui commençait par lui arracher sa gloire, à l'heure même où il se débarrassait de son ennemi. Cet allié, qu'il avait pris plaisir à appeler et à fortifier, devenait le véritable adversaire.

Les discussions entre les deux Henri arrêtèrent les progrès de l'armée victorieuse, et l'empêchèrent d'enfermer Coligny dans Saintes, et de l'y assiéger. Henri de Valois ne sut pas retenir ses généraux autour de lui, et laissa le comte du Lude emmener une partie de l'armée pour assiéger Niort.

Dans les murs de Niort, la brèche fut promptement praticable ; « la comtesse du Lude, présente à l'assaut, entre autres butins, promettoit les belles filles à discrétion [2] ». Mais les filles de Niort furent vaillamment protégées. Les catholiques, repoussés dans leur attaque, durent lever le siège. Pendant ce temps, l'armée vaincue se réorganisait. Jeanne d'Albret faisait prêter serment de fidélité à son fils Henri de Navarre, et à Henri de Condé, fils du prince tué à Jarnac : ils avaient, l'un dix-sept, l'autre seize ans. Les réformés, qui les avaient surnommés les pages de l'amiral, en les voyant écouter docilement les avis du vieil homme de guerre, furent fiers d'avoir dans leurs rangs deux princes du

[1] Archives de la maison d'Orléans, ancien inventaire de Joinville, II, 414, publié par Bouillé, t. II, p. 425.

[2] D'Aubigné, p. 290.

sang, et se laissèrent conduire par Coligny au-devant des renforts qui arrivaient d'Allemagne; ils perdirent encore deux de leurs principaux généraux : d'Andelot le 27 mai, et, le 11 juin, le duc des Deux-Ponts, chef des auxiliaires allemands. Mais une nouvelle campagne commença comme si la bataille de Jarnac n'avait pas eu lieu, et les réformés se trouvèrent les plus forts à leur tour.

Dès le 23 juin, les deux armées furent en présence près de Saint-Yrieix; un ruisseau les séparait : « MM. de Guise et de Martigues firent la plus grande faute; sans commandement, passent le ruisseau avec deux cents chevaux, la plupart volontaires, donnent chaleur à toute l'infanterie qu'il n'y eut plus moyen de retenir, et poursuivent plus de quinze cents pas, par delà le ruisseau, les ennemis [1] »; mais tandis que cette masse d'infanterie se répand sans ordre, les huguenots rassemblent leurs forces; « quatre mille chevaux paroissent, leur tombent dessus, suivis de toute l'armée huguenote : aussitost M. de Guise avec ses deux cents chevaux tourne, abandonne l'infanterie », qui est à peu près détruite : les capitaines se font tous tuer, il en reste quarante sur le terrain. — « Je disois bien vray que ces jeunes gens gasteroient tout », s'écrie le maréchal de Tavannes; puis, quand il voit rentrer le duc de Guise lassé et confus, il lui lance ces paroles cruelles : « Monsieur, avant qu'entreprendre il faut penser; il vous fust esté plus louable de vous perdre et mourir, que faire ce que vous avez fait [2]. »

La nécessité de rester à la tête des plus aventureux,

[1] Tavannes, p. 323.
[2] *Id.* Cette affaire s'est appelée le combat de Roche-Abeille.

et le désir d'être regardé comme le plus hardi, poussaient Henri de Guise aux entreprises les plus insensées. Bientôt il eut une occasion de prendre sa revanche. Apprenant que Coligny profitait de ce succès et de l'affaiblissement de l'armée royale pour mettre le siège devant Poitiers [1], il résolut de délivrer cette place et demanda à se porter en avant avec toute la cavalerie. Henri de Valois lui objecta que son armée serait réduite à l'impuissance s'il laissait partir une force aussi considérable. Henri de Guise répliqua fièrement : « Le Roy m'a donné la charge de colonel général des chevaulégers, et il faut que je sois indigne de ma charge si je ne la fais! » Henri de Valois, « quoyqu'à son grand regret, luy accorda son congé pour aller à la guerre entre le camp des ennemis et le nostre seulement. Et toutesfois, la première nouvelle qu'il en eut, fut qu'il s'estoit allé jeter dans Poitiers avec ce qu'il avoit emmené [2]. »

Cette entreprise était plus sensée que les précédentes. Au lieu d'une ivresse de quelques instants dans un tourbillon de chevaux et d'épées, le duc de Guise revenait à l'école des longues veillées, de l'attention continuellement soutenue, de l'opiniâtreté dans le courage, des ressources que tout instant force à improviser, de l'habitude du commandement sérieux et des ordres précis. Il cessait de se faire le prince d'une jeunesse fougueuse, indisciplinée, et qui s'attirait sans cesse des leçons et des revers, pour rentrer dans la légende de sa famille : il cherchait, par la défense de Poitiers, à rappeler la défense de Metz.

[1] Juillet 1569.
[2] Guillaume DE SAULX-TAVANNES, p. 464.

Poitiers était aussi mal fortifiée que Metz autrefois : la ville était dominée de tous côtés, et les assiégés pouvaient être tués dans les rues [1]; les murailles étaient délabrées et mal flanquées; « somme, c'est une méchante place et digne d'honorer un défendeur [2] ». En même temps, l'ardeur des huguenots se trouvait excitée par l'appât de la riche proie que le succès promettait de placer entre leurs mains; toute la noblesse catholique du Poitou était enfermée dans la ville avec le duc de Guise et son frère le marquis, plus tard duc de Mayenne : c'étaient d'énormes rançons et de précieux otages, un gage presque certain d'une paix avec les garanties nécessaires.

De son côté, le duc de Guise sut animer le courage de la garnison et profiter du secours des douze cents cavaliers introduits avec lui dans la place pour retarder l'investissement et prolonger la défense des faubourgs [3]. Le 24 juillet, une colonne de huguenots enleva le fort Saint-Ladre; Piles, le chef de cette colonne, poussa jusqu'aux remparts, mais il fut arrêté par le canon de la place et par une sortie de six cents cavaliers français et italiens que le duc de Guise dirigea en personne pour reprendre le faubourg. Guise ne put, toutefois, occuper que les maisons les plus voisines de la porte de Poitiers; il les fit raser à la hâte, pendant que les huguenots crénelaient les autres. Au bout de quatre jours, les faubourgs furent pris, et les assiégés se trouvèrent resserrés dans l'enceinte. L'artillerie commença bientôt à battre les remparts. Pour

[1] Varillas, p. 233.
[2] La Noue, p. 634.
[3] D'Aubigné, p. 298

pouvoir approcher des brèches qu'elle ouvrait, il fallait traverser un bras de rivière. Avec des tonneaux, Coligny improvisa un pont en une nuit; mais la nuit suivante Guise réussit à détruire ce pont de tonneaux, Coligny en fit deux autres, et parvint à s'emparer d'une brèche contre une vieille tourelle; ses soldats s'y logèrent, s'y maintinrent : aussitôt Guise fit barrer la rivière par des pieux que reliaient des ballots de laine. L'eau reflua dans les prairies, les inonda, emporta les ponts, isola les soldats qui s'étaient attachés à la tourelle en ruine. Coligny fit tracer des fossés pour écouler les eaux et assécher les prairies; mais pendant ce temps Guise avait fait réparer les brèches. C'était une lutte savante entre les deux ennemis : toutes les ressources étaient successivement employées et combattues. La canonnade durait depuis un mois [1] : Coligny voyait ses Allemands épuisés par ce soleil de juillet et d'août et ce séjour dans des prés. Pour remonter leur moral, il voulut tenter un coup de main sur Nantes, sans arrêter l'attaque de Poitiers; cette nouvelle entreprise fut empêchée par une singulière superstition, qui fait comprendre l'état d'exaltation dans lequel poussaient tant d'aventures héroïques et romanesques. L'expédition était dirigée par Téligny, fils adoptif de l'amiral : elle comprenait douze cents cavaliers. « Il y eut de notable que aïant trouvé au matin une bague qui avoit perdu son esmeraude, Téligny renvoïa les exécuteurs, et n'y eut moïen de lui redonner espérance perdue avec le vert de son esmeraude [2]. »

[1] Castelnau.
[2] D'Aubigné, p. 301.

Pour ôter également l'espérance aux assiégés, Coligny avait fait détruire leurs moulins, de sorte que la farine ne tarda pas à manquer et que le pain fut distribué « bien chichement [1] ». Mais la disette de poudre vint bientôt tourmenter à leur tour les huguenots : leur armée n'était pas organisée pour un siège d'aussi longue durée : ils n'avaient ni grosse artillerie, ni munitions, ni pionniers, et quand ils avaient ouvert une brèche, « ils ne pouvoient poursuivre vivement la batterie ni les autres ouvrages, et puis après il falloit recommencer autre part batteries nouvelles [2] ». Coligny donna enfin le signal de l'assaut. La nombreuse cavalerie de Guise rendait cette opération dangereuse; car, en cas d'insuccès, elle débouchait sur les assaillants et pouvait s'avancer jusque dans leur camp : devant les deux brèches ouvertes vers la fin d'août se tenaient à cheval le duc de Guise à l'une, le comte du Lude à l'autre, « toute la noblesse eschauffée à bien faire par la vue d'une notable haie de cavalerie, c'estoient soixante et quinze dames montées sur bons chevaux, tous bien empanachés, qui prirent leur place de bataille assez près du combat pour estre fidèles et dangereux témoins des valeurs et laschetés [3] ». Parmi elles se trouvait, entourée des dames de Ruffec, de Bois-Séguin et des Arpentis, la comtesse du Lude, qui avait à se faire protéger contre le sort promis par elle quelques semaines auparavant aux jeunes filles de Niort.

Le brave Piles s'élança à l'assaut avec les réformés gascons; mais les Allemands qui devaient le soutenir

[1] D'Aubigné, p. 301.
[2] La Noue.
[3] D'Aubigné, p. 300.

prirent peur en voyant la belle contenance des assiégés, et rentrèrent silencieusement dans leurs quartiers[1]. Piles, ainsi abandonné sur la brèche au milieu de l'assaut, fut renversé d'une arquebusade dans la cuisse et repoussé avec ses Français.

On était au commencement de septembre, le siège durait depuis la fin de juillet ; l'amiral voyait le découragement de son armée, il attendait un prétexte honorable pour lever le siège. Henri de Valois ne tarda pas à le lui offrir, et « l'armée catholique fit beaucoup d'honneur aux huguenots quand elle vint attaquer Châtelleraud, car ce leur fut une légitime occasion de lever le siège, qu'aussi bien eussent-ils levé. M. de Guise et son frère acquirent grand renom d'avoir gardé une si mauvaise place, estant encore si jeunes comme ils estoient, et aucuns ne prisoient moins cest acte que celui de Metz[2]. »

Le parti sut vanter bruyamment cet exploit. Henri de Guise fut comparé à son père. Il reçut droit de séance dans le conseil du Roi. Il se vit accueilli par les acclamations de l'armée catholique, lorsqu'il la rejoignit à la tête de sa brave cavalerie de Poitiers. Ses anciennes étourderies étaient rachetées, il n'avait plus à craindre des remontrances comme celles qu'il avait dû essuyer de Tavannes.

Juste un mois après le dernier assaut de Poitiers, le 3 octobre 1569, les deux armées étaient de nouveau en présence, dans les plaines de Montcontour. Tandis que Tavannes et Biron rangeaient les catholiques en bataille, l'amiral de Coligny perdait sa matinée à

[1] Varillas, p. 234.
[2] La Noue.

discuter avec les Allemands, pour les décider à prendre position, obtenait tardivement, par ses instances et par les exhortations des ministres, qu'ils consentissent à combattre, mais ne réussissait à les y déterminer qu'au moment où les collines qu'il voulait leur faire occuper étaient déjà aux mains des catholiques. Avant même que la bataille eût commencé, Coligny était déjà affaibli par cette indiscipline. Cette infériorité faillit toutefois être compensée par une nouvelle faute du duc de Guise. Follement, et contre toute disposition stratégique, Henri de Guise se jeta en avant et fut suivi de la cavalerie; Henri de Valois lui-même, envieux de la popularité que donnaient ces charges risquées, galopa sur les huguenots comme un simple volontaire. Ce tourbillon eut bientôt balayé les reîtres qui disparurent du champ de bataille, mais il se brisa sur trois régiments de gens de pied français [1] qui firent face aux chevaux; en même temps, l'artillerie des huguenots lançait des boulets dans cette masse de cavalerie; Henri de Valois eut son cheval tué, le duc de Guise « y fut fort blessé d'une grande pistolletade au bas de la jambe, et en grand danger de la mort [2] ». Il fut trois mois sur son lit et ne prit plus part aux autres événements de la guerre. Sa faute, comme à Dreux celle du connétable, semblait donner la victoire aux huguenots, lorsque, pour la réparer, Tavannes et Biron firent avancer au pas de course les Suisses et les vieilles bandes françaises. Cette attaque de l'infanterie décida en quelques minutes du succès de la journée : les huguenots furent mis en déroute, leurs lansquenets

[1] CASTELNAU, p. 547.
[2] BRANTÔME, t. I, p. 419.

furent surpris par les Suisses, « leurs anciens ennemis, si bien qu'à peine de quatre mille, s'en sauva-t-il cinq cents[1] ». Leurs gens de pied français furent sauvés d'un pareil massacre par le dévouement d'un vieillard héroïque : « Saint-Cyr Puygreffier, ayant rallié trois cornettes, recogneut que par une charge il pouvoit sauver la vie à mille hommes : — A gens de bien courte harangue, dit le bonhomme ; frères et compaignons, voicy comment il faut faire ! » — Et il poussa en avant : les cavaliers suivaient silencieusement à vingt pas ce chef étrange, « aagé de quatre-vingt-cinq ans, couvert d'armes argentées jusqu'aux grèves et sollerets, le visage découvert avec une barbe blanche comme neige » ; ils reprirent pour quelques instants l'offensive, se firent tuer, et ainsi le bonhomme « sauva plusieurs vies par sa mort[2] ». Depuis la bataille de Jarnac, les prisonniers n'étaient plus épargnés ; pendant que les catholiques faisaient « passer le pas[3] » à ceux qu'ils avaient enlevés parmi les huguenots, les rares prisonniers catholiques étaient assassinés, entre les mains des cavaliers français qui les emmenaient, par les reîtres irrités de n'avoir ni paye, ni butin[4].

Pendant ce temps, Coligny, qui avait reçu un coup de pistolet dans la bouche, était emporté, les dents brisées, la joue déchirée, le sang dans la gorge, « se voyant sur la teste le blasme des accidents, le silence de ses mérites, un reste d'armée qui mesme avant le désastre désespéroit déjà, enduroit ces pointures plus

[1] Castelnau, p. 548.
[2] D'Aubigné, p. 308.
[3] La Noue, p. 637.
[4] Mergey.

cuisantes que sa fascheuse plaie. Comme on le portoit en une litière, Lestrange, cheminant en mesme équipage et blessé, fit avancer sa litière au front de l'autre, et puis, passant la teste à la portière, regarde fixement son chef; ils se séparent la larme à l'œil, avec ces paroles : — « Si est-ce que Dieu est très-doux », — sans pouvoir en dire davantage [1]. »

Henri de Valois ne sut pas plus profiter de cette victoire que de celle de Jarnac; il épuisa inutilement son armée au siége de Saint-Jean d'Angély, « bronchant à la mesme pierre » que Coligny à Poitiers [2]. Le brave Piles, à peine remis de sa blessure de Poitiers, avait pris le commandement de Saint-Jean d'Angély; il s'y défendit sept semaines, et fit périr trois mille assiégeants [3]. Charles IX, un peu inquiet de l'ascendant que donnaient à son frère deux batailles gagnées en une seule année, était venu prendre en personne le commandement de l'armée; c'était contre son roi que Piles avait le dangereux honneur de se défendre; ce fut le Roi qui lui accorda la capitulation, et signa le sauf-conduit qui le laissait libre avec sa garnison. La signature royale « ne les garantit toutefois de l'outrage qui fut rendu, contre l'intention de Sa Majesté, à beaucoup, par l'insolence et la liberté des soldats, qui s'émancipèrent de dévaliser ceux qui estoient mieux accomodez [4] ».

A partir de ce moment, l'indiscipline des troupes, la dispersion des efforts, l'épuisement du pays, don-

[1] D'Aubigné, p. 309.
[2] La Noue.
[3] Castelnau, p. 550.
[4] *Id.*, *ibid.*

nent à cette guerre un caractère de barbarie, nouveau même pour l'époque [1]. Chaque province, chaque ville a sa guerre locale. Les massacres de septembre 1792 et ceux de la glacière d'Avignon ont leur modèle dans les prisons d'Orléans en 1569 ; les huguenots d'Orléans avaient reçu l'ordre du prévôt « que pour leur seureté et celle de la ville », ils se logeassent dans les prisons ; ils s'y réfugièrent en effet. « Le peuple, esmeu par les prescheurs, fit mourir tout ce qui estoit dedans, sans distinction de sexe ni d'âge » ; dans l'une de ces prisons, celle de la Tour des Quatre-Coins, il ne put forcer les portes, il mit le feu « où tout le voisinage porta grande quantité de bois ». Deux cent quatre-vingts personnes y furent étouffées ou consumées. C'était même ce peuple d'Orléans qui, sept ans avant, avait acclamé Condé et d'Andelot quand ils semblaient les plus forts. A la nouvelle de ces meurtres, les huguenots des villages voisins prirent la fuite : ils formaient une bande misérable de quatre cent soixante paysans, femmes, enfants, qui se trainaient sur les bords de la Loire, poursuivis par des cavaliers partis d'Orléans. Bientôt les exécuteurs approchèrent; les paysans quittèrent la berge, et se cachèrent au milieu des saules et des broussailles dans le lit du fleuve. A l'horizon apparut une nouvelle troupe d'hommes à cheval; ils se crurent cernés, s'agenouillèrent sur le sable et se préparèrent à la mort

[1] La campagne de 1569 peut se résumer dans les dates suivantes :
13 mars, bataille de Jarnac ;
23 juin, combat de Saint-Yrieix (dit de Roche-Abeille);
22 juillet, entrée du duc de Guise à Poitiers;
7 septembre, Coligny lève le siège de Poitiers;
3 octobre, bataille de Montcoutour.
La campagne de 1570 se prolonge sans fait saillant jusqu'au 8 août

en chantant leurs psaumes. La nouvelle troupe était celle du capitaine Teil, un chef huguenot qui accourait à leur secours et qui mit en fuite les soldats d'Orléans [1]. A Montpellier, le « peuple se mutina, força la maison de Fargues, la pilla pendant toute la nuit. Les meubles et épiceries valoient plus de dix mille livres. Le lendemain samedi, le peuple alla assiéger la maison de ville, força le juge-mage et les consuls à condamner à mort Fargues, et le mena sur le champ à sa maison, où il le fit pendre aux plus hautes fenêtres, où il demeura tout le lendemain dimanche. Sa boutique étoit pleine des meilleures odeurs, et le Roy, en passant à Montpellier, avoit bien daigné y entrer et y prendre la collation [2]. »

Dans le Béarn, en dirigeant l'assaut de Rabastens, Blaise de Montluc eut la joue fracassée d'un coup d'arquebuse qui lui laissa une cicatrice assez profonde pour l'obliger à porter par la suite un masque sur le visage : il se crut frappé à mort ; il étouffait dans son sang et râlait quand on vint lui annoncer que la ville était prise ; en ce moment, il n'eut qu'une pensée ; pouvant à peine parler : — « Monstrez-moi, dit-il, l'amitié que vous m'avez portée, et gardez qu'il n'en échappe un seul qui ne soit tué. — L'on voulut sauver le ministre et le capitaine de là dedans pour les faire pendre devant mon logis, mais les soldats les ostèrent à ceux qui les tenoient, et les mirent en mille pièces ; ils en firent sauter cinquante ou soixante du haut de la grand'tour dans le fossé, lesquels se noyèrent. Il se trouve que

[1] D'AUBIGNÉ, p. 293.
[2] PHILIPPI, *Mémoires*, coll. Didier, t. VIII, p. 634.

l'on en sauva deux qui s'estoient cachés, et la plupart des femmes furent tuées [1]. »

Ce n'était plus la passion religieuse, c'était la rage de ne pas réussir à terminer la lutte, et cette frénésie qui survient si promptement dans les guerres entre compatriotes; car, au plus fort du carnage, Montluc apprit que « M. de Gramont estoit tout auprès de là, bien à son ayse, qui voyoit le tout, et parce qu'il est de ceste belle religion nouvelle, encore qu'il n'aye porté les armes contre le Roy, il craignoit se mesler parmi nous autres ». Il envoya près de Gramont un gentilhomme pour lui faire savoir qu'il « n'avoit point d'inimitié contre M. de Gramont, et quand il viendroit, il cognoistroit qu'il avoit autant d'amis dans nostre camp qu'à celuy de leur religion ». Ce huguenot venait d'arriver et se tenait près de Montluc quand survint M. de Goas, tout couvert de sang, qui s'écria : — « Asseurez-vous que nous vous avons bien vengé, car il n'y est demeuré une seule personne en vie. — Alors ils recognent M. de Gramont et s'embrassèrent. M. de Gramont le pria de l'amener au chasteau, ce qu'il fist. »

Ces luttes atroces se prolongèrent tout l'hiver et le commencement de l'été suivant. Coligny était dans le désespoir; pas de malheur qui ne lui parût préférable à la prolongation d'horreurs semblables. Ce fut le 8 août 1570 seulement que la paix put être conclue. Mais telle était encore la surexcitation des passions, et telle l'habitude de la cruauté, que, dans la marche en pleine paix de l'armée royale vers Paris, Strozzi, qui avait hâte de se retrouver à la Cour, donna de sang-froid

[1] Montluc, p. 353.

un ordre qui fait frémir; il remarqua que les ponts de Cé, près d'Angers, étaient encombrés par les bagages et les femmes des soldats; sa colonne était retardée; il fit saisir les femmes et les fit jeter dans la Loire, pour dégager le passage sur les ponts. Il noya de la sorte huit cents de ces créatures en quelques minutes [1]; elles criaient « pyteusement à l'ayde ». Cette inutile brutalité « ne fut jamais trouvée belle des nobles cœurs et mesme des dames de la Cour qui l'en abhorrèrent étrangement; car possible aucunes se fussent converties et eussent servy Dieu, comme il s'en est veu [2] ». En tout cas, c'était s'aviser bien tard et par un procédé étrange de rétablir la discipline.

Cette paix du 8 août 1570, signée à Saint-Germain, autorisait le libre exercice du culte réformé, au grand dépit des soldats catholiques : « Nous gaignions par les armes [3], mais ils gaignoient par ces diables d'escritures. » Henri de Valois commençait à voir que Henri de Guise avait grandi plus que lui durant la guerre; ce rival s'était révélé subitement sous ses ordres, au moment où il croyait le mieux s'assurer la prépondérance. Peu à peu il s'était irrité de ses désobéissances flagrantes et continuelles à ses ordres, et de ces airs de prince de la jeunesse que se permettait le duc de Guise. Ce n'était pas la peine d'avoir détruit, au risque

[1] Le Pipre, *Abrégé chronologique de la maison du Roi.*

[2] Brantôme, *Vie de Timoléon de Cossé-Brissac*, t. I, p. 666 : « La troisième paix faite, M. de Strozzi voyant ses compaignies embarrassées par trop de garces et... des soldats, et ayant fait faire plusieurs bandons pour les chasser, et voyant qu'ils n'en faisoient rien, ainsi qu'on les passoit sur les ponts de Cé, il en fit jeter pour un coup du haut en bas plus de huict cents. »

[3] Montluc.

de son honneur, un rival compromis par sa foi religieuse, comme Condé, pour voir surgir tout à coup un autre compétiteur, l'idole du parti catholique, le modèle de la nouvelle chevalerie, le fils du glorieux Balafré. L'esprit militaire était tel à cette époque, qu'un général ne perdait rien de sa réputation quand il avait éprouvé les revers les plus humiliants, comme le connétable de Montmorency ou Henri de Guise, pourvu qu'il eût fait preuve de bravoure et su diriger avec éclat une charge de cavalerie. Un homme, au contraire, qui avait, comme Henri de Valois, gagné des batailles sans faire parade de vigueur personnelle, ne pouvait acquérir la confiance d'une armée. On aimait mieux risquer un désastre avec un chef qui donnait ses ordres « le cul sur la selle, armé de toutes pièces aveques l'espée au poing, menant les mains », que se confier à la prévoyance d'un général qui « comme le Nestor des Grégeois estoit un vieux penard qui ne bougeoit de sa tente et donnoit ses advis et conseils en la mode d'un morneux président [1] ».

Les fautes du duc de Guise avaient donc plutôt agrandi que diminué son influence sur la jeune noblesse. L'envie qu'en ressentit Henri de Valois ne fut pas étrangère à la conclusion de la paix. Le fils de Catherine eut bientôt un moyen d'humilier ce prétendant au titre de héros catholique.

Le duc de Guise, glorieux de sa défense de Poitiers, osa avouer ses prétentions à la main de la sœur du Roi, Marguerite de Valois. Il connaissait cette jeune fille depuis son enfance : jusqu'à quel point ils s'étaient

[1] Brantôme, *M. le Connétable*, t. I, p. 328.

unis dans leurs jeux, dans les tendres épanchements d'une première intimité, Marguerite cherche à le cacher dans ses Mémoires; les récits qui s'en faisaient pendant les fêtes de la Cour et les plaisirs de cette fin de saison insistaient malicieusement sur les motifs qui rendaient probable cette union. Henri de Valois fut blessé dans son orgueil de prince par ces prétentions d'un sujet sur une fille de France. Il ne voulait pas rapprocher de lui par un mariage le seul homme qui pût lui disputer le titre de général des catholiques. Il était poussé par d'autres sentiments encore. Pour sa sœur, il nourrissait une amitié morbide et bizarre, comme la plupart de ses sentiments, amitié qui comportait les fureurs jalouses et qui devait finir, ainsi qu'un amour déçu, par une haine violente. Pendant qu'avec Catherine sa mère, il cherchait à exciter l'orgueil de Charles IX, pour empêcher le mariage, il apprit que le cardinal de Lorraine, toujours insolent et fanfaron quand il voyait poindre les occasions de la fortune, rappelait l'union du jeune duc de Lorraine avec Claude de France, une autre des filles de Henri II, et, confondant la race des Lorrains et celle des Valois, disait : « L'aîné a eu l'aînée, le cadet aura la cadette! »

Ce propos fut répété à Charles IX. Catherine sut avec habileté soulever dans l'âme du jeune Roi une de ses colères qui le jetaient pour quelques jours hors de sa raison, et faisaient fuir son approche; une de ses crises semblait imminente depuis le siège de Saint-Jean d'Angély. Il était mécontent de la dernière guerre, inquiet de l'importance que prenaient son frère et le duc de Guise. Henri de Valois sut joindre ses insistances à celles de sa mère, fit tenir par du

Guast, un de ses gentilshommes, des propos sur les relations de Marguerite et du duc de Guise. Le Roi prit feu, déclara qu'il fallait poignarder le duc de Guise, et, s'emparant de deux couteaux de chasse, dit à son frère bâtard, Henri duc d'Angoulême : — Demain, il y en aura un qui te percera, si tu ne tues pas Henri de Guise avec l'autre.

C'était le 3 octobre 1570. Le duc d'Angoulême fit prévenir le duc de Guise que sa mort était assurée. Guise essaya de garder bonne contenance, et se présenta le soir même au Louvre, vêtu de satin, couvert de pierreries, fier et souriant. Il apprit immédiatement à connaître les fureurs de Charles IX : — Je n'ai nul besoin de vous ici, — lui crie le Roi avec un regard féroce, dès qu'il le voit entrer. Le duc sort, court à l'hôtel de Nemours, fait demander sa mère, la duchesse de Nemours, et sa grand'mère, Antoinette de Bourbon, leur apprend que sa mort est décidée, tient conseil avec ces deux femmes. Il ne peut plus penser à la main de la sœur du Roi; mais même en renonçant à ce rêve, sera-t-il en sûreté? Le croira-t-on sincère s'il abandonne ses projets de séduction, et ne doit-il pas, pour rentrer en grâce, donner une preuve éclatante de sa soumission à la volonté royale? Le danger est pressant, le duc d'Angoulême doit le lendemain lui chercher querelle et le faire tuer, les femmes s'inquiètent; un seul moyen est laissé pour échapper : c'est de prouver par un mariage immédiat qu'il renonce à Marguerite, et de faire croire ainsi au Roi qu'il n'a jamais songé à elle. Antoinette rappelle alors qu'elle a parmi ses femmes une jeune veuve, Catherine de Clèves, qu'elle peut faire venir.

Catherine, fille de François de Clèves, duc de Nevers, et de Marguerite de Bourbon, était « l'une des plus belles, honnestes, sages, vertueuses et riches filles de France : madame la doüairière de Guise la nourrissoit par la prière que feu M. de Nevers, son père, luy avoit faicte de la tenir en sa compaignie [1] ». Sa sœur aînée, Henriette, avait épousé Louis de Gonzague, fils du duc de Mantoue; elle-même avait été mariée à Antoine de Croy, prince de Portien, de la religion réformée. Ennemi des Guises, le prince de Portien était l'un des cavaliers qui accompagnaient le maréchal de Montmorency, lorsqu'il mit en déroute l'escorte du cardinal de Lorraine et du jeune Guise, à l'époque de leur entrée maladroite dans Paris. Il était mort quelques mois plus tard : la jeune veuve avait aussitôt abjuré la religion réformée, et était venue se replacer sous les ordres d'Antoinette.

Réveillée dans la nuit, elle arrive à l'hôtel de Nemours. A l'instant même, elle se voit demandée en mariage par le duc de Guise. Elle avait été élevée dans l'admiration de ce petit-fils de sa vieille maîtresse : on lui offre de devenir l'égale de cette maîtresse, la véritable duchesse de Guise, l'épouse du nouveau héros. Elle accepte. On la prie de ne pas sortir que le mariage ne soit célébré : la nuit même elle est mariée dans la chapelle de l'hôtel de Nemours. Moins de six heures après le mot du Roi, le mariage était consommé.

Marguerite de Valois resta enfermée avec la fièvre. Quand les nouveaux époux furent reçus à Saint-Germain, le Roi parut oublier sa colère, et ne songea

[1] Brantôme, *les Duels*, p. 321.

bientôt plus qu'à son propre mariage. Il épousa, le 26 novembre suivant, Élisabeth d'Autriche, fille de l'empereur Maximilien. C'était une fille timide et craintive qui ne connaissait pas un mot de français. — « Cette Allemande-là ne me fera pas mal à la teste », avait dit d'elle la spirituelle Marie Touchet, qui aimait Charles IX. Cette Allemande, après la mort de Charles IX, parut heureuse de se retirer dans son couvent en Autriche, et abandonna en France, avec peu de sensibilité, sa fille, qui mourut loin d'elle peu d'années après.

# CHAPITRE XIX

## UNION DE CHARLES IX ET DE COLIGNY.

### 1571-1572.

Pour la troisième fois, après trois guerres civiles, les Français essayaient la paix. Mais la paix n'était ni dans les esprits, ni dans les mœurs. Même quand les chefs étaient de bonne foi, les préjugés pieusement éveillés, les colères amassées, la facilité de satisfaire les vengeances privées, continuaient les hostilités, en dépit de tous les édits de pacification. Les ministres protestants restaient haineux; ils ne voyaient pas d'autre rôle pour un pasteur évangélique que celui de tribun populaire ou de martyr. Les prédicateurs catholiques croyaient assurer le salut de leurs fidèles en les poussant à l'extermination des hérétiques. Le 4 mars 1571, six mois après la paix, la populace de Rouen, soulevée par les moines, égorgeait encore quinze huguenots [1]. Chacun des deux partis voulait supprimer l'autre.

Pour que la paix pût être maintenue, il aurait fallu qu'un mouvement national entraînât les esprits dans

[1] WHITE, *Massacre of S. Bartholomew*, p. 336.

une voie nouvelle : une grande pensée aurait pu surgir qui nous aurait tous saisis et emportés.

Coligny et Henri IV, seuls dans leur siècle, ont eu cette inspiration. Ils ont eu une idée, la même : fondre dans une passion commune tous ces éléments effervescents et discordants. Une guerre avec l'Espagne pouvait encore tout sauver : contre l'ennemi national se seraient trouvés subitement réunis ces gens de guerre en ce moment divisés ; les vieux capitaines seraient redevenus compagnons comme aux jours de Metz, de Saint-Quentin, de Thionville. Le roi qui aurait osé prendre résolument la protection des Flamands contre Philippe II serait devenu l'arbitre de l'Europe. Il ne s'agissait plus, comme au temps de François Ier, d'une conquête disputée et de sièges à entreprendre : les villes nous appelaient comme des libérateurs, les populations n'avaient plus d'espoir qu'en nous pour échapper à des massacres et à une ruine dont l'horreur est encore vivante. « Si nous étions bien avisés, il y auroit maintenant[1] matière de réunir l'État de Flandre au nôtre ; mais la folie de ceux qui pensent être les plus sages ne le permet pas. Il est aux portes de Paris, et par manière de dire, un faubourg ; jamais ne s'est préparée une occasion pour le recouvrer, que nous ne nous l'ayons laissée échapper, pendant que par discours fantasques nous nous amusons à la conqueste d'Italie, que Nature a séparée d'avec nous de mœurs, de langue et d'un haut entrejet de montagnes. » Les Vénitiens, avec leur tact politique, trouvaient également que le remède à nos infirmités était

[1] Pasquier, *Lettres*, liv. V, lettre 1.

la diversion d'une guerre étrangère, soit en Italie, soit en Flandre [1].

Coligny, le cœur brisé de tant de désastres, se décida à tenter les derniers efforts pour entraîner Charles IX dans une guerre des Pays-Bas. Malgré les haines amoncelées sur sa tête et les dangers qu'il pouvait courir au milieu des jeunes gens de la Cour, il vint trouver le Roi à Blois, en septembre 1571. A ceux qui lui reprochaient cette imprudence, il répondait [2] « qu'il aimoit mieulx mourir et estre traisné par les rues de Paris que de recommencer la guerre civile ». Il avait vu ses compagnons, les Français, se chercher avec acharnement pour se tuer, les soldats se démoraliser dans l'indiscipline et le pillage; sa femme et ses deux frères venaient de mourir. Il se voyait isolé, déconforté, impatient de rejeter à l'extérieur les maux de la France.

Le jeune Roi accueillit cette grande pensée avec enthousiasme. En ce moment même, il se sentait irrité contre Philippe II, qui le traitait avec peu d'égards, et il ne demandait qu'une occasion de lui déclarer la guerre [3]. Il s'imaginait, en outre, que sa sœur Élisabeth venait d'être empoisonnée par le roi d'Espagne, et il avait hâte de la venger. Cette reine était morte en couches; les soupçons de son frère ne reposaient sur

[1] Giovani MICHIELI, publié par TOMMASEO, *Relaz. Venet.*, t. II, p. 232 : « Il remedio a cosi longa e grave infermità fusse il diversivo di una guerra esterna, la quale non potrebbe essere se non o in Fiendra, o in Italia. »

[2] DE THOU, *Mémoires*, édit. Didier, t. XI, p. 275.

[3] DIGGES, Walsingham to Leicester, 25 june 1571 : « Spain seemeth to set the king here very light, wich engendreth in him a great desire of revenge. »

aucun indice [1], mais le pauvre Charles IX, entouré des complaisants et des correspondants secrets du roi d'Espagne, devenait de plus en plus défiant et irascible ; cette mort subite de sa sœur avait éveillé ses inquiétudes. A qui se fier d'ailleurs? On peut bien croire qu'il a dit à Téligny, comme le rapporte un pamphlet du temps [2] : « Tavannes est jaloux et orgueilleux, Vieilleville ivrogne, Cossé vendrait tout pour dix écus, Montmorency ne cesse de chasser, Retz est Espagnol, tous les autres sont des fous ou des traîtres. » Aussi accueille-t-il Coligny avec confiance, il l'appelle « mon père », il écarte les Guises, il reçoit le comte de Nassau, frère du chef des révoltés de Flandre, et se concerte avec lui pour préparer une campagne sur l'Escaut. Coligny pénètre au Conseil. Il n'admet pas qu'on fasse opposition à ses projets : « Qui ne veut la guerre avec l'Espagne, dit-il un jour à Tavannes [3], a dans le ventre la croix rouge. »

Les serviteurs de la croix rouge d'Espagne entouraient, en effet, Charles IX. La trahison fut poussée à ce point, que le cardinal de Lorraine eut la bassesse d'écrire en Flandre au duc d'Alva, pour le prévenir que la France se préparait sérieusement à attaquer les Pays-Bas : il lui fit savoir par Frère Garcia de Ribeira que la flotte de la Rochelle était destinée à opérer contre les possessions espagnoles [4].

[1] FROUDE, *History of England*, t. X, p. 134, cite *Despatches of sir Henry Norris*, 1570, 1571, Ms., France Rolls house, et t. X, p. 237. *Dépêches de Walsingham*.
[2] *Le Tocsain*, édit. 1579, p 77.
[3] TAVANNES.
[4] GACHARD, *Correspondance de Philippe II*, t. II, p. 267, 268, et *Bulletin de l'Académie de Bruxelles*, t. XVI, 1849.

Les Guises commençaient à s'inquiéter réellement de leur disgrâce; ils en étaient réduits à rechercher l'appui du duc de Montpensier, soldat grossier et sans mérite, qui épousa Catherine, sœur de Henri de Guise, en février 1570, bien que « le bonhomme » eût cinquante-sept ans; ils essayaient d'éveiller la jalousie de la Reine mère contre l'importance qu'acquérait Coligny; ils voulaient l'inquiéter sur l'affront que subirait son fils Henri, si le commandement de l'armée du Nord était donné à Coligny, le vaincu de Jarnac et de Montcontour. Mais Catherine était indécise, distraite par d'autres projets : « La Reyne fluctue entre paix et guerre; crainte de civile la penche à l'étrangère; les vieux Italiens ambitieux ses parents, espérant grandeur de cette guerre, la suadent. Comme femme, elle veut et ne veut pas, change d'advis et rechange en un instant. Les huguenots cornent la guerre avec l'Espagne. Le Roi est avec eux [1]. » Catherine n'avait pas une haine réelle contre les huguenots : elle ne poursuivait en eux que les ennemis de son fils Henri, et, en ce moment même, elle cherchait à faire de lui un souverain protestant, en le mariant avec Élisabeth d'Angleterre; elle sentait instinctivement, comme Charles IX, que l'appui solide pour les Valois était au nord, dans une union intime avec les Anglais et les Flamands; que l'ennemi véritable était le roi d'Espagne : son génie se rencontrait avec les inspirations patriotiques de Coligny.

Les catholiques étaient opposés à ce mariage avec une reine protestante : ils surent exciter l'esprit frivole et méchant de Henri contre le beau Leicester, l'envoyé

[1] TAVANNES.

de l'Angleterre [1]; ils supposèrent et firent croire qu'il était aimé de sa souveraine; ils dirent au prince [2] : « Le millort Robert veut vous faire espouser son amie, faites-luy espouser Chasteauneuf qui est la vostre; vous luy rendrez le pennache qu'il vous veut donner. » Soit que Henri de Valois n'ait pas voulu se séparer de mademoiselle de Chasteauneuf, soit que la fière Élisabeth n'ait jamais eu l'intention de se donner un époux, les pourparlers furent suspendus. Catherine, séduite jusqu'alors par le projet d'une union de toutes les nations libres contre l'Espagne, sous le commandement de ses deux fils, ouvrit les yeux et commença à s'inquiéter des progrès de l'influence de Coligny. Elle se décida à frapper un coup vigoureux, comme un premier avertissement de ce qu'elle était capable de faire.

Jusqu'à ce jour, elle avait profité de la mort violente de ses adversaires; mais elle n'avait encore ordonné ni inspiré aucun meurtre. Un temps semblait approcher, cependant, qui pourrait rendre utiles des coups d'autorité; elle résolut d'éprouver, sur un personnage peu considérable, l'effet que produit la disparition d'un ennemi dont on se débarrasse soi-même. Ce n'était pas par simple recherche d'une volupté non encore savourée; il y avait aussi l'avantage de ne pas se laisser oublier, de faire l'épreuve de ses fils, d'étudier l'effet que produirait un coup de dague donné sous leurs yeux, de se faire la main pour de plus importantes entreprises.

M. de Lignerolles était un des gentilshommes qui

[1] Robert Dudley, fils du duc de Northumberland.
[2] TAVANNES.

avaient accompagné Henri de Valois pendant les campagnes précédentes; il se donna les allures d'un favori, et eut la prétention de supplanter à la fois Coligny et Catherine, « discourt aux despens de la Royne mère, propose au Roy de sortir de tutelle [1] ». Le jeu était dangereux. Catherine fit attendre Lignerolles « par sept ou huit braves et vaillants gentilshommes [2] », qui le poignardèrent. Les raffinés d'honneur jugèrent qu'« il est meilleur et plus juste de demesler ses querelles par beaux appels et honorables combats que par ces assassinats ». Tavannes, devant Catherine elle-même, « blasme cruellement cet acte, dict que l'on tuera les hommes jusques aux cabinets des roys. La Royne lui impose silence, luy commande d'assister ceux qui alloient demander la grâce des meurtriers; après plusieurs refus, obéit, tant peut la Cour sur les gens de bien [3] ! »

Où Lignerolles échoua, en essayant le rôle qui réussit sous Louis XIII à d'Albert de Luynes, Coligny ne pouvait être plus heureux en inaugurant la politique qui fit la gloire de Richelieu. Catherine était un adversaire plus redoutable que Marie de Médici; elle n'était pas d'humeur à quitter la partie, ni à se laisser chasser de France. Nouant à nouveau ses relations avec les Guises, elle commença la lutte contre Coligny.

Elle savait que le duc de Guise organisait dans Paris les gardes bourgeoises, se mêlait au peuple, flattait les curés, semait l'argent avec adresse. Trop faible pour

[1] TAVANNES.

[2] BRANTÔME, *les Duels*, p. 262.

[3] TAVANNES. L'ambassadeur de Savoie écrivit que Tavannes avait obtenu immédiatement cette grâce. Ms., *Archives de Turin*, extrait donné par H. DE LA FERRIÈRE, *Arch. des miss. scient.*, 1876, p. 660.

rien tenter sans la Reine, mais assuré de réussir dans un coup de main s'il l'avait pour complice, il pouvait sur un mot d'elle déchaîner Paris.

Mais Coligny se procura aussi des alliances; il fit venir à la Cour Jeanne d'Albret, et entreprit de renouveler le projet de mariage de Henri de Navarre, le chef de la maison de Bourbon, avec Marguerite de Valois. Ce mariage était décidé dès la naissance de la jeune Marguerite. Antoine de Navarre avait écrit, du vivant de Henri II, pour annoncer « l'accord avec le roi Henri II du mariage de madame Marguerite, sa fille », avec son fils Henri [1]; Jeanne d'Albret faisait connaître la même nouvelle [2]. Mais, lorsque quinze ans après elle vint réclamer l'exécution de cet accord, Catherine se plut à l'embarrasser dans des objections et des discussions. Ce n'est pas qu'elle fût opposée à cette union; elle était sûre de la soumission de son gendre dès qu'elle le tiendrait dans le cercle de ses filles d'honneur; elle tâchait de plaire à Jeanne d'Albret et caressait sa fille, une enfant de treize ans qu'elle rendait heureuse en la mettant dans l'intimité de sa fille Marguerite, et qui, dans sa joie naïve, vantait à son frère la beauté de la jeune princesse, « que j'ay trouvée fort belle, et eusse bien désiré que vous l'eussiez veue. Je luy ay bien parlé pour vous, qu'elle vous tînt en sa bonne grâce, ce qu'elle m'a promis, et m'a faict bien bonne chère, et m'a donné un beau petit chien que j'aime bien [3]. » Mais Catherine n'était

[1] Lettre au duc de Nevers. Voir GUISE, *Mémoires-journaux*, p. 339.

[2] Lettre à la sénéchale de Poitou. Voir Martha FREER, *Life of Jeanne d'Albret*, t. I, p. 136.

[3] Martha FREER, *Life of Jeanne d'Albret*, t. II, p. 285.

pas pressée de placer près de son fils cette nouvelle influence. Jeanne d'Albret, de son côté, craignait que l'éducation morale du jeune Henri de Navarre fût compromise dans ce monde des filles d'honneur. « Encore que je croyois, disait-elle, la corruption de cette Cour bien grande, je la trouve encore davantage; ce ne sont pas les hommes qui prient ici les femmes, mais ce sont les femmes qui prient les hommes [1]. » Elle retenait son fils dans le Midi, bien que la Cour l'attendît et se fût rendue à Paris au mois de juin 1572. Presque à son arrivée à Paris, Jeanne d'Albret mourut subitement, le 10 juin. « La colère, le chaud, l'appréhension dans un esprit subtilisé, causent sa fin sans aucun poison, quoyque l'on ait voulu accuser un parfumeur du Roy, maistre René, de l'avoir empoisonnée avec une paire de gants [2]. »

Le Florentin René eut sa réputation établie par ce bruit de cour; sa clientèle fut assurée pour plusieurs années, et il fit de ses talents un si fréquent usage, qu'il finit par être pendu. Mais est-il possible d'être empoisonné par des gants parfumés? Il n'est pas prouvé que la main absorbe les médicaments et les poisons; mais c'est au parfum seul que l'on attribuait la mort de la Reine, et l'on reprocha aux médecins du Roi, qui pratiquèrent l'autopsie, de n'avoir pas examiné le cerveau [3]. Un parfum s'insinue par les narines dans le cerveau, et le corrode; c'était la science du temps. Aujourd'hui, on n'admettrait pas qu'un corps volatil pût être conservé autrement qu'en vase clos, ni manié

[1] Le Laboureur, t. I, p. 59.
[2] Tavannes.
[3] Mézeray, *Histoire de France*, Paris, 1646, in-fol., t. II, p. 1082.

impunément par le parfumeur qui voudrait en imprégner des gants. Le cerveau de la pauvre Reine fut examiné quelques jours plus tard par ses médecins huguenots, Caillard et Desnœux; ils le trouvèrent sain et sans lésion [1]. A la vérité, les médecins de cette époque ne se doutaient guère de ce qu'est un cerveau. Jeanne d'Albret paraît avoir succombé à une phthisie dont elle était atteinte depuis plusieurs mois; elle toussa et cracha le sang à la suite des fatigues de la campagne de Montcontour. Les médecins ont trouvé « un abcès énorme » qui rongeait le poumon [2]; sa fille Catherine semble avoir succombé à la même maladie, au même âge [3]. Les pamphlets du seizième siècle contiennent trop souvent des calomnies; les historiens du temps eux-mêmes ne doivent être écoutés qu'avec défiance; ce qu'ils ont vu se doit croire; ce qu'ils ont entendu raconter sert au moins à faire connaître l'opinion des contemporains; mais cette opinion était impressionnable, crédule, avide de merveilleux et de mystérieux.

Le duc de Guise n'aurait eu garde de compromettre sa vengeance contre Coligny, qu'il croyait tenir sous sa main, en s'égarant dans un meurtre étranger à sa sanglante mission. Quant à Catherine, si elle avait un crime à éviter, c'était celui-là. Au moment où elle commençait à faire jouer les dagues, elle devait tenir plus que jamais à mettre les femmes hors de la lutte,

[1] VOLTAIRE, notes de la *Henriade*. Desnœux devint ensuite médecin de Charles IX.

[2] L'ambassadeur du duc de Mantoue dit que quelques jours avant sa mort « elle avoit mal au costé ». *Archives de Mantoue*, document publié par H. DE LA FERRIÈRE, *Arch. des miss. scient.*, 1876, p. 656.

[3] Elle mourut en 1604, âgée de quarante-deux ans.

et le poison hors de la bonne guerre. Empoisonner une reine, c'était enseigner à ses ennemis la vengeance dont ils pouvaient faire usage contre elle-même, et détruire le prestige qui la sauvait du danger.

Toutefois, cette mort de Jeanne d'Albret lui permit d'étudier chez son fils Charles IX les sentiments successifs de stupeur, de rage et de subite résignation qu'il éprouvait en apprenant la mort d'une personne aimée; elle vit que ses passions se calmaient encore à sa voix; elle pensa avoir une image de ce qui arriverait si elle osait faire mourir Coligny. Elle venait de passer pour l'empoisonneuse de la reine de Navarre, et les huguenots ne s'étaient pas soulevés dans Paris, et Charles IX, après quelques accès du fureur, avait été subitement apaisé. Tout était donc facile désormais, et, par conséquent, permis.

Elle demeurait cependant incertaine encore. Détruire Coligny, n'était-ce pas donner trop de force au duc de Guise? En abandonnant les insurgés des Pays-Bas, ne courait-elle pas le risque de tomber à la merci de Philippe II? Elle observait avec attention les événements, et recueillait les renseignements qui devaient la déterminer, par les soins de ses femmes.

Elle en avait deux qu'elle occupait le plus activement : l'une, la plus intelligente, l'autre, la plus dépravée de toutes celles de sa Cour, madame de Retz et madame de Sauve. Madame de Retz possédait par son mari, que Charles IX consultait sur tous ses projets, le secret des plans de Coligny. Madame de Sauve se nommait Charlotte de Beaune, et était petite-fille de Semblançay, le contrôleur des finances que fit pendre la reine Louise de Savoie. Elle était aimée du plus jeune fils de Catherine, François de Valois, comme mademoiselle de Chasteauneuf l'était de Henri de Valois. La Reine mère retenait de la sorte ses enfants sous sa main. Madame de Sauve, qui était destinée à recueillir les derniers soupirs du duc de Guise, possédait un empire absolu sur son mari, Fives de Sauve, secrétaire d'État, et pouvait communiquer à Catherine tous les détails des préparatifs de la guerre des Pays-Bas. Elle faisait connaître les mesures que commençait à prendre Charles IX pour secouer le joug de sa mère. « Le Roy, passionné et aveuglé, croyoit que MM. de Retz et le secrétaire de Sauve ne révéleroient ses conseils à la Royne, sans considérer qu'elle avoit pourveu à ses desseins, luy ayant, dès son enfance, donné ses créatures. MM. de Sauve et de Retz advertissent la Royne des secrets conseils, desseins et paroles du Roy, que, si elle n'y entendoit, les huguenots le posséderoient; qu'au moins, avant de penser à autre chose, ils luy conseilloient de regagner la puissance de mère que l'admiral luy avoit fait perdre. La jalousie du gouvernement de son fils et de l'Estat, ambition démesurée, enflamme, brusle la Royne dehors et dedans [1]. »

Coligny eut un vague instinct de ces trahisons; il voulut brusquer les événements, et obtint du Roi de faire envoyer trois mille huguenots, sous les ordres de la Noue et de Genlis, pour défendre Valenciennes et Mons, qu'assiégait le duc d'Alva [2]. Les catholiques français tinrent au courant, jour par jour, les Espagnols de la

[1] TAVANNES.

[2] Genlis avait reçu du Roi l'autorisation de faire des levées de troupes dès le 29 juin précédent. Voir *Archives de Turin*, Dépêches de l'ambassadeur de Savoie, extrait par H. DE LA FERRIÈRE.

marche de Genlis, ce qui permit au duc d'Alva de surprendre le corps français et de le tailler en pièces[1]. La Noue, avec quelques centaines de huguenots, put se replier sur Mons et entrer dans la place sans être entamé, mais Genlis fut fait prisonnier, mis en jugement à Bruxelles, et menacé d'être pendu comme rebelle au roi de France. Il montra les ordres de Charles IX qui l'avaient mis à la tête de cette expédition. Ces ordres écrits furent discutés par les magistrats du duc d'Alva. — « Savez-vous, dit à cette nouvelle Charles IX aux ambassadeurs étrangers[2], que le duc d'Alva me fait mon procès? »

Pendant quelques jours, la guerre parut décidée, une guerre générale contre l'Espagne. Chacun dans Paris la crut déclarée; elle était le sujet de toutes les conversations; des recrues s'engageaient publiquement près des capitaines[3]. Le Roi passait des journées entières avec Coligny; il ne rêvait plus que batailles gagnées, gloire des armes, extension des frontières. Une ère nouvelle allait s'ouvrir pendant laquelle nous n'aurions qu'à nous partager les dépouilles de l'Espagne épuisée, réduite à l'impuissance par de simples insurgés. Le prince d'Orange[4] quittait les provinces de Hollande

[1] Lothrop Mothley.

[2] Giovanni Micheli, traduit par Baschet, *la Diplomatie vénitienne*, p. 540.

[3] *Id., ibid.*

[4] Le prince d'Orange était d'origine provençale et bourguignonne. L'héritière de la principauté d'Orange, Marie des Baux, avait épousé, en 1388, Jean de Châlon. La principauté fut réunie à la France par François Ier, en 1517. Le *prince Philibert d'Orange,* pour se venger de cette annexion, offrit ses services à Charles-Quint. En 1530, il prit le commandement de l'armée du connétable de Bourbon en Italie, et fut tué devant Florence. Sa sœur Claude, qui avait épousé René de

dont la liberté était déjà assurée, et se portait en avant pour faire sa jonction avec l'armée de Charles IX, dont Coligny lui annonçait l'arrivée prochaine, le 11 août 1572. Le duc d'Alva écrivait à Philippe II : « Vous seriez frappé de stupeur si vous voyiez une lettre qui est maintenant en mon pouvoir, adressée par le roi de France à Louis de Nassau[1]. » La France est prête; l'Espagne est perdue.

Catherine de Médici voit la guerre décidée, son influence ruinée; elle voit exclure de l'armée son fils Henri de Valois qui a peur, qui se cache, qui fuit son frère. « Toutes les fois, écrit-il, que le Roi avoit conféré avec l'admiral, la Royne mère et moi, nous le trouvions merveilleusement fougueux et refrogné, avec un visage et des contenances rudes, et encore plus ses responses[2]. » Catherine est un moment abattue; on la surprend plusieurs fois en larmes, qui s'essuie rapidement les yeux, et cherche à cacher sa douleur sous une contenance riante[3]. Bientôt elle prend son parti. « La Royne juge qu'il n'y alloit seulement de l'estat de la France, mais de la renvoyer à Florence; résout la mort de l'amiral et de se couvrir du prétexte de ceux de Guise, dont l'amiral avoit aidé à faire tuer le père. Le cardinal de Lorraine absent, le paquet s'adresse à M. d'Aumale qui le reçoit en joie[4]. »

Nassau, hérita des droits de son frère et les transmit à un de ses fils, René de Nassau, qui prit le titre de prince d'Orange, avec la devise des Châlons : *Je maintiendrai*. Il fut le père de Guillaume le Taciturne, le libérateur de la Hollande.

[1] Gachard, *Correspondance de Philippe II*, 1146.

[2] *Discours du roy Henry troisième*, etc., publié par Villeroy, *Mémoires*, t. II, p. 52.

[3] Giovanni Correr, *Relaz. ven.*, traduit par Baschet, p. 525.

[4] Tavannes, p. 386.

Mais tandis que se prépare le coup, elle ne veut pas suspendre le mariage de sa fille avec Henri de Navarre; les négociations, interrompues par la mort de Jeanne d'Albret, sont reprises avec activité. En montrant de l'empressement à remettre sa fille entre les mains des huguenots, Catherine inspire de la sécurité à Coligny. Elle veut frapper Coligny seul, et non pas les protestants. Coligny mort, elle donnera pour chef aux protestants son nouveau gendre qu'elle compte rendre docile. Ses vues ne s'étendent pas plus loin pour le moment, et elle a hâte de voir le mariage s'accomplir. Le Roi est encore plus impatient qu'elle; il veut donner aux huguenots cette preuve de sa bonne foi pour les entraîner avec lui à la conquête des Pays-Bas. Tout retard est un échec pour ses armes, et laisse aux Espagnols le temps de se fortifier.

Henri de Navarre se trouvait à Paris depuis le 8 juillet; il avait fait son entrée à la tête de huit cents cavaliers couverts de manteaux de satin noir, entouré de Condé, Coligny, Montgomery, la Rochefoucault, Piles, Téligny, Ségur, Soubise, tous les chefs huguenots qui n'étaient pas en Flandre avec la Noue. Le duc de Guise était allé au-devant de lui dans le faubourg; les gardes formaient la haie; les fenêtres étaient garnies de têtes; le soleil faisait briller les armes; on ne se doutait pas qu'en moins de six semaines, de cette brillante cavalerie, il n'y aurait plus de vivant qu'une dizaine d'hommes.

Le roi de Navarre avait alors dix-neuf ans; il était aimable et semblait avoir pris pour modèle le premier prince de Condé, son oncle. Il rappelait les traits, comme il avait la grâce et l'humeur spirituelle de sa grand'mère, Marguerite de Valois, la sœur chérie de François Ier. La vivacité de ses reparties et sa gaieté française n'étaient pas encore cet art de séduction qui réussira plus tard à charmer les braves; son insouciance d'alors se changera en tolérance politique quand les revers auront élargi son génie; son activité méridionale ne laissait pas deviner ses hautes qualités militaires ni son indomptable opiniâtreté.

Peu de jours après cette entrée solennelle, le prince de Condé épousa, au château de Blandy, près de Melun, Marie de Clèves, sœur de la jeune duchesse de Guise [1]; c'était un premier pas vers la conciliation. Le mariage décisif restait à conclure, mais les dispenses pontificales n'arrivaient pas, et l'on racontait que le Pape avait formellement refusé de signer l'acte qui autorisait cette union entre le chef des hérétiques et la sœur du roi de France. — « Il n'importe, s'écria Charles IX; si mons du pape fait trop la beste, je prendrai moi-mesme Margot par la main et la mènerai espouser en plein presche [2]. »

On savait le jeune Roi capable d'exécuter cette menace, on évita le scandale par un faux. Une fausse dispense fut tout à coup produite [3], et le mariage se

[1] La sœur d'Antoine de Navarre et de Louis de Condé (voir le tableau généalogique des Bourbons) avait épousé le duc de Nevers, et en avait eu trois filles. L'aînée, Henriette, épousa Louis de Gonzague et apporta à cet Italien le titre de duc de Nevers; la seconde, Catherine, fut duchesse de Guise; la troisième, Marie, devenait princesse de Condé.

[2] L'Estoile, t, I, p. 73.

[3] La fausseté de la dispense servit plus tard d'argument pour faire rompre ce mariage, quand Henri IV voulut épouser Marie de Médici. Voir, sur les dernières années de Marguerite de Valois, Imberdis, *Histoire des guerres religieuses en Auvergne*, t. II, p. 486.

célébra en grande pompe le 18 août, tandis que le cardinal de Lorraine poursuivait inutilement à Rome ses démarches afin d'obtenir la dispense pontificale [1]. La dispense authentique fut, en effet, signée par le Pape, plusieurs mois plus tard, après que Henri de Navarre se fut converti à la foi catholique.

Le duc de Guise et Coligny se trouvaient chaque jour en présence, durant les fêtes de ce mariage; ils ne se parlaient pas [2], bien que Coligny se fût prononcé formellement contre le crime de Poltrot de Méré, et eût déclaré « qu'il tenoit pour calomniateur et scélérat quiconque diroit qu'il l'avoit fait faire [3] ». Catherine, qui croyait utile d'associer les Guises à ses projets contre Coligny, les animait à la vengeance. Dans un entretien avec elle, il fut « délibéré que M. de Guise tueroit M. l'admiral en une course de bague que faisoit le Roi dans le jardin du Louvre [4] ». Peut-être espérait-elle par ce coup soulever un tumulte au milieu duquel Henri de Guise serait tué à son tour [5]; mais le Roi et

[1] Ms., Bibl. nat., Dupuy, 209-211, fol. 87. Voir aussi Martha FREER, *Life of Jeanne d'Albret*, t. II, p. 321 et 359. Le cardinal de Lorraine écrit *le* 10 *septembre*, trois semaines après le mariage : « J'écris à la Reine sur diverses affaires concernant la dispense pour le mariage de vostre sœur. »

[2] Ce fait a frappé tous les ambassadeurs étrangers : ils écrivirent à leurs cours que le duc de Guise et l'amiral ne s'adressaient pas la parole. Voir Ms., British Museum in cott. vespas VI, publié par H. DE LA FERRIÈRE, *Arch. des miss. scient.*, 1876, p. 658, et *Archives de Turin*, publié par H. DE LA FERRIÈRE, p. 660.

[3] Ms., Arch. nat., Simancas, B. 32, publié par BOUILLÉ, t. II, p. 494.

[4] BOUILLON, *Mémoires*, édit. Didier, p. 9. Je ne crois pas qu'il faille ajouter foi au récit, recueilli par des historiens très sérieux, du duc de Guise mettant une arquebuse dans les mains de sa mère et lui conseillant de tirer d'une fenêtre sur Coligny qui traversait la cour du Louvre.

[5] DE THOU, l. LII.

ses frères pouvaient succomber aussi. Elle essaya de confier le soin du meurtre de Coligny à un des capitaines gascons, mais elle ne put en trouver pour une telle mission. Alors le duc d'Aumale, oncle du duc de Guise, procura Louvier, seigneur de Maurevert en Brie[1].

C'était un ancien page du duc de Lorraine qui, dans son enfance, avait assassiné le gouverneur des pages, et s'était enfui en Espagne. En 1569, il avait obtenu des lettres d'abolition pour ce premier crime, et s'était offert pour tuer Coligny pendant la guerre. La Cour avait accepté ses services et lui avait facilité les moyens de se rendre dans le camp huguenot; là, il manqua d'audace, tomba dans la misère, fut reccueilli par le brave de Mouhy, un des chefs huguenots, qui lui donna un cheval. Maurevert prit la fuite sur ce cheval après avoir cassé la tête, par derrière, à Mouhy, d'un coup de pistolet. Catherine raconta cette aventure à Tavannes, qui répondit : « Cela mérite la corde. » Mais elle fut d'un avis différent, et fit signer par Charles IX une lettre à Henri de Valois, pour recommander Maurevert « comme estant celuy qui a tué Mouhy de la façon qu'il vous dira : je vous prie, mon frère, de lui bailler de ma part le collier de mon Ordre ». Cette lettre du 10 octobre 1569 a été découverte, imprimée et distribuée par la Convention nationale le 14 ventôse an II. Le fait n'offre rien d'exceptionnel : Charles IX pouvait bien faire de Maurevert un chevalier de l'Ordre, quand Philippe II nommait enseignes dans son armée les bandits gagés qui poignardaient Escovedo, simple secrétaire d'un prince[2], promettait la croix de Saint-Jacques

[1] TAVANNES.

[2] MIGNET, *Antonio Pérez et Philippe II.*

au marchand d'Anvers qui avait entrepris de faire assassiner le prince d'Orange, et conférait la noblesse avec des fiefs nobles aux parents de Balthazar Gérard, qui en conservèrent la jouissance dans la Franche-Comté jusqu'à la conquête de Louis XIV [1].

« Maurevert, assassinateur de Mouhy, est choisi : blasmé de ce premier coup par le sieur de Tavannes, maintenant, par commandement de la Royne, agréé par luy pour effect semblable [2]. » Il arrive à Paris le 18 août, pendant la messe de mariage; il se loge dans une maison du cloître Saint-Germain l'Auxerrois qui appartient au chanoine Pierre de Villemur, ancien précepteur du duc de Guise, et est habitée par Chally, maître d'hôtel du duc d'Aumale; le duc de Guise lui prête un cheval pour favoriser sa fuite; Henri de Valois lui procure une arquebuse de ses gardes-suisses; chacun semble tenir à honneur d'avoir sa part de complicité avec cet homme. Maurevert se place à une fenêtre grillée du rez-de-chaussée; « il s'affuste, il se couvre de drapeaux aux barreaux des fenestres, dispose sa fuite par une porte de derrière [3] » ; il attend trois jours.

Pendant ces trois journées, à la Cour « masques, bagues, ballets ne s'espargnent. L'amiral se fasche, croit l'esprit de la Cour estre ensevely dans tournois et mascarades, menace de partir. Il est pourveu, revenant du conseil, par une arquebusade dans les deux bras. » Il demeure près du Louvre, à l'hôtel des comtes de Ponthieu, rue de l'Arbre-Sec, au coin de la rue de

[1] Lothrop Motley, *Rise of the dutch republic*, 861 et 897.
[2] Tavannes.
[3] *Id.*

Béthisy[1]. Le 22 août, il traverse pour rentrer chez lui, en lisant une lettre, la rue des Fossés Saint-Germain l'Auxerrois, passe devant la fenêtre au treillage de fer, reçoit une balle dans l'aisselle; une autre balle lui casse un doigt.

Maurevert saute sur son cheval, s'échappe par la porte de derrière, est poursuivi. Bientôt serré de près par deux cavaliers huguenots, il se réfugie près de Corbeil dans le château de Chally, son hôte de Paris, « le pont-levis estant levé et les flancs garnis d'arquebuzes[2] »; il faut renoncer à s'emparer de lui. Quelques mois après, il se présenta pour prendre du service dans l'armée catholique qui assiégeait la Rochelle; mais « ny le colonel de l'infanterie, ny aucun mestre de camp ne voulut le recepvoir dans le corps de l'armée, ny souffrir qu'il entrast en garde avec eux, le tenant pour un homme diffamé d'avoir commis ces actes, quoyque pour le service du Roy, indigne et traistre[3] ». L'année suivante, il voulut accompagner le maréchal de Retz en Angleterre, fut reconnu par un page en débarquant à Greenwich, hué par la populace et délivré avec peine de sa fureur. En 1574, Catherine de Médici l'envoya en Poitou avec ordre de la débarrasser de la Noue[4]; mais il était trop connu pour être utile désormais. Il fut rencontré à Paris en 1583, et aussitôt attaqué par Arthur de Mouhy, le fils du chef huguenot qu'il avait tué; « à ce conflit, ils se trouvèrent huit ou dix de chaque part » : Maurevert recula depuis la croix des

[1] Cette maison est devenue plus tard une auberge sous le nom d'hôtel Saint-Pierre. Voir VOLTAIRE, notes de la *Henriade*.

[2] SAINT-AUBAN, *Mémoires*, édit. Didier, p. 497.

[3] BOUILLON, *Mémoires*, p. 11.

[4] D'AUBIGNÉ, *Histoires*, p. 690.

Petits-Champs jusqu'au ruisseau de la grande rue Saint-Honoré. Mouhy l'atteignit, lui passa son épée à travers le corps, et fut tué en même temps d'un coup de feu par un des gardes que Catherine payait pour protéger son ancien agent[1].

A la nouvelle de l'attentat contre Coligny, Charles IX avait été saisi d'un de ses accès de fureur. Quand il fut un peu rentré dans la possession de ses facultés, le lendemain, il voulut se rendre avec sa mère et son frère Henri de Valois chez l'amiral. Il croyait que le duc de Guise était seul auteur du meurtre; il ignorait que les huguenots avaient saisi et reconnu l'arquebuse des gardes de Henri de Valois; il était décidé à en finir par un châtiment éclatant avec la maison de Guise, et cherchait à exciter plutôt qu'à apaiser la colère des réformés.

Catherine apprit, en entrant dans la chambre du blessé, qu'Ambroise Paré venait d'extraire la balle[2]; elle eut assez de sang-froid pour dire à l'amiral ce mot cruellement spirituel : — « Devant Orléans, on n'avait pas pu arracher la balle de l'épaule de M. de Guyse », comme pour mieux le torturer en lui rappelant le meurtre dont il avait avoué alors s'être réjoui. Coligny demanda à parler en secret au Roi : Charles IX

[1] VILLEGOMBLAIN, *Mémoires*, p. 144; L'ESTOILE, p. 71; voir aussi l'*Estat de la France*, t. II, p. 217.

[2] Voici la série des événements :

| | | | | |
|---|---|---|---|---|
| Lundi. . . . | 18 | août | 1572, | mariage de Henri de Navarre; |
| Mardi. . . . | 19 | — | — | fêtes à la Cour; |
| Mercredi . . | 20 | — | — | continuation des fêtes; |
| Jeudi. . . . | 21 | — | — | attentat de Maurevert; |
| Vendredi . . | 22 | — | — | visite du Roi chez Coligny; |
| Samedi. . . | 23 | — | — | discours de Catherine au Roi; |
| Dimanche. . | 24 | — | — | Saint-Barthélemy. |

s'avança près de son lit; l'entretien se prolongea. Catherine, embarrassée et inquiète, se voyait seule avec Henri de Valois qui tremblait de peur, au milieu des huguenots menaçant et armés. Elle avait lu des histoires de jeunes princes massacrés avec leur mère, pendant les querelles des petits seigneurs d'Italie, quand ils avaient eu la maladresse de s'aventurer au milieu de leurs ennemis; peut-être en ce moment même, Coligny la dénonçait au Roi et racontait la saisie de l'arquebuse; à tout prix, il fallait rompre cet entretien et sortir de cette foule malveillante; elle s'approcha du lit, et attirant à elle le Roi : — « Il n'y a point d'apparence, lui dit-elle, de faire ainsy parler si longtemps M. l'admiral; je vois bien que ses médecins et chirurgiens le trouvent mauvais [1]. »

Le Roi est sombre; il se tait. « Nous le traisnasmes hors du logis », raconte son frère. En rentrant au Louvre, Catherine lui demande hardiment ce que disait l'amiral. Charles répond « en jurant par la Mort-Dieu », et dit : — « Il m'a fait comprendre comment toute l'autorité s'est finement écoulée entre vos mains, que je vous dois tenir pour suspecte, et prendre garde. Eh bien! Mort-Dieu! puisque vous l'avez voulu savoir, c'est là ce que me disoit l'admiral [2]. » Puis il s'enferme. « Nous demeurasmes, dit Henri de Valois, si dépourvus de conseil et d'entendement que, ne pouvant rien résoudre à propos pour ceste heure-là, nous nous retirasmes [3]. »

[1] *Discours du roy Henry troisième*, etc.

[2] *Ibid.*

[3] *Ibid.* Voir aussi LA POPELINIÈRE, *Histoire*, etc., et MATHIEU, *Histoire de France*.

## CHAPITRE XX

### LA SAINT-BARTHÉLEMY.

### 1572.

Il n'y a pas d'événement mieux connu dans ses moindres détails que le coup d'État de la Saint-Barthélemy : les principaux affidés ont raconté leurs émotions intimes; leurs confessions nous font suivre, minute par minute, dans l'âme de chacun, les passions en mouvement, la peur, la fureur, le remords. L'aveu est palpitant de vie : c'est une des rares aventures de l'humanité qui soit décelée sans fraude et avec une telle richesse de témoignages qu'elle fait pénétrer jusqu'aux plus secrets ressorts du cœur.

Cependant les historiens sont partagés sur l'origine même de l'événement : une légende déjà ancienne néglige tous les témoignages contemporains et imagine une longue dissimulation de Catherine et de Charles IX, qui se seraient déterminés, près de trois ans d'avance, à feindre de la bienveillance pour les huguenots, afin de les attirer sans défiance à Paris et de les égorger en une nuit. Cette idée préconçue flattait les uns en leur montrant un art profond mis au service de la bonne cause; elle plaisait à d'autres, au contraire, en démontrant jusqu'à quel degré de bassesse pouvait descendre l'âme d'un prince; elle permettait d'interpréter tous les faits écoulés depuis la bataille de Montcontour, et de les faire rentrer par une ingénieuse combinaison dans l'hypothèse adoptée. Si Charles IX disait en accueillant Coligny : « Mon père, vous ne nous échapperez plus », — ce n'était pas le jeune Français qui oubliait les fautes du vieux soldat reçu chez lui, c'était le fils d'Italienne qui tressaillait à l'approche de la vengeance. Tous les indices et toutes les suppositions qui peuvent démontrer que le massacre des huguenots a été prémédité durant plusieurs années ont été groupés avec art par l'historien anglais Allen [1]. Au contraire, nos historiens français, Mignet, Michelet, Henri Martin, et les historiens étrangers qui ont étudié avec un grand amour des détails, avec une sorte de piété, les événements de la Saint-Barthélemy, MM. Ranke, Soldan, von Raumer, Baum, White [2], tiennent compte des déclarations faites par les auteurs de cet acte, et suivent l'enchaînement fatal qui lie l'association tardive entre la jalousie de Catherine et la vengeance de Guise, l'attentat de Maurevert, la colère du Roi, la peur subie par les complices de Maurevert, la nécessité, comme moyen unique de salut, de donner un autre cours à la violence de Charles IX.

Les ambassadeurs étrangers ne s'y sont pas trompés :

[1] John ALLEN, *Edimburg Review*, vol. XLIV, 1826.

[2] RANKE, *Historisch-politische Zeitschrift*, 1836, t. II, et *Franzosische geschichte*, t. I; SOLDAN, *Frankreich und die Bartholomaus Nacht*; VON RAUMER, *Geschichte Europas seit dem Ende des funfzehnten Jahrhunderts*, Leipzig, 1833, t. II, p. 256; BAUM, *Leben Beza's*; WHITE, *Massacre of S. Bartholomew*.

l'envoyé de Venise, Giovanni Michieli [1], montre dans sa relation au Sénat, Catherine et Henri de Valois avouant au Roi qu'ils étaient les auteurs de l'attentat contre Coligny, et qu'ils étaient perdus s'il ne frappait pas les huguenots. Le nonce Salviati, un confident, presque un associé, qui voyait les inquiétudes, les préparatifs et l'exécution, dans l'hôtel même du duc de Guise, et qui écrivait son récit au Saint-Père dans la soirée même du dimanche, en plein tumulte, n'a pas eu la moindre hésitation à exprimer la surprise que causa à tout le monde cet événement improvisé en quelques instants [2]. Marguerite de Valois ne fut pas mise dans les secrets de la dernière heure, mais elle apprit les détails de ses frères et de sa sœur, la duchesse de Lorraine, pendant les jours suivants, et elle dit, en parlant des menaces que proféraient les huguenots, de venger la mort de Coligny : « Par l'advis de M. de Guise et de mon frère, roi de Pologne, il fut pris résolution de les prévenir; conseil de quoy le roy Charles ne fut nullement, estimant quelques chefs de la religion desquels il se pensoit servir en Flandres. Et à ce, je luy ai depuis ouï dire à luy-mesme, il y eut beaucoup de peine à l'y faire consentir; et sans qu'on luy fit entendre qu'il y alloit de sa vie et de son Estat, il ne l'eust jamais faict. La Royne ne fust jamais si empeschée qu'à faire entendre audit roy Charles que cela avoit esté faict pour le bien de son Estat, à cause

[1] Traduit par BASCHET, *Diplomatie vénitienne*, p. 522. Seulement, Giovanni Michieli crut que l'entrevue du Roi et de Catherine a eu lieu le vendredi soir 22, tandis qu'elle est réellement du samedi 23 à midi.

[2] Cette lettre a été publiée par le Père THEINER, *Annales ecclesiastici.*

de l'affection qu'il avoit à l'admiral et à Téligny, desquels il goustoit l'esprit et valeur [1]. »

Le récit le plus ardent est celui de Tavannes [2], qui n'a pas quitté Catherine, qui a été le conseiller et le complice de tous les actes. Mais l'aveu le plus important est celui de Henri de Valois lui-même [3]. Deux ans après, quand il était devenu roi de Pologne, pendant une tiède nuit d'été, il se sentit pris d'insomnie dans son palais de Cracovie. Inquiet, fiévreux, il se souvint des massacres de Paris. Il fit appeler un ami, peut-être le médecin Miron, et soulagea sa conscience en lui racontant la part qu'il avait prise dans la Saint-Barthélemy. Au petit jour, quand le Roi fut assoupi, le confident se hâta de mettre par écrit les récits qu'il venait d'entendre, en n'omettant pas même ces mots significatifs : « Je vous fais part de mes inquiétudes et agitations de cette nuit, qui ont troublé mon repos, en pensant à l'exécution de la Saint-Barthélemy... Vous avez tout entendu, le souvenir troubloit ma pensée [4]. »

[1] MARGUERITE, *Mémoires*, p. 49.

[2] Les *Mémoires de Tavannes* sont dus à la plume de Gaspard de Saulx-Tavannes, son fils. Quelle est la part des notes du père et celle du souvenir de ses récits, on ne peut le savoir. Toutefois, deux styles se discernent dans les mémoires : la narration des actions du père, vive et énergique; les commentaires du fils. On peut croire que le récit de la Saint-Barthélemy est du père; un fils oserait-il écrire, sur un acte commis par son père, une phrase comme la suivante : « Le coup faict, la colère refroidie, le péril passé, l'acte paroist plus grand, plus formidable aux esprits rassis; le sang espandu blesse les consciences » ? Le coupable seul peut parler de la sorte.

[3] *Discours du roy Henry troisième à un personnage d'honneur et de qualité estant près de Sa Majesté à Cracovie, sur les causes et motifs de la Saint-Barthélemy*, publié dans les *Mémoires d'Estat* de VILLEROY t. II, p. 52, collection Michaud, t. XI, p. 259; dans MATHIEU, *Histoire de France*. Voir aussi Ms. Dupuy, Bibl. nat., 63-68.

[4] Si c'est, comme on l'a supposé, Miron qui fut le confident de ces

Ainsi nous assistons à tous les préparatifs de la scène : Catherine a vu le Roi s'émanciper de sa tutelle, disgracier Henri de Valois, donner sa confiance à Coligny ; elle a préparé avec les Guises le coup d'arquebuse de Maurevert ; puis, épouvantée de l'effet produit par cet événement sur le Roi, inquiète en se voyant rudoyée et écartée par lui, elle est rentrée le vendredi soir 22 août, après la visite chez le blessé, prête à tout risquer, mais incertaine encore.

Le samedi 23, dans la matinée, le duc de Guise a l'audace de se présenter au Louvre, accompagné de son oncle le duc d'Aumale ; ils pénètrent près du Roi, et offrent de se retirer dans leurs gouvernements. Le Roi les reçoit « avec un mauvais visage et des paroles pires [1] ». Ils entendent parler de projets d'arrestation médités contre eux ; ils se séparent. Le duc de Guise va sonder l'opinion des bourgeois parisiens. Le duc d'Aumale entre chez Catherine ; il la voit frémissante et acculée à sa dernière chance. Près d'elle est Henri de Valois. Bientôt arrivent le maréchal de Tavannes et trois Italiens : Gondi, maréchal de Retz, Gonzague, duc de Nevers, et Birague, chancelier. Ils se tiennent tous les six autour de cette femme, émus, « cognoissant que tout s'alloit descouvrant, et que ceux de Guise, même pour se laver, accuseroient la Royne. Du péril présent naist la résolution de nécessité, telle qu'elle fut ; conseil né de l'occasion, et qui ne se fust peu

aveux, ce médecin aurait eu la singulière fortune de nous laisser le récit des deux principaux crimes de son client. Il faut remarquer que la confession de Cracovie est racontée dans un style diffus et sans valeur, tandis que le récit du meurtre du duc de Guise, qui est bien de Miron, est un chef-d'œuvre accompli.

[1] *Discours du roy Henry troisième.*

exécuter sans estre découvert, si il eust été prémédité. Si la Royne se fust peu parer de la source de l'arquebusade, malaisément eust-elle achevé ce à quoy l'événement la contrainct[1]. » Les huguenots sont menaçants, on ne peut échapper à leurs coups qu'en les exterminant; mais comment obtenir l'autorisation du Roi? Que fera-t-il quand sa mère viendra hardiment lui déclarer qu'elle a permis le coup d'arquebuse sur Coligny? Elle sait le manier; elle connaît son « vice péculier d'humeur colériccque[2] »; elle veut essayer d'exciter un de ses accès de rage pour en utiliser les égarements. Elle entre chez le Roi, suivie de Henri de Valois et des cinq autres, Aumale, Tavannes, Retz, Nevers, Birague. Elle parle, elle menace, elle pleure.

Pour reproduire cette scène, il faudrait Thucydide ou Corneille. On voit, à travers les souvenirs de Tavannes et de Henri de Valois, cette mère qui s'approche en souriant, l'œil velouté, la voix caressante; elle feint l'inquiétude. — Les quartiers de Paris veulent s'armer malgré les ordres du Roi. Les catholiques sont mécontents et demandent un lieutenant général du royaume; ils ne peuvent tolérer que le Roi soit au service des intérêts de Coligny. « L'admiral joüe le Roy et fait de luy l'instrument de ses ambitions. » Il veut unir les réformés de France à ceux de Flandre, pour les rendre maîtres de la France. Leur insolence est connue. Ne voit-on pas Piles, qui a défendu Saint-Jean d'Angély pendant six semaines contre son roi en personne, se vanter aujourd'hui dans le Louvre de venger Coligny?

[1] TAVANNES.
[2] *Id.*

Et avant ce siège peu glorieux, le Roi n'a-t-il pas déjà eu l'humiliation, à Meaux, de prendre la fuite, poursuivi par ses sujets révoltés, ces mêmes sujets que son frère Henri a si honteusement mis en déroute à Jarnac et à Montcontour?

Charles IX bondit à ces mots; la crainte d'être pris pour dupe, le ressentiment des anciennes injures, l'envie des succès et de la popularité de son frère, l'agitent, l'exaspèrent. Catherine suit les émotions de cette âme ombrageuse; elle prononce les paroles décisives : « C'est nous qui avons frappé l'amiral; il faut que le Roi complète l'œuvre, sinon, lui et nous, nous sommes perdus. Le duc de Guise va dénoncer comme ses complices le Roi même, avec sa mère et son frère. Les huguenots refuseront de croire que le Roi n'a pas autorisé le coup. » Hésite-t-il? Ils vont se soulever. Elle, elle se retirera dans le camp catholique avec Henri de Valois, qui sans doute deviendra le capitaine général. Entre les deux partis, le Roi sera abandonné; il sera haï des hérétiques, repoussé par les catholiques : quelle solitude! Faudra-t-il pleurer le fils ingrat qui s'écarte d'elle après tant de tendresses, oublieux de ce dévouement qui ne le quittait pas même durant son sommeil dans la même chambre? C'est donc en vain qu'elle avait rêvé de le débarrasser des huguenots, de le tourner ensuite contre l'Espagne, de lui assurer des conquêtes, un règne glorieux. Efforts inutiles, damnation inévitable, honte de reculer devant des vaincus!

Ces larmes, le timbre de cette voix enchanteresse, ces souvenirs d'enfance, ces reproches interrompus par des attendrissements, fascinent le jeune homme. Et quand elle le voit ensorcelé, elle lui jette ce cri suprême : « Vous avez donc peur des huguenots ! »

A ce mot, le pauvre enfant est pris de démence, et, tout frémissant, il répond : « Tuez-les donc, mais tuez-les tous, afin que pas un ne demeure pour me reprocher mon manque de foi. Et, par la Mort-Dieu, donnez-y ordre promptement ! »

Sans perdre un instant, Catherine appelle le duc de Guise : elle fixe avec lui le massacre au lendemain.

Pour Henri de Guise, c'est l'instant longuement attendu de la vengeance : toutes ses pensées, tous ses efforts ont été concentrés sur cette heure espérée. Elle arrive. Il n'a qu'une nuit pour assurer le succès. Il court chez le prévôt des marchands, fait convoquer les capitaines des quartiers, leur rappelle le dévouement de son père et de son grand-père aux intérêts des Parisiens, les prie de l'aider à se défaire de ses ennemis qu'on peut sans danger surprendre de grand matin et égorger : le Roi consent, c'est à Paris d'agir.

Il y a toujours dans Paris des gens prêts aux aventures : marchands ruinés par la guerre, boutiquiers qui attendent la banqueroute, babillards du petit commerce qui se repaissent de mots sonores et de sentiments faux, ont de tout temps voulu paraître redoutables avec des hallebardes et des plumets ; incapables de soutenir la vue d'un ennemi en rase campagne, comme ils l'ont prouvé à la bataille de Saint-Denis en abandonnant le connétable devant une poignée de cavaliers protestants, ils sont exaspérés contre les huguenots qu'ils regardent comme les auteurs de tous leurs maux ; quelques-uns sont flattés de devenir les confidents, les compagnons du duc de Guise, et de se voir appelés par lui au milieu de ses gentilshommes dans l'hôtel de Guise; d'autres se promettent leur part dans la dépouille des étrangers qui ont apporté leurs riches costumes, leurs belles armes, leurs chaînes d'or et leurs bijoux, pour les fêtes du mariage; enfin, plus bas, se trouve cette populace qui profite de tous les désordres pour s'assurer impunément le pillage. A de telles mains, Henri de Guise n'a garde de confier sa vengeance personnelle : il leur abandonne tout ce qui est dans Paris, mais il se réserve pour lui-même, avec la seule aide des Suisses de Henri de Valois, la personne de Coligny.

Le soir, il rentre au Louvre : dès l'aube du jour, au son du tocsin, l'affaire commencera. Les Parisiens sont prêts : ils sont découplés; plus de force dans le royaume pour les retenir : Charles IX essayerait en vain de retirer son consentement. C'est une chasse pour laquelle le duc de Guise vient de faire le bois. « La beste est dans les toiles, dit-il; il ne faut pas qu'elle se sauve [1]. »

La nuit avance. Catherine remarque près d'elle, dans sa chambre, sa fille Marguerite « assise sur un coffre, auprès de ma sœur de Lorraine, que je voyois fort triste; la Royne m'aperçut et me dit que je m'en allasse coucher. Comme je faisois la révérence, ma sœur, se prenant à pleurer, me dit : — Ma sœur, n'y allez pas ! — Vous l'envoyez sacrifier, ajoute la bonne duchesse de Lorraine en s'adressant à sa mère; ils se vengeront sur elle. Catherine n'a pas un mouvement de faiblesse : elle aime mieux risquer la vie de sa fille que compromettre ses projets; elle répond rudement :

[1] D'Aubigné, *Histoires*, t. II, p. 16.

« Quoy qu'il advienne, il faut qu'elle y aille, de peur de leur faire soupçonner quelque chose [1]. »

Charles IX n'avait pas l'âme aussi rude; il se sent attendri en voyant sortir de sa chambre un jeune huguenot qu'il estime, le comte de la Rochefoucault; on l'entend qui lui dit : « Foucault, ne t'en va pas, nous balivernerons le reste de la nuit. — Cela ne se peut, respond le comte, car il faut dormir [2]. » Le Roi insiste; mais le comte, qui avait un rendez-vous avec la veuve du prince de Condé, répond : « — Adieu, petit maistre. — Et sortant, s'en alla en la chambre de madame la princesse douairière, où il demeura encore près d'une heure. » Quand il quitte le Louvre, il voit toutes les compagnies des gardes « en bataille dans les cours, tant Suisses, Escossois que François », et en fait prévenir Henri de Navarre. Le gentilhomme qu'il envoie au roi de Navarre raconte qu'il « le trouva couché avec la Royne sa femme; force gentilshommes estoient retirés en la garde-robe qui estoit seulement fermée de tapisseries. Le sieur de Nancey, capitaine des gardes, levant la tapisserie et mettant la teste à la dicte garde-robe, la voyant quasi pleine, les uns jouant, les autres causant, je vis qu'il les compta, puis il leur dit : — On va fermer les portes. — Ils répondirent qu'ils vouloient passer la nuit, estant attachés au jeu [3]. »

Pendant ce temps, Catherine se tient avec Charles IX et Henri de Valois dans l'embrasure d'une fenêtre, en face de Saint-Germain l'Auxerrois; ils attendent le

[1] Marguerite, *Mémoires*.
[2] Mergey, *Mémoires*, p. 575.
[3] *Id.*, *ibid.*

signal du tocsin, dans un silence glacial dont les angoisses troublent encore l'esprit de Henri de Valois, quand il raconte comment ils entendent tout à coup dans le lointain un coup de pistolet, puis presque aussitôt le tintement de la cloche; ensuite ils reçoivent la nouvelle que Guise vient de tuer Coligny. Bientôt le tumulte grandit; les cloches sonnent à toute volée au Palais de justice et dans les paroisses, les coups d'arquebuse et les hurlements emplissent la ville, le Louvre même.

Le duc de Guise, dès qu'il entend « le tocsin qui point avec le jour [1] », court « au logis de l'admiral [2] ». Il est accompagné de son oncle le duc d'Aumale, du bâtard d'Angoulême, fils de Henri II et de l'Écossaise Mary Levinston; des capitaines italiens Petrucci et Fesinghi que lui avait prêtés son beau-frère Gonzague duc de Nevers, du capitaine suisse Studer von Winkelbach [3] que lui avait prêté Henri de Valois avec les Suisses de sa garde, sous ses couleurs, blanc, noir et vert; d'un aventurier wurtembergeois [4] qui appartenait au cardinal de Lorraine, Carl Dianowitz, dit Behme, et du capitaine Sarlabous, gouverneur du Havre [5]. L'amiral était protégé par un détachement des gardes du Roi que commandait un de leurs trois colonels, M. de Cosseins, vieux soldat des guerres d'Italie. Le duc de Guise informe Cosseins qu'il « luy

[1] TAVANNES.

[2] D'AUBIGNÉ.

[3] On cite parmi ces Suisses : Martin Koch de Freyberg, Conrad Burg et Léonard Gruneufelder de Glaris.

[4] Behme était fils de Bohémien, mais né en Wurtemberg. Voir Ms. Fontanieu, 326, avant-dernière pièce, publiée par BOUILLÉ, t. II, p. 504.

[5] WHITE, *Massacre of S. Bartholomew*, p. 416.

est permis d'aller tuer l'admiral, venger la mort de son père [1] ». Devant cet ordre, le malheureux Cosseins est saisi de démence et se joint aux meurtriers. On entre. Coligny se présente debout, sorti de son lit en entendant le bruit. Behme lui plonge un épieu dans la poitrine, les Suisses le frappent de leurs épées. Lui, « se sentant leurs épées se glacer dans son corps, embrasse la fenestre pour n'estre pas jeté en bas ». Sarlabous, un des héros de Thionville, arrache ce corps de la fenêtre, le pousse dans la cour « où, tombé, il assouvit les yeux du fils dont il avoit fait tuer le père ». Dès qu'il a reconnu le cadavre, le duc de Guise s'éloigne; alors Tosinghi prend la chaîne d'or, Petrucci détache la tête et l'emporte, croyant qu'elle sera payée deux mille écus par le Pape.

Cette tête disparut, probablement dérobée et ensevelie par l'amitié de l'un des gouverneurs des villes où elle fut transportée dans le trajet vers Rome. C'est Behme qui eut toutes les récompenses.

On mit à mort tous ceux qui furent trouvés dans le logis de l'amiral; seul le pasteur Merlin put se cacher dans un grenier où il resta enfermé durant plus de huit jours, ayant pour toute nourriture un œuf qu'une poule venait pondre à portée de ses mains chaque matin.

Le duc de Guise ne considérait pas sa tâche comme achevée; il voulut se montrer aux Parisiens et faire exécuter à la lettre l'ordre du Roi : — Tuez-les tous. Mais il reçut presque au même instant une nouvelle fâcheuse; plusieurs des principaux chefs réformés,

[1] Tavannes.

« Montgomery, Ségur, Chouppes et aultres gentilshommes de Normandie et de Poitou, s'estoient obstinés à ne vouloir point loger dans la ville, quelque instance qui leur en eust été faite, respondans toujours que l'air des fauxbourgs leur estoit plus salutaire, voire celuy des champs[1] », et habitaient le faubourg Saint-Germain, en dehors des remparts. En entendant le tocsin, ils voulurent porter secours à leurs frères, ne purent se procurer des bateaux pour pénétrer par la Seine, se présentèrent à la porte de Buci, où on les reçut à coups d'arquebuse, et prirent enfin le parti de se retirer. « Le duc de Guise, voiant cela, court aux portes à cheval; mais le portier n'avoit pas les clefs[2]. » Pour empêcher les évasions et mieux enfermer les victimes, les clefs des portes avaient été recueillies à l'Hôtel de ville. Tandis qu'on apportait ces clefs, Guise réunissait une centaine de cavaliers, mais il ne put partir qu'après un long retard à la poursuite des fugitifs. Il suivit leurs traces jusqu'à Montfort-l'Amaury, puis dut renoncer à les rejoindre, rentra à Paris tard, dans la soirée du dimanche, épuisé de fatigue, s'étant conduit encore une fois comme un capitaine de cavalerie légère et non comme un chef de parti. Peut-être il a profité avec joie de cette occasion de fuir ses associés parisiens; il devait être tenté de les laisser travailler seuls. C'était, en tout cas, une grave imprudence que s'éloigner ainsi de Paris, sans songer à la direction de la populace déchaînée, sans se défier de Catherine qui imputerait à l'absent toute la responsabilité de la journée.

[1] SULLY, p. 14.
[2] D'AUBIGNÉ.

Mais le mot : — Tuez-les tous ! — avait exalté les têtes. Tout sentiment de dignité fut oublié; les liens de l'hospitalité furent brisés; le Roi, aussitôt qu'il avait appris l'attentat de Maurevert, avait conseillé à Henri de Navarre et au jeune prince de Condé de conserver autour d'eux, dans le Louvre, le plus de gentilshommes qu'ils pourraient loger, afin de pouvoir repousser les agressions du duc de Guise, qui était toujours bien accompagné. Ces hommes étaient entrés au Louvre sur la parole du Roi; ils étaient logés chez lui, appelés par lui. Le matin, il les fit tuer à coups de hallebarde par ses gardes, dans la cour du Louvre, sous ses yeux. Le brave Piles [1], qui n'était pas seulement un hôte pour le Roi, qui était son adversaire heureux de Saint-Jean d'Angély, leva les yeux, vit Charles IX à une fenêtre : « Voilà, dit-il, la bonne foi du Roy. » Il fut tué. Le matin précédent, avant les paroles de Catherine, il se baignait avec le Roi, à la même heure, l'aidait à nager, lui « soutenoit le menton [2] ». Ce malheureux Roi était forcé de se montrer à ses gardes pendant leur répugnant travail, car ces Suisses et ces Écossais n'auraient pu croire, s'ils n'avaient pas frappé sous ses yeux, que le roi de France ordonnait tranquillement d'égorger ses hôtes. Les chambres furent fouillées; on tuait dans les corridors, on tuait sur les pas des princesses. Marguerite de Valois, couverte du sang d'un blessé qu'elle avait voulu sauver, « change de chemise », puis se rend près de sa sœur la duchesse de Lorraine; là, dit-elle, « un

[1] Le fils de Piles tua en duel le fils du poète Malherbe (VOLTAIRE, notes de la *Henriade*).

[2] D'AUBIGNÉ.

gentilhomme nommé Bourt fut percé d'un coup de hallebarde à trois pas de moi ». Les filles d'honneur auraient craint de déplaire à Catherine si elles avaient montré de la pitié; elles crurent flatter leur maîtresse en faisant des réflexions sur les cadavres, et en examinant avec curiosité le corps de Soubise que sa femme avait accusé d'infirmités.

Cette besogne fut promptement dépêchée; les gardes, commandés par leurs chefs, donnaient leurs coups de hallebarde derrière des murs, et ne s'écartaient pas de la discipline. Mais la populace parisienne avait compris autrement la fête. C'était un dimanche, le soleil se levait à cinq heures; on avait donc du loisir et du jour pour faire main basse sur les étrangers et sur leurs biens. « Tout s'esmeut, tout s'excite et cherche colère; la résolution de tuer seulement les chefs est enfreinte; le sang s'estanche, le sac s'augmente. Paris semble une ville conquise. Au regret des conseillers, femmes et enfants sont tués indifféremment du peuple, ne pouvant le Roi ni lesdits conseillers retenir les armes qu'ils avoient débridées. Le seul sieur de Tavannes ne souffre que ses gens prennent aucune chose; ceux de Monsieur d'Anjou (Henri de Valois) pillent les perles des estrangers[1]. »

Le nonce Salviati, qui observait les événements avec un sang-froid un peu narquois, et qui les décrivait pendant la journée même, dit : « Les Parisiens se mettent au pillage avec une extraordinaire avidité : bien des gens ne s'étaient jamais imaginé qu'ils pourraient posséder un jour les chevaux et l'argenterie

[1] TAVANNES.

qu'ils ont ce soir dans les mains [1]. » Les catholiques n'étaient pas épargnés : on comptait parmi les morts le chanoine Villemur, cet ancien précepteur du duc de Guise, qui avait prêté sa maison de la rue du Cloître Saint-Germain pour cacher Maurevert et son arquebuse [2]; Loménie, secrétaire d'État, et Laplace, président au Parlement, furent tués aussi, quoique catholiques, afin de rendre leurs charges vacantes; « la charge de lieutenant général d'Orléans fut funeste à Groslot, et les grands biens à Garrault, en ce que l'un et l'autre furent traînés à la rivière et noyés par des gens assurés d'avoir la dignité du premier et la confiscation du second [3] ». Un homme trouva dans une maison deux petits enfants dans le même berceau, il les jeta à la Seine; un autre emportait un jeune enfant qui se prit à sourire et à jouer de ses petits doigts avec sa barbe, il le lança dans la rivière; plusieurs enfants catholiques s'étaient emparés d'un petit huguenot qui commençait à savoir marcher, et ils se divertissaient à le déchirer. Avant de jeter les femmes dans la Seine, on leur coupait les mains pour avoir leurs bagues et leurs bracelets. On a vu des chiens qui dévoraient ensuite ces débris humains. Françoise Baillet, femme du bijoutier du Roi, fut traînée nue et vivante sur le pavé, et n'était pas encore morte au bord de la rivière; des cadavres de femmes étaient retenus par les cheveux aux piles des ponts. Ce n'était plus la passion religieuse, mais le débordement de ce qu'il y a de plus bas et de plus féroce dans les fureurs

[1] Lettre du 24 août 1572.
[2] Sully, p. 14.
[3] Varillas, t. II, p. 350.

humaines. Sept ou huit cents huguenots avaient pris refuge dans les prisons; ils furent menés près de la Seine, assommés sur la berge à coups de bâton et poussés dans l'eau. Les corps s'accumulaient en amont des îles. Ce n'était pas uniquement pour se défaire de ces restes incommodes qu'on les précipitait dans la Seine; on y prenait un plaisir sauvage par la facétie de faire dévorer par les poissons ceux qui avaient refusé de manger du poisson les jours maigres [1]. Ces corps, roulés dans les eaux sales du fleuve, s'ensablaient sur les bas-fonds : quelques malheureux reprenaient pied, essayaient de nager, prolongeaient leur agonie.

Faut-il croire que gagné, en les voyant de ses fenêtres, par l'ivresse universelle, et repris de sa frénésie, Charles IX saisit « une grande arquebuse de chasse qu'il avoit, et en tiroit tout plein de coups [2] » sur ces êtres à demi suffoqués? Le témoignage du duc d'Alva, toujours si bien informé [3], ne permet pas de

[1] *Discours sur les guerres intestines*, Paris, 1572 :

Ha! vous seriez ingrats, poissons, vous auriez tort
Si ne les recevez du moins après la mort,
Puisque tant ils vous ont montré de courtoisie
De ne vouloir jamais vous manger en leur vie!

[2] Brantôme, *Hommes illustres*, discours 88.

[3] Ce témoignage décisif du duc d'Alva paraît n'avoir pas été remarqué par les historiens français. Voir, dans White, *Massacre of S. Bartholomew*, p. 437, l'indication des autorités qui permettent d'affirmer cette intervention du Roi. Pour contester cette intervention, aucun argument n'a été produit : on s'est borné à montrer que l'aile du Louvre qui longe la Seine est postérieure à 1572; mais les bâtiments qu'elle remplace avaient des fenêtres, et de ce que ces fenêtres ont été démolies sous le règne suivant, il ne s'ensuit pas qu'il ait été impossible, en 1572, d'appuyer une arquebuse sur les barreaux de fer qui les grillaient et de faire feu dans le lit du fleuve qui touchait alors le pied de la muraille. Du reste, une tradition ancienne désignait dans le siècle dernier comme le poste où Charles IX se tint avec son

mettre en doute ce fait rendu fameux par le beau vers d'Agrippa d'Aubigné [1], sur le Roi, qui

> Giboyoit aux passans trop tardifs à noyer.

La démence du jeune Roi, si elle lui a fait prendre part, de ses mains, aux actes ordonnés par lui, n'inspire-t-elle pas moins de répugnance que l'attitude dissimulée de son frère? Au lieu de se jeter dans la mêlée, comme Henri de Guise, Henri de Valois, le véritable inspirateur du massacre, se tenait à l'écart, blême de peur, moins viril que sa mère.

Les fureurs de la populace dépassaient les intentions de ceux qui les avaient animées, et commençaient à leur donner de l'épouvante : « Le sang et la mort courent les rües en telle horreur, que Leurs Majestés mesmes, qui en estoient les auteurs, ne se pouvoient garder de peur dans le Louvre [2]. » Puis viennent les requêtes de ceux qui demandent les charges des morts, les importunités de la bassesse, la lassitude du meurtre, l'épuisement qui suit les crises violentes, le dégoût de la besogne entreprise. « Ce coup faict, la colère refroidie, le péril passé, l'acte paroist plus grand, plus formidable aux esprits rassis. Le sang espandu blesse les consciences [3]. » C'est en ce moment, le soir de ce triste dimanche que, dans l'inépuisable fécondité de son génie, Catherine conçoit tout à coup un nouveau

arquebuse de chasse, « une certaine tribune de pierre » qui fit partie plus tard de l'hôtel des postes, et fut démolie sous Louis XV. Voir D'Argenson, *Mémoires*, édit. Jannet, t. IV, p. 258.

[1] D'Aubigné, *les Fers*.

[2] Tavannes.

[3] *Id.*

projet : elle imagine de travestir les événements, d'en rendre le duc de Guise seul responsable et d'attirer sur lui toutes les vengeances qu'elle prévoit. En grande hâte, elle fait écrire à tous les gouverneurs de province et de villes une lettre par laquelle le Roi déclare « que les Guises, qui n'ont pas petite part en ceste ville, comme chascun sçait, se sont esmeus ceste nuict passée; que le Roi avait eu assez à faire de se tenir le plus fort en son chasteau du Louvre, avec ses frères », durant cette « sédition advenue par la querelle particulière estant depuis longtemps entre les maisons de Guise et de Chastillon [1] ».

Lorsqu'il rentra de sa course intempestive à la poursuite de Montgomery, le duc de Guise apprit que Catherine avait déjà tiré parti de sa faute, et qu'elle cherchait, en reportant sur lui toutes les haines, à le ruiner par un habile revirement, après avoir détruit l'amiral. Il s'empressa aussitôt de recueillir et de sauver les huguenots. Il donna asile dans son hôtel à la fille du chancelier de l'Hôpital et à plus de cent réformés [2]. Cette générosité, à peu près unique, ne plut pas. L'opinion publique était franchement favorable au coup d'État, et fut froissée de remarquer que, le second jour, le duc de Guise voulait en décliner sa part; on prétendit qu'il essayait de sauver les hérétiques afin de pouvoir prolonger la guerre civile : « Messieurs de Guise, en exemptant d'autres, sont calomniés de ne vouloir l'extinction du prétexte des armes [3]. »

[1] *Mémoires de l'Estat de la France*, p. 213-216. On a les lettres envoyées en Bourgogne, Touraine, Poitou.

[2] MÉZERAY.

[3] TAVANNES.

Catherine comprend à temps que la popularité est désormais acquise à ceux qui ont ordonné les massacres; elle opère une nouvelle manœuvre, cesse d'attribuer au duc de Guise ce qui passe pour un honneur, et, par une évolution accomplie brusquement, elle ne songe plus qu'à gagner des partisans en se vantant d'avoir pris les mesures nécessaires pour sauver la religion en péril et garantir la paix. Dès le mardi 26, le Roi se rend en séance au Parlement, et déclare que tout s'est exécuté par ses ordres. Le lendemain, le Parlement rend un arrêt qui condamne Coligny et confisque ses biens. Ce n'est pas assez. Pour l'enthousiasme populaire, il faut un miracle. Dans le cloître des religieux attachés au cimetière des Innocents, une aubépine est en fleur, preuve manifeste que Dieu approuve ce qui s'est passé le 24 août. Le nonce Salviati craint que le Saint-Père ne soit trompé; il lui raconte l'événement de l'aubépine, et ajoute spirituellement : « Le peuple y mit tant d'enthousiasme que si quelqu'un du couvent s'était avisé de dire qu'elle était en fleur depuis plusieurs jours, il aurait été jeté dans la rivière. »

La population de Paris était tout entière complice des actes commis, Catherine résolut d'y associer le reste de la France; mais, dans cette seconde phase, elle redoubla de précautions, n'écrivit pas une lettre de sa main, et s'entoura d'un tel mystère qu'il fut possible de nier la participation de l'autorité royale dans les massacres suivants [1].

[1] Ces précautions étaient si bien prises que de nos jours encore le savant historien de Catherine de Médici, Alberi, *Vita di Catarina de Medici*, p. 155, a nié qu'elle ait eu connaissance de ces ordres, comme si elle n'avait pas été à ce moment la seule autorité en France.

« Il fut mandé aux villes du royaume de tuer les chefs et factieux [1] » ; mais ces mandements furent portés par des agents chargés [2] de lettres de créance, qui ordonnaient aux gouverneurs de se fier à la volonté du Roi, exprimée par le porteur [3]. Plusieurs de ces lettres de créance existent encore ; elles insistent sur la nécessité « d'achever l'exécution de la volonté du Roi, non pas là seulement, mais par tout son royaume [4] » ; mais elles ne prescrivent aucun détail d'exécution, ne font pas connaître quelle est cette volonté, et renvoient aux mandements verbaux. Si le Roi est obligé d'écrire lui-même, comme au maréchal de Matignon, pour faire continuer la poursuite de Montgomery, il ajoute [5] : « Mais que l'on ne sçache que je vous en ai escript, et y procédez le plus dextrement qu'il vous sera possible. »

La plupart de ces lettres sont du 26 et du 27 août. Trois jours après, Catherine a changé d'avis. Épouvantée des résultats obtenus à Paris, elle se vit impuissante à faire retourner à leurs occupations régulières les ouvriers qui avaient mis la main à son grand travail. Les meurtres et les vols continuaient sans interruption. Elle craignit la contagion dans la France entière ; le 30 août, elle fit envoyer des lettres pour révoquer le « mandement verbal [6] », ainsi que « tout commandement verbal que le Roi avoit pu faire à ceux qu'il avoit

[1] TAVANNES, p. 388.

[2] DE THOU, liv. LII.

[3] Henri MARTIN, *Histoire de France*, t. IX, p. 341 ; IMBERDIS, *Histoire des guerres religieuses en Auvergne*, t. I, p. 185 ; Saint-Herem, gouverneur d'Auvergne, exige des ordres écrits.

[4] Lettre du 27 août au maire de Troyes.

[5] Ms. Béthune, v. 8760. fol. 24. Voir ISAMBERT, *Anciennes Lois françaises*, t. XIV, p. 256.

[6] *Revue rétrospective*, 1834, t. V, p. 359.

envoyés, tant à Bourges qu'en autres endroits du royaume[1] ».

Quand même auraient disparu les ordres, les annulations, les réponses, et quand encore on aurait oublié les actes qui en étaient la conséquence, il resterait, pour prouver la détermination bien fixée d'exterminer les derniers hérétiques, les curieux papiers qui montrent le roi de France cherchant hors de ses États ceux de ses sujets qu'il ne peut atteindre.

Lorsque, vers le commencement d'août, le premier corps français que Charles IX envoyait au secours des Flamands fut battu entre Valenciennes et Mons, Genlis, qui le commandait, fut fait prisonnier avec un millier d'hommes. Ces Français étaient tous huguenots; ils étaient envoyés contre les armées espagnoles par le roi de France; ils avaient leurs ordres signés de sa main. Charles IX écrivait encore, le 12 août, à Montdoucet, son résident près du duc d'Alva, de continuer ses relations secrètes avec le prince d'Orange, mais, pour gagner du temps, de nier l'existence des ordres de marche que le duc d'Alva avait trouvés dans les papiers de Genlis. « Encores qu'il n'ajoute foy à ce démenti, dit-il, cela servira à mon intention, pourveu que le faciez destrement. » Après la Saint-Barthélemy, le Roi ne change pas immédiatement ses projets ; il essaye, dans une nouvelle lettre à Montdoucet, d'attribuer l'acte au duc de Guise seul, au moment même où il renonce à soutenir cette fable en France : « J'ay été constraint, écrit-il le 26 août, permettre et donner moyen auxdits

[1] *Mémoire de l'Estat de France*, f° 255. Voir aussi Von Raumer, *Geschichte Europas seit dem Ende des funfzehnten Jahrhunderts*, t. I, p. 282.

de Guise de courir sus audit amiral. Il est probable que le même fait se produira dans toutes les villes du royaume, et que partout on s'assurera des réformés. » C'est le moment des « mandements verbaux » ; mais il ne parle pas encore des soldats français qui sont prisonniers du duc d'Alva. Le 31 août seulement, le dimanche qui suit la Saint-Barthélemy, il se rappelle ces hommes. Rentreront-ils en France pour lui reprocher son manque de foi? Ce n'était pas la peine de faire déchirer à coups de hallebarde ses hôtes du Louvre, si ses soldats de Flandre leur survivent. Il donne ordre à Montdoucet de dire au duc d'Alva que le service de son maître et de Dieu exige qu'il taille en pièces tous les prisonniers, avec Genlis, leur général, et qu'il n'accorde aucun quartier à ceux qui sont assiégés dans Mons avec la Noue [1].

C'est huit jours après l'événement; il n'a plus de colère, il n'a jamais eu de ferveur religieuse, il écrit sans passion et sans fanatisme de faire tuer par ses ennemis les soldats qu'il a lui-même envoyés contre eux. Il s'avance davantage encore. Non content de faire solliciter près du duc d'Alva ce nouveau massacre, il veut le faire commander par Philippe II. Le roi d'Espagne annonce au duc d'Alva [2] que Saint-Goard, l'ambassadeur français à Madrid, l'a pressé d'ordonner l'exécution immédiate de Genlis et de ses soldats, ainsi que de tous les Français qui seraient pris dans Mons. Phi-

[1] Toute cette correspondance entre Charles IX et Montdoucet a été découverte dans la Bibliothèque de Reims, *et publiée* en Belgique, par M. GACHARD, *Compte rendu de la Commission royale d'histoire*, t. IV, p. 340 et suiv.

[2] GACHARD, *Bulletin de l'Académie royale de Belgique*, t. XVI.

lippe II approuve cette idée. « Je désire, dit-il, que si vous n'avez pas déjà débarrassé le monde de ces gens, vous le fassiez immédiatement, et m'en informiez, car je ne vois aucune raison pour différer [1]. » Mais, pendant ce temps-là, Charles IX, redoutant sans doute quelques scrupules chez Philippe II, faisait solliciter de nouveau le duc d'Alva. « Faire bien comprendre au duc d'Alva, écrit-il le 5 septembre à Montdoucet, qu'il ne mécontentera personne en France, s'il met à mort les prisonniers et les défenseurs de Mons. »

Le Roi lut enfin, dans une lettre envoyée par Montdoucet, le 15 septembre, que le duc d'Alva faisait exécuter tous les jours quelques-uns de ses prisonniers; il n'en restait déjà plus qu'un très-petit nombre. Genlis fut conservé plus longtemps; Alva le maintint quinze mois dans un cachot avant de le faire étrangler. Quant à la garnison de Mons, le duc d'Alva avait suggéré un moyen pratique de la détruire sans ternir l'honneur militaire de l'Espagne. — « Que le roi de France lui donne l'ordre d'évacuer la ville et de rentrer dans le royaume, et là il s'en défera à loisir. — Impossible, répondit Montdoucet, les Français ne se fient plus à la parole du Roi; ils auront plutôt confiance dans le duc d'Alva! »

Le sort de cette brave garnison de Mons inquiétait les gens de guerre de l'Europe entière; Alva lui-même était saisi d'admiration devant cette belle défense. Le prince d'Orange voulut tenter un effort suprême pour

[1] GACHARD, *Bulletin de l'Académie royale de Belgique*, t. XVI : « ...Y assi holgare que si ya no les ubiere deshechado del mundo, lo hagais luego, y me aviseis dello, pues que no veo que aya causa ni la pueda aber por que esto se dexe de hazer... » (18 septembre 1572.)

la délivrer; il s'avança avec trop de témérité, fut surpris la nuit par les Espagnols, ne dut son salut qu'à un petit chien qui lui gratta le visage de sa patte pour le réveiller au moment où les ennemis approchaient de son logis; il sauta nu sur un cheval et se retira pour défendre la Hollande, « ayant délibéré, dit-il, de faire illecq ma sépulture [1] ».

La garnison de Mons dut capituler le 21 septembre. Les Français, sous les ordres de la Noue, sortirent avec les honneurs de la guerre et défilèrent, enseignes déployées, sur les glacis. Ainsi leur roi avait été le seul à tramer la mort de ces braves gens. Le duc d'Alva, traitant avec mépris cet appel à sa cruauté, affectait de leur témoigner plus d'égards; Charles IX eut l'humiliation de l'apprendre de la propre bouche de Louis de Nassau, frère du prince d'Orange et gouverneur de Mons, qui lui dit : « Le duc d'Alve a depuis dict à plusieurs que c'estoit pour monstrer qu'il ne vouldroit point avoir faict ung si méchant acte qu'avoit faict le roi de France, et que ç'a esté la seulle cause de la courtoisie et fidélité dont le duc d'Alve a usé envers le comte à la prinse de la ville de Mons [2]. » Non pas que le duc d'Alva n'ait eu assez de patriotisme pour comprendre que le coup d'État du 24 août était le salut de l'Espagne. En méprisant la criminelle maladresse qui le débarrassait de ses plus pénibles inquiétudes, il sentait que l'Espagne ne serait pas démembrée, et pourrait soutenir longtemps la guerre, du moment que les Français ne l'attaquaient plus. Lorsque l'amirante de Cas-

[1] Groen van Prinsterer, *Archives de la maison d'Orange-Nassau*, t. IV, p. 4.
[2] *Id., ibid.*

tille annonça la nouvelle aux amis qui dînaient chez lui, le duc de l'Infantado demanda froidement, au milieu de l'allégresse de tous, si Coligny et ses amis étaient chrétiens. — Oui, répondit-on. — Ainsi, étant Français et chrétiens, on les a tués comme des animaux! — Doucement, duc, reprit l'amirante, la guerre en France, c'est la paix en Espagne.

En un seule nuit, l'Espagne venait d'échapper à une guerre contre les forces coalisées de la France, de l'Angleterre et des Pays-Bas; on lui restituait tout à coup la prépondérance en Europe. Philippe II ne put cacher sa joie; il rit. Notre ambassadeur Saint-Goard profita de cette bonne humeur pour lui dire avec son effronterie de diplomate : « Cette fois, vous êtes redevable des Pays-Bas au Roi mon maître [1]. »

Rome témoigna une joie plus bruyante, mais la cour pontificale ne dut pas voir sans inquiétude tomber cette résistance à la politique de Philippe II. Dans les rues, pour célébrer cet événement, « un grand nombre de petits enfans, vestus de surplis, avec un rameau d'olivier en main, firent procession l'après disnée, bénissant et louant Nostre Seigneur qui avoit inspiré le cœur de nostre Roy à si heureuse et saincte entreprise [2] ». Dans ces dernières années, on voyait encore à Saint-Pierre le tableau de Vasari représentant Paris durant les massacres, avec l'inscription : *Le Pontife approuve la mort de Coligny* [3]. *La piété a éveillé la justice*, dit une

[1] Lettre de Saint-Goard à Charles IX, publiée par GROEN VAN PRINSTERER, *Archives de la maison d'Orange-Nassau*, supplément, p. 125.

[2] Lettre du cardinal de Lorraine à l'évêque de Verdun. Ms. Dupuy, vol. 755, fol. 144, publiée par BOUILLÉ.

[3] « Pontifex Colinii necem probat. » STENDHAL, *Promenades dans Rome*.

autre inscription sur l'une des médailles que fit frapper le Saint-Père [1].

La répugnance ne fut pas très-accusée chez les souverains protestants ; Élisabeth accepta, trois mois après la Saint-Barthélemy, le titre de marraine de la fille de Charles IX. En mai de l'année suivante, le prince d'Orange rentra en relation avec ce roi ; son frère Louis de Nassau, l'ami, le frère d'armes de Coligny à Montcontour, appuya de son influence l'élection de Henri de Valois au trône de Pologne.

C'est en France, dans les armées, que le dégoût fut exprimé avec le plus de liberté. « Pour y gaigner dix mille escus, comme plusieurs de mes compaignons, je n'y eusse voulu avoir esté », dit Brantôme [2]. Son ami, le vicomte d'Orte [3], s'est rendu fameux par sa belle réponse aux mandements verbaux : « A Bayonne, je n'ai trouvé que des soldats et pas de bourreaux [4]. » Le baron de Vesins, lieutenant du Roi en Quercy, se trouvait à Paris le 24 août en même temps que son ennemi personnel, Régnier, chef des protestants du Quercy. Vesins entre armé chez Régnier, avec quinze cavaliers, le met sur un cheval, sort de Paris sans lui dire un mot, et ne le quitte qu'après l'avoir ramené en sûreté devant son château [5]. Lorsque Cosseins, le colonel des gardes

[1] « Pietas excitavit justitiam. » Trois autres médailles furent frappées à Rome pour célébrer cet événement ; les devises sont : « Greg. XII, Pont. Max. », et au revers : « Ugonotorum strages — virtus in rebelles — Ne ferrum temnat simul ignibus obsto. »

[2] BRANTÔME, *Hommes illustres*, l'Hospital, t. I, p. 320.

[3] *Id.*, *ibid.* ; D'AUBIGNÉ, *Histoires* ; MONTLUC, t. I, p. 367.

[4] Un écrivain ignorant a soutenu que cette réponse avait été imaginée sous le règne de Louis XIV. Par malheur pour sa théorie littéraire, la réponse est dans les *Histoires* d'Agrippa D'AUBIGNÉ, imprimées en 1616.

[5] D'AUBIGNÉ, p. 553.

qui avait pénétré avec le duc de Guise chez Coligny, après avoir été chargé de le protéger, se retrouva, quelques mois plus tard, au milieu des militaires, dans le camp devant la Rochelle, il fut presque aussi isolé que Maurevert. On l'appelait « le principal boucher », et « il fut fort blasmé d'avoir esté un grand meurtrier à la Saint-Barthélemy, aussy d'y avoir gaigné beaucoup, car il avoit là toutes les enseignes des gardes du Roy, et les y fit là bien mener les mains [1] ». Peut-être y avait-il dans ces blâmes un peu d'envie et le regret d'avoir perdu une si belle occasion de butin; mais Cosseins ne put supporter les reproches de ses camarades. C'était « un vieux soldat et capitaine » duquel on disait, dans sa jeunesse, « piaffe de Cosseins; mais c'estoit en tout qu'il estoit piaffeur, et en gestes, et en faicts, et en parolles ». Il perdit toute énergie et « sentit son asme changée. Il monstroit une tristesse et un ennui et comme un remords de conscience, si bien que souvent en jouant, je luy disois qu'il y mourroit. — Ah! ne me le dites point, car je le sçay bien. Que maudite soit la journée de la Saint-Barthélemy [2]! » Quand il fut tué, pendant ce siège, Charles IX se borna à dire en apprenant sa mort : « Il s'est trouvé tout à coup si fort saisy de défaillance de cœur... », et il ajouta un des mots grossiers qu'il avait volontiers à la bouche, sans autre regret, ce qui fit dire tristement autour de lui : « Voylà que c'est de faire service aux roys. »

Le meurtrier Behme fut quelque temps plus heureux; il épousa Anne de Arne, bâtarde du cardinal de

[1] Brantôme, *Hommes illustres* (Strozzi), p. 645.

[2] Ms. Bibliothèque nationale, Fontanieu, p. 326, avant-dernière pièce, publiée par Bouillé, t. II, p. 504.

Lorraine et ancienne fille d'honneur d'Élisabeth de Valois, reine d'Espagne[1]. Le cardinal de Guise le chargea dans la suite de missions secrètes pour Philippe II, et demanda que pour les « recommandables et signalés services qu'il a faict durant les guerres contre les héréticques », on lui payât le don promis « à sa femme Anne qui estoit à la feue Reine vostre espouse[2] ». Il reçut en effet six mille écus du roi d'Espagne[3], fut surpris trois ans après le coup d'épieu par la garnison du château de Bouteville, corrompit le soldat préposé à sa garde, prit la fuite avec lui, chacun « sur un bon cheval, un pistolet à l'arçon de la selle. Bertauville, gouverneur du lieu, le sentant échappé, saute sur un courtaud, seul et n'ayant arme qu'une espée, donne à tous les deux. Le soldat ne l'attend point, mais Behme aïant crié : — Tu sçais que je suis mauvais garçon, — tire son coup de pistolet; et l'autre en respondant : — Je ne veux plus que tu le sois, — mit l'espée jusqu'aux gardes dans le ventre de son prisonnier[4]. »

Le duc de Guise avait sa part dans la réprobation des vieux militaires. A ce même camp du siège de la Rochelle, de sinistres légendes se formaient sur lui. On racontait qu'un soir, en jouant aux dés, comme il retournait et secouait le cornet, des gouttes de sang tombèrent sur la table[5]. On affirmait que Henri de Navarre avait vu ces gouttes de sang, qu'il avait quitté

[1] Amelot de la Houssaye, *Mémoires historiques*, Amsterdam, 1722, t. II, p. 104.

[2] Ms., Arch. nat., Simancas, B. 27, 163, et B. 39, 63.

[3] White.

[4] D'Aubigné, t. II, p. 169.

[5] Ranke, *Franz. Gesch.*, t. IV, chap. iv.

le jeu[1]. Ces récits de bivac devinrent si populaires, que trois ans plus tard on les répétait encore à Paris[2]. Lui-même, Henri de Guise, n'avait pas l'esprit en repos ; sa haine privée était satisfaite, mais il était trop fin politique pour faire bon marché de la perte des Flandres, pour ne pas voir avec effroi la dépendance dans laquelle il tombait avec son parti sous la main de Philippe II, et pour s'abandonner aussi légèrement que son oncle le cardinal de Lorraine aux éclats d'une joie indécente. Le cardinal était à Rome, quand il apprit cette nouvelle. Il fit don de mille écus d'or à Beauville que le Roi envoyait près du Saint-Père[3]. Il écrivit à Charles IX pour exprimer son admiration des « très-crestiennes et héroïcques délibérations et exéqutions faites non-seulement à Paris, mais aussi par toutes nos principales villes... C'est tout le mieux que j'eusse jamais osé désirer, ni espérer[4]. »

Henri de Valois sembla oublier ses remords en les racontant dans sa nuit de Cracovie. Catherine déclara avec un certain dédain qu'elle n'avait pas eu, pendant la durée des massacres, plus de cinq ou six meurtres

[1] Voltaire, notes de la *Henriade*, rapporte le récit même prêté à Henri IV : « Il vit des gouttes de sang sur la table ; par deux fois il les fit essuyer, deux fois elles reparurent, et il quitta le jeu saisi d'effroi. »

[2] Foreign Office, Ms., Dale to Walsingham, 14 february 1575. Lettre publiée par Froude.

[3] Beauville n'était pas envoyé par le duc d'Aumale, comme l'ont dit quelques historiens, mais par le Roi lui-même, avec cette lettre : « Très Saint Père, nous envoyons présentement devers Vostre Sainteté le sieur de Beauville, l'un de nos gentilshommes ordinaires servants, pour dire et faire cognoistre à Vostre Sainteté aucunes choses de nostre part... » C'est déjà la formule des mandements verbaux. Cette lettre est aux *Archives du Vatican*, France, 34, 7425.

[4] Ms. Dupuy, vol. 221.

sur la conscience [1]. La véritable victime de ces féroces massacres fut le pauvre enfant qui les toléra. Charles IX, maintenu dans une exaspération continuelle durant deux mois, perdit pour le reste de sa vie l'équilibre de ses facultés, et épuisa ses forces dans des excès qui ne lui procuraient pas l'oubli. On le voyait, les regards farouches, *guardatura malinconica,* détourner la tête quand on lui adressait la parole, baisser les yeux, ne plus écouter même sa mère, qui était forcée de lui répéter jusqu'à trois fois ses demandes [2]. Tantôt, emporté d'un élan fougueux, il forçait des cerfs trois jours de suite, restait à cheval douze ou quatorze heures, ou, debout dans une forge, frappait sur l'enclume et martelait des cuirasses [3]; tantôt, enfermé dans l'obscurité, écartant les lumières, tressaillant au moindre bruit, il semblait, comme Néron après la mort d'Agrippine, *modo per silentium defixus, sæpius pavore exsurgens, et mentis inops, lucem opperiens tanquam exitium allaturam* [4].

Toute la fin de l'année 1572 fut consacrée aux massacres et aux confiscations dans la France entière. A Troyes on enferma tous les réformés dans une tour, pour les faire mourir ensuite « avec cette même précaution que le lieu qui leur avoit servi de prison leur servit aussi de tombeau [5] » ; à Orléans, plus de douze cents personnes furent tuées; l'inflexibilité des égorgeurs se signala à Rouen par un fait particulier : le 18 septembre, à quatre heures du matin, le peuple se

[1] WHITE, *Massacre of S. Bartholomew.*
[2] Sigismundo CAVALLI, *Relaz. ven.*, traduit par BASCHET, p. 556.
[3] *Id., ibid.*
[4] TACITUS, *Annal.*, t. XIV, p. 40.
[5] VARILLAS, t. II, p. 363.

précipita sur la prison où les huguenots se croyaient en sûreté, et les mit à mort avec un tel acharnement qu'il sut découvrir sur la liste d'écrou le nom d'une victime dérobée par le gardien de la prison : il se fit restituer le pauvre être et le tua [1]. Les rancunes privées cherchèrent leur satisfaction dans le tumulte général, et, comme à toutes les époques de dissensions politiques, usurpèrent le prétexte des factions pour dénoncer, calomnier, détruire des rivaux et des ennemis. La famille des Guises resta complètement étrangère à ces exécutions dans les provinces. Quelques gouverneurs imitèrent cette opposition : le comte de Tende protégea les huguenots de Provence; le baron de la Guiche, ceux du Charolais; le seigneur de Sigognes, ceux de Dieppe [2].

Pour apprécier l'importance de cet événement, il faut se rappeler que la persécution organisée quelques années plus tard par Marie Tudor contre les protestants anglais, persécution tellement cruelle qu'elle a laissé, comme un stigmate ineffaçable, le nom de Marie la Sanglante à cette fille de Henri VIII, n'a pas coûté la vie pendant toute la durée du règne, d'après les évaluations les plus larges des écrivains réformés, à plus de deux cents personnes. En France, pendant les derniers mois de 1572, les massacres semblent avoir détruit environ trois ou quatre mille personnes à Paris, et vingt-cinq ou trente mille dans le reste de la France [3].

[1] Lettre de sir Thomas Smith à Francis Walsingham, coll. Ellis, *Original letters*, t. III, p. 376, publiée par H. de la Ferrière, *Arch. des miss. scient.*, 1876, p. 665.

[2] Même document.

[3] Voici, du reste, les chiffres donnés par les historiens. C'est Bonanni qui paraît le plus se rapprocher de la vérité : la cour pontificale avait

De ces exécutions tardives, deux furent particulièrement infamantes pour le duc de Guise et pour Charles IX, celles de Cavaignes et de Briquemaut. Cavaignes était un homme de robe que Charles IX avait

une diplomatie admirablement organisée et connaissait très exactement les faits. Il y a eu deux mille six cents enterrements à Paris; on peut ajouter à ce chiffre un millier de corps restés dans la Seine ou enterrés aux frais des particuliers. On arrive ainsi à trois mille six cents environ, c'est-à-dire au chiffre indiqué au Pape et au duc d'Alva Pour les provinces, il est impossible d'avoir un contrôle des chiffres. On ne peut comprendre pourquoi LA POPELINIÈRE, écrivain protestant, a réduit ses chiffres à des proportions si évidemment inexactes :

| AUTEURS. | NOMBRE DE MORTS | |
|---|---|---|
| | à Paris. | en France. |
| Caveyrac. . . . . . . . . . . . . . . . . . . | 1,000 | 2,000 |
| La Popelinière. . . . . . . . . . . . . . . . | 1,000 | 20,000 |
| De Thou. . . . . . . . . . . . . . . . . . . | » | 20,000 |
| Kirkaldy (Record office Ms. queen of Scots). | 2,000 | » |
| Papyr Masson. . . . . . . . . . . . . . . . | 2,000 | 10,000 |
| Martyrologue . . . . . . . . . . . . . . . . | » | 15,000 |
| Le Tocquesain. . . . . . . . . . . . . . . . | 2,000 | » |
| Tavannes. . . . . . . . . . . . . . . . . . | 2,000 | » |
| Enterrements constatés et payés. . . . . . | 2,600 | » |
| D'Aubigné. . . . . . . . . . . . . . . . . . | 3,000 | » |
| Capilupi. . . . . . . . . . . . . . . . . . | 3,000 | » |
| Bulletin du duc d'Alva. . . . . . . . . . . | 3,500 | » |
| Bonanni. . . . . . . . . . . . . . . . . . . | 4,000 | 25,000 |
| Brantôme. . . . . . . . . . . . . . . . . . | 4,000 | » |
| Gomez de Silva. . . . . . . . . . . . . . . | 5,000 | » |
| Montfaucon. . . . . . . . . . . . . . . . . | » | 20,000 |
| Mézeray. . . . . . . . . . . . . . . . . . . | 5,000 | » |
| Archives de Simancas. . . . . . . . . . . . | 5,000 | » |
| Félibien. . . . . . . . . . . . . . . . . . . | » | 30,000 |
| Lettres aux réformés de Neustadt . . . . . | 6,000 | » |
| Claude Haton. . . . . . . . . . . . . . . . | 7,000 | » |
| Mémoire de l'Estat de France. . . . . . . | 10,000 | 30,000 |
| Davila. . . . . . . . . . . . . . . . . . . . | 10,000 | 40,000 |
| Le Réveil-matin. . . . . . . . . . . . . . . | 10,000 | » |
| Peleus (Henricus IV). . . . . . . . . . . . | 10,000 | » |
| Sully. . . . . . . . . . . . . . . . . . . . | » | 70,000 |
| Péréfixe. . . . . . . . . . . . . . . . . . . | » | 100,000 |

chargé d'instruire l'affaire de Maurevert, à l'heure où existait encore sa tendresse pour Coligny; Cavaignes avait vu l'arquebuse des gardes de Henri de Valois, il avait connu la part des Guises dans ce guet-apens; mais comme son enquête avait été close par une catastrophe autrement compromettante, il aurait pu être épargné sans danger pour les Guises. Briquemaut était le capitaine qui avait reconnu Calais, en avait « tiré le plan » et ainsi préparé la prise de la place. Ce souvenir aurait dû lui assurer la protection du duc de Guise; « il est vrai qu'il estoit fort zélé à sa religion, mais pour cela il ne devoit mourir, ains estre pardonné pour ses grands services [1] ». Pendant la nuit du 24 août, il se réfugia chez les religieux bernardins, et fut livré au moment où la Cour cherchait des accusés pour un procès criminel. Cavaignes et Briquemaut furent déclarés par les juges les complices du crime de lèse-majesté qu'on inventait pour justifier aux yeux des princes protestants le meurtre de Coligny; ils furent condamnés à mort. Briquemaut fut en outre dégradé de la noblesse, ses enfants dépouillés de ses biens et déclarés roturiers. Brisé par cet arrêt, le vieux capitaine s'écria : « Qu'ont fait ces pauvres innocents? » et demanda grâce en pleurant pour ses enfants. Catherine eut une inspiration : elle promit que les enfants ne seraient pas abandonnés dans la misère, qu'ils seraient réintégrés dans la noblesse, si Briquemaut, en mourant, avouait que l'amiral avait réellement conspiré contre le Roi. Savante mise en scène qui aurait couvert l'infamie des juges et accablé l'amiral sous le mensonge

[1] Brantôme, *M. de Guyse le Grand*, p. 423.

d'un mourant [1]. Mais Briquemaut ne voulut pas racheter l'humiliation et la misère de ses enfants en se déshonorant avec son général; il résista à la tentation, et fut pendu le 26 octobre, avec Cavaignes, pendant que la jeune Reine donnait naissance à une fille. Charles IX, heureux de se voir père, se procura le divertissement d'assister à cette exécution aux flambeaux. Catherine y vint aussi, traînant à sa suite Henri de Navarre. A peine les exécuteurs s'étaient-ils retirés, que les Parisiens coururent détacher les cadavres, les rouler dans les ruisseaux; ils coupèrent les oreilles, ils n'oublièrent aucun outrage [2]. Le Roi, pendant ce temps, était entré à l'Hôtel de ville, et y recevait un somptueux repas que lui offraient, à grands frais [3], les bourgeois.

[1] Cette perfidie est d'autant plus remarquable qu'il est probable que les enfants de Briquemaut avaient péri dans les massacres; le père l'ignorait, mais une note manuscrite indique parmi les morts de la Saint-Barthélemy « trois enfants de M. de Briquemault ». (*Record office,* note publiée par H. DE LA FERRIÈRE, *Arch. des miss. scient.*, 1876, p. 667.)

[2] DIGGES, p. 278, Walsingham to Smith, 1 november 1572 : « On october 22 the young queen was brought to bed of a daughter, and the same day, Briquemaut and Cavaignes were hanged by torchlight, the king, the queen mother and the king of Navarre being lookers on. About an hour after the execution, the cruel and bloody people of this town, took their bodies from the gallows and drew them about the streets, cutting of their ears, and omitting no other kind of villanous and barbarous cruelty. »

[3] Voir les comptes de la dépense de ce repas, SAUVAL, t. III, p. 368.

## CHAPITRE XXI

### DERNIERS TEMPS DE L'UNION DES GUISES ET DES VALOIS.

1573-1574.

Le parti protestant était dans la stupeur : il ne possédait plus que trois villes en France, la Rochelle, Montauban et Sancerre. Après une défense désespérée, Sancerre fut prise d'assaut et détruite. Mais contre la Rochelle vinrent échouer les forces réunies de tous les catholiques de France. Henri de Valois avait le commandement de l'armée : près de lui étaient son jeune frère, François de Valois, Henri de Navarre et le prince de Condé. Le duc de Guise, avec son frère le duc de Mayenne, et son oncle le duc d'Aumale, étaient les plus assidus dans les tranchées et les plus ardents aux assauts. Mayenne reçut une arquebusade à travers la cuisse : d'Aumale fut visé par le canonnier de la Rochelle qui servait une grosse pièce nommée *la Vache,* et emporté par un boulet. Le duc de Guise faillit succomber aussi : il avait pénétré, pendant un assaut, dans une casemate et s'était tout à coup trouvé enveloppé de pièces d'artifice : il s'échappa à grand'peine du milieu des flammes, grâce au dévouement du duc de

Nevers, qui fut blessé en le dégageant [1]. Il prit part aux dix assauts qui furent livrés à la place ; chaque fois les catholiques se heurtaient contre des brèches déjà réparées : les femmes de la ville brûlaient de la poix, et, cachées dans la fumée, rétablissaient les ouvrages de défense. Après avoir perdu « trois cents capitaines et quatre maistres de camp », Henri de Valois fut heureux d'avoir un prétexte pour lever le siège [2]. Il apprit, sous les murs de la Rochelle, son élection au trône de Pologne, se hâta de traiter avec les réformés, et rentra à Paris avec toute la noblesse pour recevoir la couronne que lui apportaient les ambassadeurs de Pologne.

Il y avait longtemps que Catherine rêvait des trônes étrangers pour elle et ses fils : on aurait cru que les idées de monarchie universelle s'agitaient dans toutes les têtes. Elle s'était supposé des droits sur la couronne de Portugal, et, pour soutenir cette prétention, avait envoyé la fleur de notre infanterie gasconne à la conquête des îles Fortunées. Les Espagnols s'étaient déjà établis solidement à Madère ; ils tuèrent presque tous les assaillants. Strozzi et le fils de Montluc périrent dans ces expéditions malheureuses. Avec de grandes dépenses, et au moment où le fisc était ruiné, elle venait d'obtenir l'élection de Henri de Valois au trône de Pologne. Elle voulut aussitôt assurer la fortune de son troisième fils, François de Valois, et le marier avec la reine d'Angleterre.

Ce projet était savamment combiné. A la vérité, Élisabeth n'avait nullement l'intention d'épouser un des fils de Catherine, et l'on n'est pas bien assuré que

[1] D'Aubigné, t. II, p. 47.
[2] Tavannes, p. 419.

Catherine ait plus qu'elle souhaité ce mariage : mais dans les échanges de paroles gracieuses, de cadeaux, de lettres privées que nécessitaient ces pourparlers, Catherine trouvait le moyen d'accoutumer les esprits à une alliance anglaise et de préparer un contrepoids à la puissance de Philippe II. La politique de Catherine semblait suivre son développement régulier. Après avoir accablé les réformés en France, elle tentait de s'appuyer sur les réformés étrangers pour ruiner l'influence espagnole. Elle a vu que le secret de la puissance espagnole est dans les Flandres [1]; c'est au Nord qu'elle vise, comme Coligny. Elle rêve une fédération des princes réformés, sous la protection et l'hégémonie de la France. « La Royne vouloit mettre le roy de Pologne à la teste des confédérés, mais le comte Louis de Nassau lui préféroit » François de Valois [2]. Ainsi, comme elle l'avait promis à Charles IX, elle reprenait les projets de Coligny, elle ramenait ses fils en vainqueurs vers les Pays-Bas, non plus comme de dociles instruments entre les mains des hérétiques, mais comme les chefs d'une coalition de souverains. Nul moment n'était plus favorable pour intervenir. D'un côté, Philippe II aux abois venait encore une fois de suspendre le payement de ses rentes par une banqueroute de cinquante-huit pour cent [3], et, d'autre part, les huguenots de France n'avaient ni chef, ni espoir.

Mais, si elle avait assez de génie pour concevoir d'avance et tenter la politique de Richelieu, Catherine

[1] C'est par la conquête des Flandres que Louis XIV détruit définitivement la puissance de l'Espagne.

[2] De Thou, liv. LVII.

[3] Ranke, *L'Espagne sous Philippe II et Philippe III*, ch. iv, § 11.

n'était en état d'apprécier ni les forces qui lui manquaient, ni celles qui travaillaient contre elle. Indifférente à l'honnêteté des moyens, elle ne prévoyait pas que personne n'aurait confiance dans la France, après les massacres de 1572, ni Élisabeth, ni Philippe II, ni les Français eux-mêmes. Ce n'est pas par la trahison que Richelieu dompte les huguenots; c'est par une lutte ouverte, en s'offrant aux balles, en restant digne d'être l'allié de Gustave-Adolphe. Richelieu, en outre, comprend que les huguenots ne sont pas ses seuls ennemis; il détruit les chefs catholiques qui peuvent mettre obstacle à ses desseins. C'est ce que Catherine ne sait pas entreprendre. Elle n'a rien fait, en accablant Coligny, que de se donner des maîtres nouveaux et plus redoutables. Le duc de Guise reste seul connu du peuple de Paris, seul chef des catholiques, et assez puissant pour entretenir des relations secrètes avec des souverains étrangers.

Un tel sujet n'aurait pas été longtemps un embarras pour Richelieu. Mais Catherine le regardait, avec une sorte de complaisance, comme un rival digne de rehausser la gloire de celui qui devait le dompter, et c'était une autre cause de faiblesse; son incurable admiration pour son héros, Henri de Valois, fut l'origine de toutes ses fautes. Plus elle avait besoin de l'appui de ce fils qu'elle avait préparé comme son instrument préféré, et accumulait de grandeurs sur lui, plus le malheureux prince devenait insuffisant, inférieur, misérablement disproportionné à son rôle, et bientôt assez ingrat pour oublier tant de bienfaits.

Elle avait réussi jusqu'alors à le retenir sous sa domination par les charmes d'une de ses filles d'honneur, mademoiselle de Chasteauneuf, dont il était épris.

Renée de Chasteauneuf avait un an de plus que Henri de Valois. C'était une fille fière, spirituelle, habituée au manège de la Cour. L'influence qu'elle savait prendre est peinte par le duc de Bouillon, qui avait été confié par Catherine, en même temps que Henri de Valois, aux soins de la belle Renée, bien qu'il eût cinq ans de moins qu'elle : « L'on avoit de ce temps-là une coustume qu'il estoit messéant aux jeunes gens s'ils n'avoient une maistresse, laquelle ne se choisissoit par eux, mais ou elles estoient données par quelques parents ou supérieurs, ou elles-mesmes choisissoient ceux de qui elles vouloient estre servies. Elle se rendit très-soigneuse de moy, me reprenant de tout ce qui luy sembloit que je faisois de mal séant, d'indiscret ou d'incivil. Nulle autre personne ne m'a tant aidé à m'introduire dans le monde et à me faire prendre l'air de la Cour que cette demoiselle[1]. » Le vieux duc ajoute : « Je ne sçaurois désapprouver cette coustume, d'autant qu'il ne s'y voyoit, oyoit, ne faisoit que choses honnestes. »

Seulement la pauvre Chasteauneuf, qui ne tolérait que « choses honnestes » de cet enfant de treize ans, était sans défense près du fils de Catherine, sa maitresse, et se trouva tellement compromise par les indiscrétions du prince sans cœur, qu'elle désespéra pouvoir se marier. Un soir, Henri de Valois, qui la voyait pleurer, appela Antoine Duprat, seigneur de Nantouillet et petit-fils du chancelier de François Ier; il lui donna ordre de l'épouser. Le seigneur de Nantouillet refusa d'obéir.

[1] Bouillon, *Mémoires*, p. 5. Elle était fille de Jean de Rieux et de Béatrix de Jonchères, dame de la Perrière.

Quelques jours plus tard, les trois rois Charles IX, Henri de Valois et Henri de Navarre, firent prévenir Nantouillet, qui était prévôt de Paris, et dont l'hôtel était quai des Augustins, en face du Louvre, « de leur apprester la collation, et qu'ils la vouloient aller prendre chez lui, comme de fait ils y furent, quelques excuses que Nantouillet sceut alléguer pour ses défenses. Après la collation, la vaisselle d'argent de Nantouillet et ses coffres furent fouillés et pillés par les rois, et on disoit dans Paris qu'on lui avoit pris et volé plus de cinquante mil francs, et qu'il eust mieux fait, le bonhomme, de prendre à femme la Chasteauneuf... Le lendemain, le premier président fust trouver le Roy et lui dire que tout Paris estoit esmeu du vol de la nuict passée, et que quelques uns vouloient dire qu'il l'avoit faict faire pour rire. Le Roy respondit : Faites seulement entendre à Nantouillet qu'il aura trop forte partie s'il veut en demander la raison [1]. »

Le pauvre Nantouillet n'en fut pas quitte pour cette expédition; il fut rencontré sur le quai de l'École par mademoiselle de Chasteauneuf, qui poussa sur lui son cheval, le renversa, le foula sous les fers du cheval, en lui lançant des coups de son fouet [2].

Mais Henri de Valois ne la défendait plus que par fantaisie ou par amour-propre; il était dominé par une autre passion, la seule sincère dans sa vie. Il échappait à l'influence de Catherine par la violence de son amour pour la sœur de la duchesse de Guise, la jeune princesse de Condé. Marie de Clèves avait été mariée presque enfant au prince de Condé, qui était un puritain froid

[1] L'Estoile, t. I, p. 28.
[2] Martha Freer, *Henry III king of France*, t. I, p. 229.

et triste; Henri de Valois lui offrit de faire annuler ce mariage, et de l'emmener avec lui comme reine de Pologne. Toute la Cour assistait aux scènes de cette bruyante galanterie; le jeune mari devait dévorer, sans pouvoir se venger, ces outrages de la part de celui qui était soupçonné du meurtre de son père.

La situation de Henri de Navarre était presque aussi humiliante : « La veille de la Toussaint, le roy de Navarre jouoit avec le duc de Guise à la paulme, où le peu de compte qu'on faisoit de ce petit prisonnier de roitelet qu'on galopoit à tous propos de paroles et brocards, comme on eust fait un simple page ou laquais de cour, faisoit bien mal au cœur à beaucoup d'honnestes hommes qui les regardoient jouer [1]. » Il trouvait des consolations près de madame de Sauve et d'une esclave cypriote de Catherine, la belle Dayole. Ses plus secrètes pensées étaient ainsi connues de la reine mère. Près de madame de Sauve, elle lui avait donné un rival, son plus jeune fils, François de Valois, duc d'Alençon. Elle se croyait habile d'enlacer de la sorte les princes qui auraient pu être des rivaux pour Henri de Valois; elle ne voyait pas l'influence toujours grandissante du duc de Guise.

Le duc de Guise s'était réconcilié avec Henri de Valois, depuis qu'il le voyait absorbé par les préparatifs de son départ pour la Pologne. Charles IX voulut accompagner son frère jusqu'à la frontière. L'état de langueur dans lequel il tombait s'aggrava lorsqu'ils arrivèrent à Vitry-le-François; « la fièvre ardente du Roy dura trente heures et se termina en grosses et

[1] L'Estoile, t. I, p. 28.

larges pustules et bubes qui luy sortirent par tout le corps, bras et mains[1] ». Les enfants de Catherine avaient des maladies étranges. A peine remis de cette crise, le jeune Roi paraît avoir subi les premières atteintes d'une phthisie pulmonaire, et le roi de Pologne put prévoir que la succession serait prochainement ouverte. Il n'osa pas suivre les conseils du duc de Guise, qui l'engageait à ne pas quitter la France, de manière à pouvoir profiter des événements[2]; il craignit d'irriter un frère soupçonneux qui avait encore le pouvoir de nuire, et il partit pour ses nouveaux États.

Il pouvait se reposer sur la tendresse de sa mère pour le soin de sauvegarder ses intérêts; elle apporta tout son zèle à surveiller son plus jeune fils et les deux Bourbons, les seuls qu'elle crût redoutables. Mais ses yeux restèrent fermés sur les relations secrètes que Henri de Guise conservait avec les halles et la basoche de Paris et nouait avec le roi d'Espagne; ils n'avaient de vigilance que contre les princes de sa propre famille. Elle était tellement absorbée dans son idée fixe, qu'elle essaya de ruiner la seule maison qui pût, dans la fraction catholique, s'opposer à la domination des Guises, et prit parti contre les Montmorencys pour le duc de Guise, dans une aventure bizarre dont la cause fut un jeune fou nommé Ventabren.

Ventrabren avait abandonné le maréchal de Montmorency, pour se donner au duc de Guise, puis avait été chassé par ce duc qui l'avait menacé, s'il le revoyait, de lui passer son épée au travers du corps. Au château de Saint-Germain, un soir, vers six heures, « c'estoit

[1] Villegomblain, *Mémoires*, p. 270.
[2] Martha Freer, t. I, p. 250.

vers le mois de février, M. de Guise, descendant d'un degré qui venoit de la chambre de la Royne mère, trouve le jeune Ventrabren. M. de Guise met l'épée à la main; l'autre veut enfiler le degré, il le rattrape en bas, lui donne divers coups. Croyant l'avoir tué, il supplia le Roy de luy pardonner d'avoir tué Ventabren, qui lui avoit dit que sa femme et M. de Montmorency le vouloient tuer. L'opinion commune fut qu'on vouloit jeter le chat aux jambes à M. de Montmorency [1]. » Catherine, en effet, fit arrêter Ventabren et s'empara de l'instruction de l'affaire. On remarqua en même temps « que cet assassin de Maurevert s'estoit veu à Saint-Germain ».

Cet incident, qui prouvait tout au plus l'état d'excitation nerveuse dans lequel se trouvait le duc de Guise, rompit tous les projets qui avaient été formés sur les Pays-Bas, et jeta la confusion dans les esprits. Les quatre frères Montmorency se jugèrent menacés, et prirent une position de défiante défensive. Le prince de Condé trompa la vigilance de ses surveillants et s'enfuit de Saint-Germain; en même temps Montgomery et la Noue, les deux seuls généraux protestants qui eussent survécu à la Saint-Barthélemy, firent des armements en Normandie. Ils détachèrent une troupe de cavaliers, sous les ordres de Guitry, qui approcha de Saint-Germain pour délivrer François de Valois et Henri de Navarre. Le complot était habilement tramé; on ne sait pas si la duchesse de Guise n'était pas elle-même complice. Au dernier moment, en apprenant l'approche de Guitry, la Môle, confident de François

[1] BOUILLON, *Mémoires*, p. 16.

de Valois, prit peur, et révéla les détails de la surprise préparée contre le château de Saint-Germain. Aussitôt la panique s'empara de la Cour entière, qui s'enfuit en désordre sur Paris, au risque d'être enlevée par les cavaliers de Guitry, cachés dans la forêt. « Nous trouvasmes, à moitié chemin de Saint-Germain, les cardinaux de Bourbon, de Lorraine et de Guise, Birague déjà chancelier, tous montés sur coursiers d'Italie ou grands chevaux d'Espagne, empoignant des deux mains l'arçon, et en aussi grande peur de leurs chevaux que des ennemis [1]. »

Seule, Catherine ne perdit pas la tête : elle réunit ce qu'elle avait de gardes, fit arrêter son fils François avec Henri de Navarre et le maréchal de Montmorency. François de Valois, habitué dès l'enfance à trembler devant elle, ne put résister à cette domination; il dénonça tous les complices de son projet de fuite. Henri de Navarre, qui l'entendait, s'écarta de quelques pas et dit tout bas à Montmorency-Thoré : « Notre homme dit tout [2]. » Thoré profita du désordre pour sauter sur un cheval et s'enfuir. Henri de Navarre se défendit avec esprit; sa vive gaieté et son caractère aimable plaisaient à Charles IX. Il était trop compromis pour rester en liberté, mais il obtint de n'être pas enfermé à Vincennes; il fut détenu, avec François de Valois, à l'hôtel de Retz.

Le duc de Guise n'avait pas à prendre parti dans cette querelle; les événements servaient ses intérêts et le débarrassaient des obstacles à sa fortune. Le Roi était mourant, son jeune frère se compromettait avec

[1] D'Aubigné, t. II, p. 119.
[2] Bouillon, *Mémoires*.

les huguenots, et était tenu prisonnier par sa mère elle-même; les Montmorencys se trouvaient ou en prison, ou en fuite. Catherine seule restait.

Elle ne montra pas moins d'énergie contre les révoltés de Normandie que contre les conspirateurs de Saint-Germain. Le maréchal de Matignon reçut en quelques jours des renforts, poursuivit Montgomery et le força de s'enfermer dans Domfront, où il vint l'assiéger. Comme Montgomery n'avait pas cent hommes avec lui pour défendre la place, quelques huguenots essayèrent d'y pénétrer; ils furent surpris, liés quatre à quatre, et forcés de courir jusqu'à ce qu'ils tombassent de lassitude; les valets et les petits goujats de l'armée catholique se précipitèrent alors sur eux et les tuèrent à coups de bâton [1].

Domfront fit néanmoins une longue résistance. Un des assaillants, M. de Bous, blessé d'une arquebusade à la tête, se retira sous une tente et demanda, « par signe, une plume et du papier, et mourut en achevant de son sang une lettre à sa maîtresse, qui portait le nom de Rabodange [2] ». Montgomery se rendit seul, sous la condition d'avoir la vie sauve; mais, après son départ, Domfront prolongea encore sa résistance : le gouverneur, Colombières, se plaça sur la brèche avec ses deux enfants, âgés, l'un de douze ans, l'autre de dix, et se fit tuer avec toute la garnison.

Pendant que ces enfants couvraient la brèche de Domfront, une femme délivrait le château de Miremont : ces bras devenaient nécessaires à la cause des huguenots, depuis que les capitaines avaient été tués

[1] D'AUBIGNÉ, t. II, p. 125.
[2] *Id., ibid.*

dans Paris. Madeleine de Saint-Nectère, veuve de Gui de Miremont[1], défendit contre une armée royale son château, où elle s'était enfermée avec ses deux filles; sa beauté, la vigueur avec laquelle on la voyait rompre des lances dans les tournois, et mener une charge à la tête de ses hommes d'armes, avaient attiré un grand nombre de prétendants à sa main, qui s'étaient jetés avec elle dans Miremont. Après avoir subi cinquante jours de siège et neuf cents coups de canon, comme les vivres s'épuisaient, et comme les tours menaçaient de s'écrouler, Madeleine sortit tout à coup, au galop, à la tête d'une quinzaine de ses gentilshommes, la visière baissée et la lance en arrêt; elle désarçonna les cavaliers qui voulurent lui barrer le passage, traversa le camp des assiégeants, et courut à franc étrier jusqu'au château de Turenne, où se trouvaient quatre cents arquebusiers à cheval; elle les décida à l'accompagner, et repartit immédiatement à leur tête pour délivrer ses filles, qu'elle avait laissées dans les murs de Miremont. Montal, le chef des catholiques, s'avança pour la combattre; elle fondit sur lui et le frappa de sa lance en pleine poitrine : il mourut quatre jours après, et le siège fut levé[2].

Mais les huguenots ne pouvaient plus donner d'inquiétude depuis la captivité de leur principal chef, Montgomery. Charles IX ne vécut pas assez pour empê-

[1] Elle était fille de Saint-Nectère, bailli d'Aurillac, et de Marguerite d'Étampes; elle était veuve de Gui de Miremont, seigneur de Saint-Exupery. Le siège commença le 29 juillet 1574.

[2] IMBERDIS, *Histoire des guerres religieuses en Auvergne*, t. I, p. 216. La jeune veuve ne se remaria avec aucun des chevaliers qui l'avaient aidée; mais une tradition locale prétend qu'elle sut les récompenser également. Une des filles épousa le sire de Bourbon-Malauze.

cher de violer la capitulation qui lui avait été accordée. — « Toutes choses humaines ne me sont plus rien », fit le jeune Roi [1], quand on lui annonça la défaite des réformés de Normandie, et d'une voix plaintive il demanda qu'on l'entourât de verdure; « mercredy se trouva tant failly de halaine et paroles à l'occasion du flux de sang par la bouche qu'on en attendait plus la mort que la vie; mais, depuis la saignée, s'est mieux trouvé [2] ». Près de son lit, ombragé de branches d'arbres, se tenaient les deux qui lui restaient attachés : le jeune Gondi et Marie Touchet. Gondi mourut de chagrin un mois après lui. Marie Touchet épousa Balzac d'Entragues, et eut pour fille la marquise de Verneuil, qui devint, comme elle, la favorite d'un roi.

Ainsi s'éteignaient les Valois [3]. Ainsi Catherine isolait, dans son aveugle préférence, le roi de Pologne, sans soutien et sans parti, au milieu des princes et des grands officiers mécontents, en face du duc de Guise.

[1] Ms. *Record office, State papers*, France, vol. LVII, publié par H. de la Ferrière, *Arch. des miss. scient.*, 1876, p. 732.

[2] *Ibid.*

[3] Charles IX meurt le 30 mai 1574.

# CHAPITRE XXII

## RUPTURE ENTRE LES VALOIS ET LES GUISES.

1574-1576.

Par la mort de Charles IX, Catherine de Médici était investie d'une autorité plus complète que celle d'aucun souverain depuis François Ier. Pas de puissance qui pût lutter contre sa volonté : son fils et son gendre étaient prisonniers au Louvre, leurs fenêtres garnies de barreaux de fer; les Montmorencys n'osaient remuer, par crainte de faire tomber la tête de leur aîné, enfermé à Vincennes; les huguenots étaient atterrés par la rapide défaite et par l'exécution de Montgomery, leur dernier général; Paris ne semblait pas encore un danger; que redouter de l'influence de Henri de Guise, qu'elle avait connu petit enfant, qu'elle avait vu grandir, trembler devant ses fils? Elle le savait imprudent, bruyant, et le jugeait incapable d'oser entrer en lutte avec elle. Sans doute elle se défiait du cardinal de Lorraine; elle lui reconnaissait les talents qu'elle avait le plus en estime, la fixité de vues, la fausseté, l'art de nouer plusieurs intrigues, mais elle le voyait décrépit avant l'âge. Le cardinal, depuis son dernier voyage à Rome, se montrait irascible, hautain avec ses partisans, humble près de Catherine, dont il semblait reconnaître lui-même la supériorité.

Mais cette simplification du gouvernement ne plaisait pas à Catherine ; transmettre un paisible pouvoir à Henri III lui paraissait indigne de son génie ; elle aurait cru déchoir dans l'esprit de son fils, si elle n'avait pas pu se vanter devant lui de sa prévoyance à conserver les Guises, seuls intacts, en face de la royauté, comme un contre-poids préparé pour le jour où François de Valois et Henri de Navarre seraient remis en liberté. Ainsi que les princes italiens dont elle étudiait les vies, elle avalait d'avance le contre-poison, pour prévenir un cas d'empoisonnement, et elle ne se doutait pas que le remède était dangereux.

Elle n'était entourée que des princes de la maison de Guise, lorsque à Lyon elle passa en revue six mille Suisses qu'elle avait fait lever pour donner au nouveau Roi la force matérielle, dès son arrivée en France ; elle était encore avec eux à Lyon quand arriva Henri III, qui s'était attardé plusieurs mois dans des fêtes à Venise et dans le Piémont.

Il rentrait mûri par une absence de deux ans. Ses défauts restaient les mêmes ; il avait encore cette frivolité que n'avait pu lui ôter le commandement des armées, ce mépris des femmes qui lui inspirait de grossières plaisanteries, cette dépravation savante qui lui faisait sacrifier à l'intérêt du moment toute bonne foi et toute honnêteté, mais il avait acquis, au milieu des avanies subies chez les princes protestants de l'Allemagne, dans le contact avec tant d'étrangers et le maniement des nobles de Pologne, à travers les émotions de sa fuite au galop sous des forêts inconnues, pour échapper aux sujets à demi sauvages qui le poursuivaient, une sorte d'indifférence politique qui le rendait aussi apte que sa mère à changer brusquement ses projets et ses partisans, à se conformer aux événements, à se tourner subitement du côté de ceux qu'il venait de combattre. Beau parleur, mais incapable de ces mots heureux ou de ces attentions délicates qui procuraient tant de partisans au duc de Guise, il avait, avant même de franchir la frontière, déjà mécontenté Montmorency-Damville, qui était accouru au-devant de lui en Piémont, puis était rentré dans son Languedoc, prêt à la révolte.

Après Damville, Catherine elle-même ne tarda pas à reconnaître que le nouveau Roi était cerné par les favoris qui avaient eu la constance de ne pas l'abandonner durant les ennuis de son séjour en Pologne; les comtes du Guast et de Villequier étaient les véritables souverains. Catherine se hâta de s'effacer, de dissimuler son importance, de ne parler à Henri III qu'avec des ménagements affectés [1]. Marguerite de Valois, qui soutenait le parti de son mari et de son jeune frère, et qui était comme un lien entre eux, fut attaquée la première par les favoris, inquiets de cette coalition. Du Guast imagina dès son arrivée certains récits de galanteries qu'elle aurait eues à Lyon, espérant la brouiller avec son mari et séparer ainsi Henri de Navarre d'avec François de Valois, qui prendrait le parti de sa sœur. Il est probable que cette imputation était calomnieuse, ainsi que l'affirme Marguerite [2]; en tout cas, le mari refusa d'ajouter foi à l'accusation. Du Guast ne gagna à sa triste démarche que de s'être fait une ennemie de la jeune femme. Mais ces premières

[1] Lorenzo Pruili, *Relaz. ven.*, traduit par Baschet, p. 595.
[2] Marguerite, *Mémoires*.

intrigues furent momentanément oubliées, lorsque l'on vit le Roi atteint tout à coup d'un chagrin assez exalté dans ses manifestations pour ressembler à de la démence.

Il venait d'apprendre à Lyon la mort de la princesse de Condé, cette sœur de la duchesse de Guise dont il était épris depuis deux ans, et dont il avait voulu faire annuler le mariage afin de l'épouser. Il resta plusieurs jours sans manger; puis il ne voulut plus voir autour de lui que des vêtements noirs et des insignes de deuil; c'est à partir de ce moment que les petites têtes de mort en or, en corail, en cristal, devinrent le bijou à la mode. Toute sa vie, Henri III resta sous cette impression lugubre. On lui fit quitter Lyon : la Cour descendit le Rhône jusqu'à Avignon, la ville des processions, des pénitents, des cérémonies pieuses. A peine arrivé à Avignon, Henri III organisa une procession dans laquelle il figura, avec tous les seigneurs de sa suite, les pieds nus, les épaules nues, et des cordes pour se flageller. Le cardinal de Lorraine y prit froid. La nuit suivante il eut « une fiebvre symptomée d'un extrême mal de teste provenu du serein d'Avignon qui luy avoit offensé le cerveau à la procession des Battus, où il s'estoit trouvé avec le crucefix à la main, les pieds nus, et la teste peu couverte [1] ». La maladie fut courte : le cardinal, dans son délire, « n'avoit en la bousche que des villanies, et même ce vilain mot... », ce qui faisait dire au jeune prélat, son neveu, désigné pour lui succéder à l'archevêché de Reims, « en se riant, qu'il ne voioit rien en son oncle pour en désespérer, et qu'il avoit

[1] L'Estoile, t. I, p. 49.

toutes ses paroles et actions naturelles ». Il mourut. — « Nous aurons à ceste heure la paix », dit Catherine en se mettant à table [1]. Il n'avait pas cinquante ans. Il était haï des gens de cour, parce que, dans les prospérités, « il estoit fort insolent et aveugle, ne regardant guère les personnes et n'en faisant cas, mais en son adversité, le plus doux, courtois et gracieux qu'on eust sceu voir », et également méprisé des gens d'Église, qui le tenaient pour « fort brouillon, remuant et très-ambitieux, hypocrite de sa religion, en laquelle il s'aydoit pour sa grandeur ».

Il disparut au moment où, dans sa famille, se choisissait une nouvelle reine pour la France, et où il pouvait espérer le retour de la toute-puissance dont il jouissait au temps de Marie Stuart et de François II.

Henri III, en arrêtant sa pensée sur les souvenirs de la princesse de Condé, en tenant ses yeux constamment fixés sur son portrait, se rappela tout à coup avoir rencontré une jeune fille dont la ressemblance avec la morte l'avait frappé. Deux ans auparavant, lorsqu'il se rendait en Pologne, triste de quitter, avec les fêtes de la Cour, la belle princesse dont il était épris et qu'il ne devait plus revoir, il remarqua à Nancy, parmi les suivantes de la femme d'un cadet de Lorraine, une jeune fille dont les cheveux à reflets d'or, la figure douce et mélancolique, le cou fin et blanc, attirèrent son attention et lui parurent le vivant portrait de la princesse dont il était séparé. Il demanda à madame de Vaudémont, qui semblait être la maîtresse de cette enfant, de la lui amener, et madame de Vaudémont

[1] L'Estoile, t. I, p. 49.

dut avouer qu'elle était sa belle-fille, née d'un premier mariage de son mari, élevée parmi ses suivantes, et humiliée au profit des enfants du second mariage; cette princesse, accablée d'avanies dans sa propre famille, résignée, pieuse, plut au roi de Pologne. On voit son portrait au château de Chenonceaux, avec ses meubles, son oratoire; on croit entrer encore dans la vie intime de cette femme sacrifiée, effacée, charmante. Cette figure reparut dans la mémoire de Henri III dès qu'il voulut se représenter les traits de la morte. L'excès de la douleur lui inspira de l'amour; il s'imagina que, dans cette jeune Lorraine, reprenait vie ce qu'il pleurait.

Le duc de Guise fut transporté de joie à la nouvelle de cette fortune inespérée; pour le seconde fois, une fille de sa maison montait sur le trône de France; il se voyait déjà régent du royaume, en qualité d'oncle des princes qui naîtraient de ce mariage, capable d'écarter les Bourbons, d'hériter peut-être. Mais cette perspective d'une nouvelle Marie Stuart ne souriait pas également à Catherine. La Reine mère n'osa pas lutter contre une idée si nettement arrêtée chez son fils que « d'affection, de devoir, d'espérance et de crainte, elle idolastroit [1] »; elle se rassura d'ailleurs en pensant que la pauvre princesse était habituée à trembler devant madame de Vaudémont, la sujette de sa fille la duchesse Claude de Lorraine; sortie d'une situation si subalterne, la nouvelle Reine ne pouvait qu'être aussi docile pour la seconde belle-mère que pour la première. Catherine, cependant, prit deux précautions pour se garan-

[1] MARGUERITE, *Mémoires*, p. 67.

tir contre les velléités d'indépendance qui pourraient naître : elle stipula que mademoiselle de Chasteauneuf serait maintenue dans son rang auprès de son fils, et elle rechercha l'alliance du favori du Guast.

Ce fut précisément du Guast qui fut choisi par Henri III pour porter à Nancy la proposition de mariage. Le duc de Lorraine, averti du voyage sans en connaître le motif, était inquiet de cette mission et se préparait à prendre une attitude de réserve, quand il vit du Guast lui demander, tout en arrivant, au milieu de la nuit, pour Henri III, la main de sa nièce Louise de Vaudémont. Le duc, sa femme Claude de France, qu'il fit éveiller avec la méchante comtesse de Vaudémont, ne pouvaient croire que la fille dédaignée allait être tout à coup reine de France ; mais les lettres de Henri III étaient authentiques, du Guast était connu comme son confident, le doute n'était pas possible. Louise de Vaudémont n'assistait pas à cette scène ; le lendemain matin, en s'éveillant, elle voit sa cruelle belle-mère debout près de son lit, se lève tremblante et commence à s'excuser, pensant que la comtesse vient la châtier pour s'être levée trop tard. Mais la belle-mère s'agenouille devant elle, et lui dit d'une voix émue : — Madame, vous êtes reine de France ! — La pauvre fille croit à une raillerie, elle recule sans répondre ; la comtesse lui présente les lettres de Henri III ; bientôt entre sa souveraine, Claude, la fille de Catherine, qui vient lui baiser les mains ; puis sa belle-mère la supplie à genoux de lui pardonner les mauvais traitements qu'elle lui a fait subir, et implore sa protection pour les jeunes sœurs du second lit qui lui ont été préférées jusqu'à ce jour. Les femmes de sa belle-mère viennent la parer; elle reçoit du Guast, elle est saluée comme reine de France par toute la noblesse de Lorraine, et après avoir joui de cette gloire durant quelques jours, elle part pour Reims, où l'attend Henri III, afin de célébrer à la fois les cérémonies du mariage et celles du sacre[1].

Reims était la ville des Guises. Dans les cérémonies de ce mariage, véritable triomphe pour leur famille, ils tinrent le premier rang. Le nouvel archevêque de Reims, Louis de Guise, n'avait que seize ans; son oncle, le cardinal de Guise, le remplaça pour cette occasion, malgré les protestations des évêques suffragants. La vieille duchesse de Guise, Antoinette de Bourbon, qui était née sous le règne de Charles VIII, menait par la main sa petite-nièce, la nouvelle reine, et partageait les honneurs de Catherine de Médici. Le duc de Guise représentait, parmi les pairs symboliques du vieux cérémonial, le duc d'Aquitaine, et avait la préséance sur les princes de Bourbon; son beau-frère, le vieux duc de Montpensier, se résigna à cet affront.

Mais si la famille de Guise crut voir pour elle dans ce mariage une ère nouvelle de faveurs, de donations et de puissance, la pauvre Louise de Vaudémont ne put pas se faire longtemps illusion sur le bonheur qui lui était réservé. Le premier mot que dit Henri III à son sujet fut un outrage. Il venait, à Lyon, de chercher à faire croire au déshonneur de sa sœur Marguerite, et telle était sa brutalité de langage qu'à l'époque des pourparlers de son mariage avec la reine d'Angleterre, il avait employé, pour désigner Élisabeth, une expres-

[1] Martha Freer, *Henry III king of France*, t. II, p. 7-10.

sion qui a dû suffire pour faire rompre tout projet, et que l'historien anglais traduit par la périphrase nationale de « soupçons sur le caractère[1] ». A peine l'humble Louise de Vaudémont est-elle arrivée à Reims, qu'au moment où il l'épouse, il feint de croire qu'elle a favorisé l'amour pour elle de François de Luxembourg, et dit avec cynisme à ce seigneur : « Mon cousin, j'ay espousé vostre maistresse; mais je veux en contreschange que vous espousiez la mienne », et il lui offre la main de Renée de Chasteauneuf. Luxembourg demande un délai. « Je veux, lui répond le Roy, que vous l'espousiez tout à l'heure[2]. » Catherine, qui craint d'éloigner la belle Renée, obtient que ce mariage sera reculé de trois jours, et, dès le premier soir, François de Luxembourg avait pris la fuite et galopait vers la frontière.

Ainsi la reine Louise dut subir la présence de cette favorite, qui trouvait si malaisément un mari. Elle tenta de se révolter; mais le Roi lui rappela, sans dignité, qu'il l'avait cherchée dans une situation effacée; qu'elle devait à son caprice sa fortune inespérée; s'irrita en parlant, fit appeler du Guast, et décida avec ce confident que la Reine serait séparée de toutes les femmes qu'elle avait amenées de Lorraine. Il fit renvoyer même les deux filles de chambre qui avaient été élevées avec elle depuis leur enfance, Pierrotte et Musette. A la place de leurs services, on imposa à la pauvre Reine ceux de Renée de Chasteauneuf elle-

[1] FROUDE, t. X, p. 224 : « Suspicions on Elizabeth's character. » Les Espagnols, qui n'ont pas de ces hypocrisies, citent le mot exact. Voir TEULET, lettre de don Francis de Alava à Philippe II, du 11 ma 1571 : « Una puta publica. »

[2] L'ESTOILE, t. I, p. 51.

même. Celle-ci poussa plus loin l'audace : elle parut dans un bal avec la même toilette et les mêmes bijoux que la Reine. A cette vue, Louise sortit, courut à l'appartement de Catherine et implora sa protection. Catherine la jugea assez humiliée pour n'être plus en état de jouer désormais le rôle de Marie Stuart. Peut-être se souvint-elle des avanies de sa jeunesse, et frappa-t-elle en pensée Diane de Poitiers, lorsqu'elle chassa publiquement de la Cour Renée de Chasteauneuf.

Cette jeune fille donna aussitôt sa main, « par amourette, à un Florentin, nommé Antinotti, qui estoit comite de galères à Marseille, et l'aïant trouvé... avec une autre damoiselle, le tua bravement et virilement de sa propre main[1] », et se remaria peu de temps après à un autre Florentin, nommé Altoviti, qui était capitaine de galères à Marseille, et qui se faisait appeler le baron de Castellane. Quelques mois plus tard, Castellane se querella avec le duc d'Angoulême, bâtard de Henri II, qui lui traversa le corps d'un coup d'épée. Le Florentin eut assez d'énergie pour enfoncer, en expirant, son poignard tout entier dans le corps de son ennemi. Ils restèrent tous deux morts sur la place[2].

L'insolent du Guast, en voyant cette facilité à humilier la Reine et à écarter d'elle ses Lorraines, résolut de pousser à l'extrême les avantages que lui donnait l'amitié du Roi, et de combattre à la fois la sœur du Roi et le duc de Guise. Il se rappelait la colère de son maître, quand il lui avait dit une première fois « que M. de Guise vouloit rechercher[3] » sa sœur Marguerite.

[1] L'Estoile, t. I, p. 90.
[2] *Id.*, t. I, p. 203; Antoine du Puget, *Mémoires*, p. 729.
[3] Marguerite, p. 42.

Il prétendit, avec les mêmes moyens, attaquer une seconde fois le duc de Guise, qui, seul de toute la Cour, traitait la parvenue avec mépris, et cherchait à se rapprocher de Marguerite [1], probablement plutôt par politique que par galanterie. Du Guast compta séparer de Marguerite les deux princes qui lui étaient attachés, son mari, Henri de Navarre, et son frère, François d'Alençon, et la perdre ensuite avec le duc de Guise [2].

La lutte contre du Guast était dangereuse. Un exemple récent prouvait que son autorité sur l'esprit du Roi ne connaissait ni refus, ni résistance. Un jour, le trésor étant vide, Henri III avait été forcé, pour avoir de l'argent comptant, d'employer une ressource extrême; il avait demandé aux « conseillers, avocats, et procureurs de Parlement et du Chastelet combien chacun d'eux vouloit gracieusement porter de deniers comptant pour subvenir à ses affaires. Et furent à cet effet mandés les plus riches et aisés, dont on prit des uns douze cents francs, des autres six cents et cinq cents livres, des autres moins, selon leurs facultés. » Du Guast entra, vit cet argent ainsi extorqué, le prit pour lui, « et furent lesdits deniers employés par le Roi à faire un présent au capitaine Guast, de la valeur de cinquante mille livres et plus [3] ». Catherine ellemême n'osait pas attaquer un tel favori; mais sa fille, poussée à bout par les railleries cruelles de Henri III sur ses relations avec le duc de Guise, perdit patience et résolut de se venger à tout prix.

Elle courut au couvent des Augustins, un soir, et

[1] MARGUERITE, p. 67.
[2] *Id.*, p. 70.
[3] L'ESTOILE.

demanda à voir seule, dans le cloître, un aventurier qui y vivait sous la protection du droit d'asile, le baron de Vittaud.

Vittaud était neveu de ce marquis de Nantouillet qui avait refusé d'épouser Renée de Chasteauneuf. Il avait tué « premièrement le baron de Soupès à Toulouse », à la suite d'une querelle de cabaret. Vittaud était sorti le premier ; « au bout d'une heure, guettant l'autre au sortir, il ne faillit de le tuer aussitôt et l'estendre sur le pavé, et ne fut sans danger, car s'il eust été pris, il estoit puny sur-le-champ, tant pour la rigueur de la justice de Toulouse que pour ce que l'autre avoit de grands amis, et se sauva bravement en habit de damoiselle [1] ». Au bout de quelque temps, il eut une nouvelle querelle avec un gentilhomme nommé Gonnelieu, « l'attrapa aux plaines de Saint-Denys, et le tua viste, sans autre cérémonie, et s'en alla en Italie, et n'en bougea jusqu'à ce qu'il vinst faire un autre coup, qui fut celuy de Millaud. Il se pourmeine par la ville en habit d'advocat, espie, attaque Millaud passant tout devant son logis, le charge, le tue avec peu de résistance, et se sauve bravement hors la ville. » Il fut arrêté et mis au Fort-l'Évêque. Son oncle, bien que prévôt de Paris, demanda sa grâce ; le président de Thou intervint aussi en sa faveur. On le fit évader. Ces hommes de main trouvaient aisément des amis ou des complices. Brantôme, qui raconte avec une véritable admiration cette série d'assassinats, se vante d'avoir prêté à Vittaud des chevaux et de l'argent pour lui faciliter sa fuite après le meurtre de Soupès.

[1] Brantôme, *les Duels*, p. 116-128.

Cet homme, Marguerite vient le trouver au couvent des Augustins [1]. Elle lui rappelle que du Guast, ami de sa derrière victime, le baron Millaud [2], a résolu de se défaire de lui, et empêche le Roi de lui donner des lettres d'abolition; elle l'excite à se charger de leur vengeance commune. Qu'a-t-il à craindre? Les trois reines intercéderont en faveur de celui qui les débarrassera de du Guast : Catherine de Médici, qui est jalouse de son pouvoir; Louise de Vaudémont, qu'il a humiliée et séparée de ses femmes; Marguerite de Valois, qu'il outrage par son langage. Le duc de Guise et François de Valois le défendront également... La jeune reine de Navarre fournit-elle d'autres arguments? On l'a cru, et rien ne rend la chose invraisemblable. Ces meurtriers avaient la séduction d'une existence romanesque; ils étaient aimés et accueillis comme, dans notre siècle, les bandits de Calabre et de Sicile ou les coureurs de route de l'Andalousie. A un homme de robe comme le savant Pibrac, la jeune Reine répondait avec mépris, en « priant Dieu de lui donner ce qu'il sait lui être nécessaire », mais à un drôle comme le baron de Vittaud, dans un moment où elle lui confiait le soin de sa vengeance, la nuit, seule, sous les arcades du cloître, la gorge palpitante de haine, elle a bien pu accorder la récompense.

En plein jour, le lendemain, Vittaud quitte les Augustins, entre dans l'hôtel de du Guast, s'avance au milieu de ses gardes et de ses laquais, monte à sa chambre, le trouve seul dans son lit, « va à luy, qui, le voyant venir, saute en la ruelle en prenant un espieu

[1] De Thou, liv. LXI, p. 300; Martha Freer, t. II, p. 67.
[2] Il se nommait Antoine d'Allègre, baron de Millaud.

pour se défendre; l'aultre l'eut aussitôt joingt, et avec une espée fort courte et trenchante (aussi, en tel cas, elle est meilleure que la longue), luy bailla deux ou trois coups et le laissa là pour demy-mort, car il vesquit encore deux ou trois heures [1] ».

Vittaud s'enfuit chez son oncle, « nouvellement marié, en son château de Nantouillet. Après avoir fait bonne chère », il se fait donner, par menaces, quatre mille écus, et part « bien monté des chevaux » de son hôte [2]. « On l'accusa aussi d'avoir tué Montraveau le jeune, frère de M. Clermont d'Amboyse, mais cela ne se peut guères bien prouver : s'il eust vécu, il en vouloit tuer encore deux que je sçay bien, qui, je croy, ne regrettèrent guères sa mort. » Il fut tué en 1586, par le fils du baron de Millaud, dans un duel régulier; « ainsy mourut ce vieux routier d'armes, par la main d'un jeune homme, qui vint s'esprouver tout du premier coup contre un des vaillants et déterminés de la France. Il n'estoit pas seulement estimé en France, mais en Italie, Espaigne, Allemaigne, en Poullogne et Angleterre, et désiroient fort les estrangers venus en France le voir, tant sa renommée volloit [3]. »

Le duc de Guise, qu'il venait de défaire d'un ennemi dangereux, ne devait pas être l'un des moins empressés à louer ce coup, qui avait atteint du Guast « parmy ses compagnies des gardes, parmy ses capitaines et soldats, et à cinquante pas, quasy à la vue de son Roy, qui le chérissoit ». Il reprit hardiment pour son compte l'attitude qu'avait essayée du Guast, et prétendit, sans

[1] Brantôme.
[2] L'Estoile, t. I, p. 136.
[3] Brantôme.

s'attaquer comme lui aux femmes, se donner les airs du premier personnage de France, sortir du rang de sujet, et se poser comme un prince étranger, l'égal, le successeur possible du Roi.

Il n'avait qu'un compétiteur à redouter; dans son opinion, ce n'était pas Henri de Navarre, perdu dans des galanteries sans dignité, trop léger pour être suspect, destiné, semblait-il, à devenir, comme son père, le jouet de ceux qui flatteraient ses vices : Catherine fut la seule à comprendre l'importance de ce petit roi sans États, de cet homme spirituel, robuste, actif, qui affectait de s'effacer et formait lentement son caractère et son génie au milieu des affronts, ainsi qu'elle-même quand elle avait dû grandir silencieusement. Le duc de Guise crut n'avoir à craindre que François de Valois. Contre lui furent dirigées toutes les pratiques secrètes pour exciter la crédulité et la jalousie du Roi. Plusieurs fois Henri III, emporté par la colère, fut sur le point d'en venir, avec son jeune frère, aux dernières mesures de rigueur; mais Catherine protégeait à ce moment François de Valois [1], non par amour maternel, ni même par désir d'opposer son dernier fils au duc de Guise, qu'elle n'avait pas encore appris à craindre, mais pour ne se pas laisser ôter des mains un prince qui pouvait être une force. C'était elle-même qu'elle défendait; elle

[1] Ms., Foreign office. Valentine Dale to sir T. Smith, from Paris, 3 sept. 1575 : « There have been many practices against Monsieur by the Guise, whereby the king hath been in many passions against his brother, and hath been sometimes advised to use all severity against him; and if it had not been for the help of the queen mother it hath been tought it had been hard with Monsieur; for the queen mother has always been a stay to him, both as a mother and also as a stay for herself against the Guise. »

voyait son fils préféré, auquel elle avait consacré jusqu'à ce jour tout son cœur, tout son génie, se détacher d'elle et la repousser avec cette ingratitude des êtres trop aimés, qui reçoivent toujours et offrent pour rétribution, à ces excès de la tendresse, l'amour d'eux-mêmes, c'est-à-dire la dureté devant des caresses devenues importunes, la sécheresse en échange d'un dévouement que rien n'assouvit ni ne rebute. Elle voyait Henri III tourmenté de maladies qui menaçaient de l'enlever prématurément, comme ses deux frères aînés. En 1575, il fut pris des mêmes maux d'oreilles que François II. Il poussa des cris si plaintifs et s'abandonna à des mouvements si désordonnés qu'on le pensa atteint de folie [1]. Il se disait empoisonné, menaçait son frère de le faire mourir avant de succomber.

A peine rétabli, il demande des fêtes, du bruit, organise des processions, court les cérémonies religieuses dans les couvents de femmes, ne veut que des femmes autour de lui, semble vouloir se changer en femme lui-même, et se montre imprégné de parfums, les cheveux bouclés, les oreilles chargées d'anneaux et de pendants [2], le cou garni d'un double collier d'or et d'ambre [3] et encadré dans une fraise que forment quinze lés de linon superposés et larges d'un tiers d'aune; il invente un empois spécial pour donner à sa fraise la raideur suffisante [4], ce qui fait dire aux écoliers, tous partisans des Guises : « A la fraise on cognoist le

[1] Mathieu, *Histoire de France*, t. VII, p. 418; Martha Freer, t. II, p. 35.

[2] Giovanni Michieli, *Relaz. ven.*, traduit par Baschet, p. 569.

[3] Morosini, *ibid.*

[4] Quicherat, *Costume en France.*

veau! » Il passe chaque soir plusieurs heures à danser [1].

Devant de tels indices de faiblesse intellectuelle, Catherine faisait preuve de prévoyance en prenant ses mesures pour un quatrième règne, et en ménageant son dernier fils. Probablement elle poussa plus loin encore ses prévisions, et fit ses préparatifs pour un cinquième règne, qui s'ouvrirait après la mort de ses quatre fils. Même alors, malgré le deuil et la vieillesse, malgré la fatalité attachée à tous ceux qui étaient nés d'elle, elle prétendait ne pas abandonner le pouvoir, et elle comptait soutenir avec ses gendres la lutte contre les autres prétendants. Du moins l'ambassadeur vénitien Giovanni Michieli croit deviner ce projet [2]. Elle pense, écrit-il, avoir gagné Henri de Navarre, et espère conserver l'autorité dans le cas où la couronne lui parviendrait. Pensée digne de l'esprit aventureux de Catherine, qui pouvait bien, après avoir cherché des couronnes dans l'espace, de Madère à Varsovie, spéculer sur celle que pouvait amener le temps après la mort de ses fils. L'entente que crut remarquer le Vénitien expliquerait le rôle de résignation et de docilité qu'acceptait Henri de Navarre, le discrédit dans lequel il était tombé parmi les huguenots, qui le croyaient soumis pour toujours à sa belle-mère, et le peu d'efforts qu'il faisait pour se signaler aux gens de guerre. Il a pu être sincère en confiant pour quelques années à Catherine le soin de sa fortune, sûr d'être préféré par elle à tout autre concurrent, sans courir les chances d'une guerre civile, sans se compromettre avec les ministres réfor-

[1] PRIULI, *Relaz. ven.*

[2] BASCHET, *la Diplomatie vénitienne*, p. 585. Troisième voyage de Michieli.

més, dont le fanatisme lui répugnait, sans s'éloigner des filles d'honneur ni des fêtes de la Cour. Catherine, de son côté, devait supposer que le pouvoir lui serait abandonné volontiers par un prince qu'elle voyait occupé uniquement de ses plaisirs, moins ingrat en apparence que Henri III, et moins apte à oublier ses bienfaits. Ils se trompaient tous deux. Aux premiers bruits de guerre, Henri de Navarre se souvint de son enfance batailleuse et des leçons de Coligny, il chercha à ressaisir ses destinées; Catherine tourna ses espérances vers l'autre gendre, le duc de Lorraine.

Le véritable héritier de la couronne, François de Valois, haï de Henri III, mal soutenu par sa mère, traité en égal et en adversaire par le duc de Guise, compromis par ses intelligences secrètes avec les huguenots dans leur dernier soulèvement, autant que par la faiblesse avec laquelle il avait confessé cette faute en dénonçant ses affidés, forcé d'être ambitieux pour n'être pas sacrifié; et de s'unir à des rebelles pour obtenir des défenseurs, hésitait à donner le signal d'une révolte et à se perdre pour toujours en se déclarant le général des huguenots. Cependant la guerre civile était imminente; le pouvoir, reconstitué par Catherine, échappait à Henri III. Déjà le duc de Guise, sûr de son crédit sur la populace parisienne, se présentait comme le véritable chef des catholiques, en face d'un roi sans volonté et sans dignité. Les protestants, inquiets du délabrement de l'autorité royale, munissaient leurs places fortes et se disposaient à une nouvelle guerre, Entre ces deux partis, celui des Guises, qui gagnait sans cesse des forces, et celui des réformés, qui avait perdu ses chefs et s'affaiblissait sous la direction jalouse de ses ministres intolérants, se formait une opinion modérée, qui gagnait les esprits assez indépendants pour se désoler également de l'influence prise dans leur pays par le roi d'Espagne, et de l'exaltation dominatrice des prédicateurs protestants.

Pendant longtemps, ces modérés furent tenus à égal mépris par les deux factions ennemies. Sous Charles IX déjà, « on se mocquoit fort de ces politiques[1] », et chacun tenait pour ennemis tous ceux qui témoignaient de quelque respect pour la pensée de leurs adversaires. Mais les fils du connétable se trouvaient poussés de plus en plus à la tête de ce parti. Leur inquiétude devant les agrandissements continus de la maison de Guise, leur désir secret de venger le meurtre de Coligny, qu'ils regardaient comme un affront fait à leur famille, leur ressentiment de la captivité du maréchal, leur frère, les poussèrent dans une révolte ouverte. Les trois frères libres firent des avances aux huguenots : les deux plus jeunes, Thoré et Méru, coururent en Allemagne pour recruter des reîtres, pendant que Damville, presque souverain dans son gouvernement de Languedoc, commençait la guerre contre les troupes royales.

Damville était un soldat robuste et expérimenté, qui savait à peine signer son nom, n'ouvrait jamais un livre et se tenait en garde contre les assassins en se faisant accompagner par un loup apprivoisé et par un géant dévoué, qui tranchait un âne en deux d'un coup d'épée. Il entrait en lutte avec l'intention de pousser la guerre sans ménagement; mais cette détermination était un malheur pour le parti des modérés, qui se trouvait

[1] Brantôme, *Hommes illustres* (M. de Vieilleville), p. 495-497.

porté par ses chefs dans l'alliance d'une des factions extrêmes, celle des réformés. Ce mal était vivement ressenti par le prince qui avait rêvé de créer à son profit l'opinion du juste milieu. François de Valois essayait de soutenir le plus longtemps possible l'intégrité et l'indépendance du parti des politiques, et de retenir autour de lui ses gentilshommes, sans les laisser s'engager dans le protestantisme, « m'exhortant, dit l'un d'eux [1], de ne me point faire de la religion, en me déclarant qu'il ne me pourroit aymer ny se servir de moy ainsi qu'il le désiroit; j'eus, en moins de quinze jours, trois ou quatre dépesches de luy, me conjurant de ne faire protestation que je ne l'eusse veu. »

De leur côté, les réformés ne recevaient pas sans méfiance les politiques qui se présentaient dans leurs rangs. Les élus, pensaient-ils, n'avaient nul besoin de l'appui des Amalécites : cette union avec les infidèles ne pouvait plaire qu'aux hommes de peu de foi, à ceux qui plaçaient leur confiance dans les chars de guerre, et non dans la protection de Dieu, qui fait éclater sa puissance en protégeant le faible. L'assemblée de Milhau fut sur le point de refuser le secours de Damville; plusieurs députés déclaraient qu'ils n'avaient pas de pouvoirs suffisants pour accepter l'alliance d'un catholique [2], et mêler la cause de la religion à celle des passions temporelles. Ils répudiaient comme indignes ces défenseurs de Jérusalem, qui étaient un scandale pour les purs, et ils annonçaient, avec désolation, que dans

[1] BOUILLON, *Mémoires*, p. 28. Le vicomte de Turenne, depuis duc de Bouillon, était fils d'une des filles du connétable.

[2] ANQUEZ, *Histoire des assemblées politiques des réformés de France*, t. I, p. 14.

Montauban, la ville sainte, ces ouvriers de la dernière heure avaient osé faire chanter la messe [1].

Toutefois, les pieux scrupules durent s'évanouir en présence du danger ; les hommes de guerre firent taire les ministres, et peu à peu leurs « troupes s'amassoient de catholiques romains et de la religion [2] ». En réalité, il n'y a plus de guerres de religion à partir de ce jour, et cette évolution des Montmorencys change le caractère de la lutte, prépare la solution, introduit l'habitude de la tolérance dans le parti de la réforme. Les hommes du juste milieu ne font accepter les idées de modération, et n'échappent à l'hostilité des deux factions extrêmes, qu'à la condition de se rapprocher de la moins irréconciliable, et de jouer le sort de leurs doctrines sur les chances de l'accueil qu'ils recevront dans le parti dont ils se rapprochent, du tempérament qu'ils apporteront à ses passions, de la direction qu'ils pourront recevoir de ses intérêts. C'est l'histoire des vingt dernières années du seizième siècle.

Presque en même temps que les Montmorencys, François de Valois fut entraîné par la logique des événements à se rattacher au parti qui lui sembla le moins ennemi de sa famille. En septembre 1575, il réussit à tromper la surveillance dont il était l'objet, et à s'enfuir du Louvre. Le duc de Guise, prompt à saisir l'occasion de se montrer le champion des Parisiens, choisit l'ennemi le plus dangereux pour la capitale, les Allemands. Il s'avança en Champagne au-devant des reitres qu'amenait Thoré, perdit leur trace le 9 octobre, les

[1] BOUILLON, *Mémoires.*
[2] *Id., ibid.*

retrouva le lendemain à Dormans, au moment où ils traversaient la Marne avec leurs bagages.

« J'y estois, écrit le fils du maréchal de Tavannes [1], avec ma compagnie de soixante maistres. » Guise, toujours téméraire, comme à Saint-Yrieix et à Montcontour, se fit accompagner d'une faible avant-garde et arriva au galop sur les reitres; « eux, craignant de perdre leurs bagages, résolvent le combat ». L'armée catholique était à plus d'une demi-lieue en arrière, et le duc de Guise n'avait sous la main que trois compagnies, c'est-à-dire deux cents gentilshommes environ, et deux cents arquebusiers à cheval. Il fit mettre pied à terre aux arquebusiers « au bout d'un marais et d'une haye, à nostre main droite », et leur commanda un feu bien nourri qui mit le désordre parmi les Allemands. « Environ quinze cents chevaux ennemis se retirent en gros; je reste seul à leur suite avec soixante. Ils passent la Marne, moy après. Ils entrent par dedans un bois, où eux et nous fusmes longtemps à passer. M. de Guise cherche un passage plus bas, et se trouve à leur flanc quand ils sortoient du bois; il fut blessé d'un arquebusier qu'il vouloit tuer; sa blessure oste courage à ceux qu'il amenoit, dont plusieurs de bonnes maisons se cachent dans le bois [2]. » Mais le maréchal de Biron survint à propos avec la cavalerie, qui était demeurée en arrière; les reitres demandèrent à capituler. « C'est, dit Tavannes, une nation fort aysée à battre. »

Le duc de Guise fut rapporté sanglant sur des branches d'arbres : un coup de pistolet tiré à bout portant lui avait emporté « une grande partie de la

[1] TAVANNES, *Mémoires*, p. 347.
[2] *Id.*, *ibid.*

joue et de l'oreille gauche ». Il resta six semaines à Épernay, souffrant cruellement de sa blessure, et pouvant à peine prononcer quelques paroles, mais fier de s'être rendu digne du glorieux surnom de son père. Il ne fut plus nommé que *le Balafré* par les Parisiens, empressés de refaire la légende des ducs de Guise. Comme Claude et François de Guise, Henri de Guise écartait les ennemis des murs de Paris; de même que son père avait défendu Metz, il avait sauvé Poitiers, et la destinée le marquait à son tour sur la face de la cicatrice de son père.

Le combat de Dormans n'avait ni importance, ni résultats : deux mille reitres avaient été mis en fuite ou faits prisonniers; le reste des luthériens, que Thoré amenait en France, avait effectué son passage sur un autre point et s'avançait sur la Loire sans résistance, à la faveur de la croyance où l'on était que le duc de Guise avait détruit tous les Allemands. En exagérant la victoire de Dormans, on en annula les effets. Pour que la gloire de Guise fût complète, on se refusa à croire qu'il y eût encore des reitres, et le gros de l'armée des reitres passa sans danger. Mais un fait important doit frapper aujourd'hui l'attention : toujours, en plaine comme derrière les remparts, les trois premiers ducs de Guise ont fait fuir les Allemands. Au moment où les reitres avec leurs pistolets et leur mouvement « en limaçon » étonnaient nos vieux tacticiens, c'est François de Guise qui les chargea le premier et détruisit du premier coup leur prestige. Cette hérédité de bonheur, de courage, de blessures, rendait réellement dignes de l'enthousiasme populaire les vainqueurs des Allemands.

A cette époque, Henri de Guise était encore inspiré par le patriotisme et était encore digne d'être un héros national. Il fut accueilli par des acclamations idolâtres, quand il fit son entrée à Paris et se montra pour la première fois avec sa balafre. Sa témérité ne faisait qu'ajouter un charme à sa gloire. On croit volontiers donner une marque de courage en admirant ceux qui se jettent sans prudence dans des dangers. Le contraste avec la vie sans honneur que menait Henri III rehaussait encore le vainqueur de Dormans. Le roi de France courait les pèlerinages, collectionnait les petits chiens, rétablissait la discipline dans les couvents de filles. Enfin, au moment où cette grandeur du duc de Guise menaçait l'autorité royale d'une rivalité dont elle n'avait pas su prévoir le péril, une nouvelle évasion du Louvre donnait un chef considérable aux rebelles.

Après le départ de François de Valois, son beau-frère, Henri de Navarre, entouré de gentilshommes qui n'avaient pu le suivre, prépara avec eux un projet de fuite. L'un de ces jeunes gens, Fervacques, ne put s'empêcher, dans une conversation galante avec une ancienne fille d'honneur de Catherine, Anne du Bueil, comtesse de Kernevenoy, de faire connaître leur intention de s'échapper du Louvre. Anne du Bueil était une de ces jeunes filles qui avaient voué sans réserve leur vie et leur honneur au service de Catherine : la Reine mère l'avait mariée à un vieux soldat, Kernevenoy, ancien gouverneur de Henri de Valois, que l'on trouvait plus aisé de nommer M. de Carnavalet, avec ce dédain que les Français ont toujours eu de l'exactitude dans les noms propres. Veuve depuis peu de temps, elle avait refusé de se remarier, et s'était replacée sous la main de Catherine. Elle eut la loyauté de déclarer à Fervacques qu'elle ne pouvait se dispenser de le dénoncer à sa maitresse. Celui-ci courut près de Henri de Navarre et lui conta l'imprudence qu'il venait de commettre. Henri, sans perdre confiance, entra dans la chambre du duc de Guise, s'étendit sur son lit, « et avec les alliances qu'ils avoient faict de maistre et de compère, eurent plusieurs familiers discours, ceux du Béarnois tendant à ce point de ce qu'il feroit quand il seroit général. Le duc courut en apprester à rire au Roi [1]. » Pendant que le Roi était à rire avec le duc de Guise, Henri de Navarre se faisait préparer un relais de chevaux frais dans la forêt de Saint-Germain, puis, au milieu d'une chasse, partait au galop, et après avoir couru une nuit et deux jours, sans se reposer, sauf deux heures à Châteauneuf, il arriva à Alençon.

Le dépit de Henri III fut misérable. Honteux d'avoir laissé échapper les deux otages que sa mère lui avait su si bien garder, il voulut punir les complices de cette évasion, et ne trouva à combattre que des femmes : sa sœur Marguerite fut insultée publiquement et menacée de mort. Elle fut sauvée par l'intervention de Catherine, qui fit remarquer au Roi « que peut-estre on auroit besoin de se servir » de la jeune femme pour négocier avec le mari [2]; elle fut enfermée dans sa chambre, et, de toute la Cour, Crillon seul osa continuer à la voir. Une de ses suivantes, mademoiselle de Thorigny, fille du maréchal de Matignon, courut de plus grands dangers. Elle avait déplu depuis quelque temps

[1] D'Aubigné, t. II, p. 187.
[2] Marguerite, p. 84.

à Villequier, le favori du Roi. Pour ce méfait, Henri III avait contraint sa sœur à la chasser de son service; il crut qu'elle conservait des intelligences avec Henri de Navarre, et permit à Villequier de la faire arrêter par des archers pour la jeter dans la Seine. La pauvre fille s'était réfugiée chez une parente, madame de Chastellux, qui fit distribuer du vin et du lard aux archers, et les retint pendant qu'elle prévenait les seigneurs des environs. Un gentilhomme était toujours prêt à tirer l'épée pour ses voisins, ou contre eux. Délivrer des archers la fille d'un maréchal de France était la plus séduisante des entreprises; cinq ou six de ces voisins accoururent avec leurs gens, surprirent les archers au moment où ils attachaient la jeune fille avec des cordes sur une mule, les battirent et délivrèrent la belle captive, qui s'en vint aussitôt, fière de cette aventure romanesque, trôner dans la petite cour de François de Valois, à Moulins.

Ce prince avait besoin des conseils de cette fille courageuse. Entouré de méfiances, blâmé des catholiques, suspect aux protestants, inquiet et étonné d'avoir secoué le joug de sa mère, il restait inactif au milieu de projets vagues et de discussions inutiles. Son beau-frère, Henri de Navarre, ne fut pas d'abord en meilleure situation, mais il sut se résigner avec bonne grâce aux nécessités de son nouveau rôle; il abjura la foi catholique, et fut reçu dans les murs de la Rochelle, mais à la condition de se séparer des amis catholiques qui l'avaient suivi dans sa fuite de Saint-Germain, « pour ce qu'il y en avoit qui avoient ensanglanté leurs épées le vingt-quatre d'aoust[1] ». Ce souvenir rendait

[1] SULLY, p. 21.

bien difficile l'union entre les divers partis qui se tenaient en armes ; mais Henri de Navarre déploya tant d'activité et de souplesse d'esprit qu'il se fit proclamer du titre nouveau alors et bien significatif de *Protecteur des églises réformées et catholiques associées* [1], se posant ainsi, dès son premier pas dans la vie publique, comme le chef de l'union de toutes les opinions modérées.

Malheureusement, si cette formule un peu prématurée permettait déjà de prévoir le rôle auquel était appelé le nouveau chef, elle blessait la vanité ombrageuse de François de Valois, et introduisait une nouvelle cause de dissension dont Catherine se hâta de faire son profit pour ramener au devoir son fils rebelle.

Elle commençait à remarquer que les intérêts de la couronne étaient mieux sauvegardés dans les camps des révoltés que dans ceux du Roi. Elle voyait dans son parti, d'un côté, le duc de Guise, qui ne quittait plus Paris et s'attachait uniquement à préparer les chances que lui ouvrait l'association de tous les princes du sang avec les hérétiques, et de l'autre, Henri III, qui semblait indifférent au succès de ses troupes. Depuis le début de son règne, il n'avait fait qu'accroître la puissance et la popularité de Henri de Guise. Il se sentit isolé entre deux factions armées, et comprit que sa couronne était l'enjeu. Sa mère, toujours apte à s'unir en intimité avec les ennemis qu'elle venait de persécuter le plus cruellement, l'encourgea à faire volte-face, à se rapprocher de son frère, des politiques, même des huguenots.

[1] LA POPELINIÈRE, *Histoire de France*, t. II, p. 42 ; voir aussi ANQUEZ, *Histoire des assemblées politiques des réformés de France*, t. I, p. 25.

C'était une idée hardie que de rompre publiquement avec le duc de Guise au moment où il acquérait une gloire nouvelle; mais ce fut précisément le bruit fait autour de son combat de Dormans qui éveilla l'attention et montra que sa prépondérance devenait irrésistible. Catherine se hâta de courir près de son jeune fils et de son gendre; elle les rejoignit au château de Beaulieu, près de Loches. Elle arriva au milieu de ces gens de guerre avec ses armes accoutumées : elle était suivie de madame de Sauve, qu'aimaient également François de Valois et Henri de Navarre; des plus belles filles d'honneur, mesdemoiselles d'Estrées, de Bretesche, de Montal; de madame de Kernevenoy, l'amie de Fervacques; de madame de Villequier, la jeune femme du favori, et de la duchesse de Montpensier, sœur du duc de Guise. François de Valois ne fit pas une longue défense contre une attaque si brillament secondée : « Il se laisse gagner à la Royne, qui le menace que le Roy se jetteroit entre les bras de M. de Guyse à son préjudice, se laisse vaincre aux voluptés, aux femmes que sa mère luy donne[1]. » La paix fut signée le 5 mai 1576, moins de quatre mois après la fuite de Henri de Navarre. Les huguenots acquéraient de nouveau le libre exercice de leur religion, avec des places de sûreté.

Cette paix de Beaulieu était la cinquième en treize ans. Elle souleva, comme les précédentes, l'indignation des catholiques et le mépris des esprits sincères, en stipulant des avantages uniquement au profit des huguenots, jusqu'alors continuellement vaincus, et en

[1] TAVANNES, p. 426.

conférant aux révoltés tous les avantages qui auraient suffi à prévenir la guerre, mais avec la pensée secrète de ne tenir aucun compte, dans la pratique, des engagements ainsi contractés, et de dépouiller les huguenots, aussitôt qu'ils auraient posé les armes, des droits dont ils se croyaient investis. C'était la vieille méthode. Catherine ne daignait pas changer sa tactique, sûre que les partis sont assez oublieux pour être constamment les dupes des mêmes fraudes et les victimes des mêmes fautes. Les huguenots s'y trompèrent encore cette fois. Mais ce furent les catholiques qui refusèrent de jouer plus longtemps un rôle dans cette comédie périodique de la guerre civile.

A la nouvelle du traité de Beaulieu, le duc de Guise comprit qu'il ne pouvait plus compter sur le Roi, se jugea trahi par lui, dépouillé du succès en pleine victoire. Il renonça à simuler une entente avec le Roi, et s'abandonna sans réserve à ses affidés de la bourgeoisie parisienne, le parfumeur Labruyère et l'avocat David. Entre les Valois et les Guises, la lutte commençait.

# CHAPITRE XXIII

## LA LIGUE.

### 1576-1580.

Les projets secrets du duc de Guise et les mesures qu'il commençait à prendre pour renverser les Valois furent révélés par un hasard singulier à Henri III, à l'heure où l'ardeur des catholiques, exaspérée par la déception de l'édit de Beaulieu, les groupait avec espoir autour du vainqueur des reitres. Un bourgeois de Paris, l'avocat David, envoyé secrètement à Rome par le duc de Guise, pour concerter avec le Saint-Siège les moyens de résister aux complaisances des politiques envers les huguenots, et à l'impuissance des Valois, qui se montraient incapables d'extirper l'hérésie, tomba malade en route, s'alita dans une auberge, mourut. Ses papiers furent saisis, lus, transmis au Roi. Ils renfermaient un plan pour renverser la dynastie, développé dans un style prétentieux, comme il convient à ceux qui veulent séduire la populace. C'était ce langage des orateurs de carrefour qu'on retrouve à toutes les époques, avec ses phrases pompeuses et ses idées vulgaires. Du reste, véritable acte d'accusation contre Henri III et ses frères, en face desquels le duc de Guise était hardiment posé comme prétendant à la couronne, héritier légitime de Charlemagne, vrai restaurateur de la foi, ce document disait[1] :

« L'issue des victoires, réduite à une paix honteuse au Roy et préjudiciable à l'Église, avoit finallement fait cognoistre que combien que la race de Cappet eust succédé à l'administration temporelle du royaume de Charlemaigne, elle n'avoit point toutesfois succédé à la bénédiction apostolique affectée à la postérité dudict Charlemaigne tant seulement, mais, au contraire, que ledict Cappet, usurpant la couronne, avoit violé par oultrecuydance téméraire la bénédiction de Charles et de ses successeurs; aussy il avoit acquis sur soy et sur les siens une malédiction perpétuelle. La race Cappet estoit du tout abandonnée à sens repprouvé, les ungs estants frappés d'un esprit d'estourdissement, gens stupides, abestys et de néant, déshérités et repprouvés de Dieu et des hommes par leur hérésie, proscripts et rejettés de la saincte communion ecclésiastique. Au contraire, les rejetons de Charlemaigne estoient verdoyants, aymants la vertu. »

Comme moyens de faire triompher la bonne cause, les mémoires saisis expliquaient que le duc de Guise « donneroit ordre que les curés, tant des villes que des parroisses des champs, dresseroient des rooles de tous leurs paroissiens capables de porter les armes » ; puis les états généraux seraient convoqués, ils proclameraient, le jour même de leur réunion, le duc de Guise lieutenant général du royaume, mettraient en accusation François de Valois ; « au mesme jour paroistroient

[1] Ms. Béthune, v. 8748, fol. 135. Publié par Capefigue, *la Réforme et la Ligue*, chap. XVI.

toutes les forces, tant envoyées de toutes les paroisses que autres ordinaires et estrangères » pour arrêter ce prince. « Au mesme jour les cappitaines des paroisses se mettroient aux champs avecque le reste de leurs forces, et chascun à son ressort courroit sus aux hérétiques et leurs associés, amis et adhérents, qu'ils passeroient au fil de l'espée. » Alors le duc « feroit faire pugnition exemplaire du frère du Roy, et fynallement, par l'advis et permission de Sa Sainteté, enfermeroit le Roy et la Royne dans un monastère, comme Pépin son ancestre fit Childéric, et, par ce moyen, ayant recouvré et réuni l'héritage temporel de la couronne avecques la bénédiction apostolicque qu'il possède », il procéderait à l'extinction « de l'erreur des privilèges et libertés de l'Église gallicane ».

Les conjectures généalogiques sur lesquelles reposait cette prétendue descendance de Charlemagne ressemblaient à une mystification. Que le duc René de Lorraine comptât parmi ses aïeules une princesse du sang carlovingien, c'était impossible à prouver et aussi imaginaire que de faire de Mérovée un petit-fils de Priam. Toutes les généalogies antérieures à Hugues Capet sont apocryphes. L'aïeul de Hugues Capet lui-même, Robert le Fort, était-il fils d'un boucher, comme le disent Dante et Villon [1], ou descendant de Witikind,

[1] VILLON :

Se feusse des hoirs de Capet
Qui feut extraict de boucherie.

Voir aussi Cornelius AGRIPPA, *De vanitate scientiarum*, cap. de Nobilitate : « E lanione progenitus, carnificina pro regno commutata. » PASQUIER (*Recherches sur la France*, liv. V, chap. IV) rappelle que cette généalogie est de Dante, et préfère celle de Witikind : « Le passage de Dante leu et expliqué par Louys Alleman, Italien, devant le roy François premier de ce nom, il fut indigné de cette imposteure et ou du duc de Bavière, ou d'Arminius? En tout cas, même si le duc de Guise avait pu démontrer qu'il descendait de Charlemagne, même si cette succession par les femmes n'avait pas été une violation de la loi salique, pour le maintien de laquelle nous avions subi une guerre de cent ans contre l'Angleterre, il n'aurait pas eu davantage le moindre droit sur le trône de France. L'héritier, dans ces hypothèses, aurait été l'aîné de sa maison, le duc de Lorraine.

Catherine de Médici le comprenait si bien qu'alarmée de cette audacieuse imposture, elle essaya d'en tirer son profit, au lieu de perdre ses efforts à la combattre, et chercha à asseoir son influence sur l'esprit de son petit-fils, le marquis de Pont-à-Mousson, héritier du duc de Lorraine. De ses sept enfants, sa fille Claude, duchesse de Lorraine, lui avait seule donné un petit-fils. Elle rêvait déjà une nouvelle régence avec lui; mais les chefs catholiques ne voulaient ni d'un enfant, ni de Catherine. Le seul homme qui leur parût désigné par la Providence pour sauver le pays était le duc de Guise, cher aux gens de guerre, adoré de la populace, prodigue, actif, beau. Le peuple s'habituait à l'acclamer quand il passait avec une dignité majestueuse, la taille droite, les regards animés, les cheveux blonds et bouclés, la balafre à la joue [1]. Des agents actifs, comme

commanda qu'on le luy ostast, voire feut en esmoy d'en interdire la lecture dedans son royaume. » Voir encore Père ANSELME, t. I; sur l'origine des Montmorencys, voir le tableau généalogique à la fin du premier volume.

[1] Geronimo LIPPOMANO, *Relaz. ven.*, publication de TOMMASSO, t. II, p. 638 : « Alto di persona, ha una maiesta mirabile di viso, gli ochi vivaci, capelli biondi e crespi, poca barba e bionda, con una cicatrice. Nel giuocar d'arme non é chi li possa resistere. Spende più che non ha »

Saint-Mesmin, le prévôt des marchands, Versoris, l'un des plus diserts avocats de Paris [1], le président de Neuilly, organisaient et excitaient ses partisans. Aussi n'eut-il aucune difficulté à faire accueillir par toute la France, en quelques semaines, ses projets d'armer les catholiques et de les associer par serment en une ligue contre les huguenots, les politiques et les gallicans.

L'idée n'était pas nouvelle. Dès la seconde année de nos guerres civiles, en 1563, Blaise de Montluc et les capitouls de Toulouse avaient imaginé un « traité d'association entre l'estat ecclésiastique, la noblesse et le commun du tiers état, pour défendre l'honneur de Dieu et de son Église catholicque romaine [2] ». Tavannes, l'année suivante, avait voulu organiser un semblable système d'affiliation en Bourgogne. Mais les édits de pacification et de tolérance que faisait publier périodiquement Catherine rompaient ces tentatives, dans lesquelles manquaient un chef considérable et un titre populaire. Enfin, en 1576, le maréchal d'Humières, gouverneur de Péronne, Roye et Montdidier, renouvela cet essai de ligue, afin de servir en Picardie une rancune contre Montmorency-Thoré, qui l'avait battu dans une instance devant le Parlement. Cette origine mesquine n'empêcha pas l'idée de faire, cette fois, des progrès subits; elle était si conforme aux projets de l'avocat David, elle apparaissait si à propos, quand la paix de Beaulieu excitait les colères des ardents contre les catholiques modérés, qu'une association imaginée pour détruire l'influence de M. de Thoré en Picardie

[1] L'Estoile, t. I, p. 81, 84.

[2] Montluc, *Commentaires*; la Popelinière, *Histoire de France*...

devint tout à coup l'instrument principal de la lutte du duc de Guise contre la dynastie des Valois.

Plusieurs causes contribuèrent au succès de l'idée, qui n'était ni patriotique ni pratique, de constituer les deux tiers de la France, sous l'influence du roi d'Espagne et du Saint-Siége, en état de guerre contre l'autre tiers, jusqu'à ce qu'ils l'aient exterminé ou converti. Mais le malaise du clergé paraît être la principale. Les abus continuaient, malgré le concile de Trente, malgré le danger de prêter des arguments sérieux à l'hérésie. Des hommes de guerre recevaient le revenu des abbayes, et laissaient les religieux dans le dénuement. Pierre de Bourdeille, le spirituel capitaine, était abbé de Brantôme [1]; Bussy d'Amboise, le plus heureux duelliste de son temps, se nommait l'abbé de Bourgueil [2]; Blaise de Montluc possédait une abbaye à Sens [3]; du Guast, « à qui Sa Majesté avoit donné pour récompense de ses services les éveschés de Grenoble et d'Amiens, vendit à une fille [4] de la Cour, qui dès longtemps avoit le bouquet sur l'oreille, l'évesché d'Amiens la somme de trente mil livres, ayant vendu auparavant l'évesché de Grenoble quarante mil livres au fils du seigneur d'Avanson » ; l'évêché de Cornouailles était remis en dot à une jeune fille [5]. « Le Pape, dit Tavannes [6], sçait

[1] Un de ses successeurs à la tête de cette abbaye fut le maréchal de Vauban. Voir Rousset, *Histoire de Louvois*, t. III.

[2] L'Estoile.

[3] Ms. Gaignières, v. 436, fol. 117, publié par Bouillé, t. I, p. 127.

[4] L'Estoile, t. I, p. 107, emploie un autre mot.

[5] L'Estoile, t. I, p. 194.

[6] Tavannes, édit. Didier, p. 160. Ces curieux trafics durèrent dans le siècle suivant. En 1601, Henri IV assigne à son ancienne favorite, Corisande d'Andoin, les revenus de l'abbaye de Châtillon, où saint Bernard avait été élevé (Courtépée, *Description historique de la Bour-*

que les bénéfices se donnent aux... aux... et aux huguenots; néanmoins, on envoie les bulles en France. » Ces abus plongeaient dans la misère le bas clergé au seizième siècle. Dans un premier élan, sous Henri II, il s'était porté vers la réforme, et avait fourni les plus instruits des ministres protestants. La continuation des mêmes souffrances le soulevait de nouveau sous Henri III, et le mûrissait pour une nouvelle manifestation. Mais, cette fois, les curés des paroisses pauvres, les religieux dont les revenus étaient détournés par les abbés, les prêtres pieux que scandalisaient les exemples de leurs supérieurs, n'étaient pas abandonnés sans chef et sans direction, ni exposés à s'écarter jusqu'à l'apostasie.

Un fait considérable s'était produit dans ces trente dernières années : la Société de Jésus avait pris l'hégémonie du clergé; elle le retint dans l'orthodoxie; elle poussa vers la Ligue toutes les forces catholiques.

Il n'est pas plus aisé de parler de l'ordre des Jésuites que de Calvin. S'exprimer sans admiration, c'est soulever des haines. Reconnaître des qualités est pris pour

*gogne*, t. VI, p. 375); il fait don d'une abbaye à Sully, pour éviter ses remontrances, en lui annonçant un cadeau de cinquante mille livres qu'il vient de faire à la marquise de Verneuil (*Lettres missives*, t. V, p. 179). Le cardinal Mazarin, durant la Fronde, voit poser parmi les conditions de la paix, par la duchesse de Montbazon, le don d'une abbaye pour sa fille. « Si celle de Caen venoit à vaquer, dit-elle, ou tout otre bonne, je vous la demande. » (Comte DE MONTALEMBERT, *Courrier du dimanche* du 8 juillet 1860.) Enfin, un des hommes les plus méprisés de son temps, le trop fameux chevalier de Lorraine, avait reçu, pour les services que l'on sait, les abbayes de Saint-Benoît-sur-Loire, Saint-Père en Vallée à Chartres, la Trinité de Tiron et Saint-Jean des Vignes à Soissons, en plein règne de Louis XIV. (SAINT-SIMON, t. II, p. 418.)

grossière flatterie. Notre nation confond la force avec l'exagération, et ne vous juge modéré que si vous êtes vulgaire. Le calme dans les opinions irrite les partis extrêmes. Si vous n'êtes pas des nôtres, pensent-ils, vous êtes avec nos ennemis. Chacun tient la vérité, et prend en pitié ceux qui ne s'arrêtent pas exactement aux mêmes limites. Cependant il faut bien avouer que les institutions ne sont pas d'une seule pièce, les hommes pas davantage. Un homme tout entier méchant, ou toujours bon, est une rareté; mais se placer entre les exagérations du dénigrement et celles de l'idolâtrie, c'est se faire juger léger ou sans bonne foi.

C'est presque de la témérité que de trouver de la grandeur dans la Compagnie de Jésus. A une époque où la papauté n'avait pas su garder son prestige et n'était plus représentée que par des souverains mêlés à toutes les perfidies de leurs contemporains, des hommes se sont réunis qui ont reconquis le royaume céleste; ils ont cerné le trône pontifical et astreint le Pape à la sainteté. En même temps, ils ont agi sur le clergé et sur la société par des forces à la fois ingénieuses et infinies, présentes partout et toujours éveillées. Ils sont arrivés à disposer des trésors de l'Église, désigner les évêques, surveiller la doctrine, favoriser les dociles et les humbles, distribuer les bénéfices. Ils ont été les confesseurs des rois et des courtisanes; ils ont consolé les reines et marié les forts de la halle; ils ont écouté les secrets d'État et les bavardages des commères. Ils savaient le chinois, le calcul intégral, l'astrologie. Ils composaient des traités de théologie en allemand, des madrigaux en italien, des chansons en vers latins, des calembours en français. Ils collectionnaient des médailles, peignaient des guirlandes de fleurs, jouaient des tragédies, observaient la constitution du soleil. A la Cour, sévères sur le dogme, mais indulgents pour les galanteries. Au Paraguay, maîtres débonnaires, mais implacables sur la chasteté. Chaque cœur les trouvait accessibles et souriants. L'ordre savait utiliser les Pères selon leurs aptitudes, et épuiser leur énergie et leur capacité tant qu'ils étaient jeunes et actifs. Les plus hautes charges, les plus délicates missions n'étaient pas, comme dans les États soumis à la puissance des bureaux, confiées à des hommes appesantis par l'âge, dégoûtés par les injustices, amoindris par un long apprentissage dans les rangs subalternes; l'ordre choisissait ceux qui avaient le plus d'ardeur et de vigueur. Les recteurs des maisons professes étaient toujours jeunes, doués du premier zèle, aptes à travailler le jour et la nuit; ces mêmes sujets, quand ils avaient le cerveau fatigué, étaient relégués dans les rangs infimes durant leurs vieilles années.

Cette science consommée du gouvernement, cette largeur d'esprit qui ouvrait la Société de Jésus à toutes les idées nouvelles et la faisait pénétrer dans toutes les régions de l'intelligence, constituent un curieux phénomène dans la vie de l'humanité. De nos jours encore, les Jésuites n'ont rien perdu de leur activité ni de leur hardiesse. Jusqu'en Californie, resserrés dans leur collège de Santa-Clara par la population envahissante des protestants et des Chinois, ils montrent le cabinet de physique le plus complet, la bibliothèque la plus nombreuse de tout l'État, et disent fièrement : « Nous ne sommes pas des trappistes; nos armes sont des livres, et non des reliques, car nous croyons aux livres[1]. »

Ils croient aux livres plus qu'aux hommes. Dans ce savant mécanisme, l'homme est devenu un rouage : le Père est un instrument social ; il n'a plus le droit d'avoir des vertus humaines, de la pitié, de la tendresse, du dévouement; l'ordre seul existe. Seul, il agit et pense, et combat. La religion même s'écrase entre les ressorts d'une telle machine et finit par être pétrie, façonnée, dévorée par l'ordre. Dès les premières années de sa fondation, la Société de Jésus regarde comme les pires ennemis du catholicisme ceux qui ne sont pas entièrement soumis à sa discipline; elle forme le centre de la résistance contre les politiques et les gallicans. Son premier acte est de diviser les catholiques.

En combattant ce qu'on appelait, au seizième siècle, les libertés de l'Église gallicane, elle blessa des gens qui ignoraient peut-être le sens de ces mots, mais qui se sentaient tenus par une sorte d'amour-propre national. Les Jésuites avaient trouvé la France partagée entre catholiques et réformés; ils ne jugèrent pas les catholiques assez purs : ils détachèrent les gallicans, ils affaiblirent volontairement leurs propres troupes, ils repoussèrent vers les huguenots tous les catholiques paisibles qui étaient rebelles à leurs théories. Ils les accablèrent d'anathèmes, car ils ont toujours haï moins le Turc que le schismatique, moins l'hérétique que l'indocile. Prodigieux dans l'art d'amoindrir le nombre des fidèles, vigilants dans leur subtilité à imaginer des adversaires, ils ont poursuivi sous des noms

[1] HEPWORTH DIXON, *White conquest.*

divers, comme les pires des hérétiques, tous ceux qui essayaient de se soustraire à leur domination.

Cette ingérence de la Société de Jésus dans la politique au seizième siècle a procuré des partisans catholiques aux chefs huguenots, repoussé dans leurs armées plusieurs de ceux qui étaient disposés à les combattre, montré aux catholiques qu'il y avait plus de tranquillité à vivre paisiblement à côté des protestants qu'à être questionné sur sa pureté, suspecté sur sa docilité, trié par des gens inquiets, prompts à supposer des dissidents, heureux d'avoir des ennemis. Mais, en même temps, elle a resserré le petit bataillon des fidèles; elle a imposé l'unité et l'ardeur à la Ligue; elle lui a procuré des chefs, en faisant désigner comme curés, dans les paroisses de Paris, des hommes vigoureux, spirituels, insolents. Elle a fait le nerf de la Ligue.

A côté du clergé, le Parlement se jeta presque entier dans la vaste association; ses sentiments étaient moins désintéressés et son concours moins passionné. Les membres du Parlement étaient si nombreux que plusieurs devaient être turbulents et indignes : il n'y avait pas longtemps que le roi lettré [1], François Ier, honteux de l'ignorance de ses magistrats, leur avait interdit de rédiger leurs décisions en latin, quand il avait lu le célèbre arrêt : *Dicta curia debotavit et debotat dictum Collinum de sua demanda.* Qu'ils fussent, en outre, accessibles à la corruption, on en peut juger non seulement par les pamphlets contemporains, mais aussi par ce qu'étaient les dispositions de plusieurs membres du

[1] Gaillard, *Histoire de François Ier*, p. 331. L'édit est de 1539. Il porte que « tous les arrests seront délivrés en langage maternel françois et non aultrement ».

Parlement à une époque où le sentiment de la dignité personnelle avait fait des progrès. Mazarin et Fouquet payaient à beaux deniers les complaisances des magistrats et même des présidents [1]. La simple entrée en fonction d'un conseiller était déjà une prévarication, puisque, comme le rapporte un homme d'épée, indigné des fictions et des supercheries [2], « les estats de judicature sont acheptés, et le premier acte de leur justice est de faire serment qu'ils n'en ont point donné d'argent ». Qu'ils aient été superstitieux jusqu'à la niaiserie, on peut l'induire des monstrueux arrêts qu'ils rendaient contre les sorciers et les diverses victimes du crime de démonomanie; au sujet d'une vieille qui avait eu le fouet comme sorcière, et dont la mère avait été brûlée vive, et qui était poursuivie de nouveau pour le même crime, un juge rapporte que « ceux qui assistèrent au jugement estoient bien d'advis qu'elle avoit bien mérité la mort; mais sur la forme et genre de mort, il y eut quelqu'un plus doux et d'un naturel plus pitoyable, qui estoit d'advis qu'il suffisoit de la faire pendre. Les autres, après avoir examiné les crimes détestables et les peines établies par les loix divines et humaines et mesmement la coustume générale de toute la chrestienté, furent d'advis qu'elle devoit estre condamnée à estre bruslée vive : ce qui fut arresté, et la sentence exécu-

[1] GOURVILLE, *Mémoires*, édit. Didier, p. 517 : « Dans toutes les chambres, il y avoit des conseillers qui entraînoient la plupart des autres; je croyois qu'on pouvoit leur donner à chacun cinq cents écus de gratification et leur en faire espérer autant dans la suite aux étrennes. » Ce conseil fut suivi avec succès : au président Lecogneux on donna deux mille écus, et « M. Fouquet jugea bien que ce qu'il avoit fait avoit utilement réussi ».

[2] TAVANNES, p. 160.

tée [1]. » En 1575, « un misérable athéiste et fou nommé Geoffroy Vallée, fut pendu et étranglé à Paris ; son corps fut brûlé avec son livre : plusieurs des juges estoient d'advis de le confiner dans un monastère comme un vrai fou, tel qu'il estoit et se monstra lorsqu'on le mena au supplice [2] ». Et jusqu'en 1675, quand Louis XIV voulut interdire le supplice du feu contre les sorciers, il reçut des remontrances du Parlement de Rouen : « Comme il s'agissoit d'un des plus grands crimes qui se puissent commettre, les officiers de votre Parlement espèrent que Votre Majesté voudra bien souffrir l'exécution des arrêts en la forme qu'ils ont été rendus, et ne souffrira pas que l'on introduise durant son règne une nouvelle opinion contraire aux principes de la religion [3]. »

Rien d'extraordinaire que, dans des corps ainsi composés, l'espoir d'obtenir de l'avancement, par des services secrets, le besoin de l'intrigue, la chance de se débarrasser des compétiteurs à l'avancement, la gloriole de se parer d'une rondache et de traîner une hallebarde à la tête des bourgeois de son quartier, aient recruté des adhérents à la Ligue.

Des convoitises d'un autre ordre lui procuraient des gens de guerre. Dans toutes les révolutions, les sentiments respectables se cachent au second plan ; on ne voit à la surface qu'envie et instincts grossiers. « Beaucoup de lieutenants des gouverneurs de province ou des places particulières se mirent la plupart de ce party,

Jean Bodin, *Démonomanie*, cité par Baudrillard, Jean Bodin, p. 186.

[2] L'Estoile, t. I, p. 111.

[3] Cité par Louis Figuier, *Histoire du merveilleux dans les temps modernes*, introduction, p. 37.

sous l'espérance d'estre gouverneurs en chef. Il y en eust beaucoup de gens de justice qui, pour s'agrandir, se mirent aussy de ce party, car où les lieutenants généraux se tenoient fermes au party du Roy, les lieutenants particuliers, les assesseurs ou les vice-sénéchaux en beaucoup d'endroits, se mirent du party de l'Union, pour être lieutenants généraux ou sénéchaux. Si les prévôts des marchands ou eschevins estoient aussi catholiques royaux, d'autres habitants, pour occuper leurs charges, se mettoient du party de l'Union, faisoient soulever le peuple, se faisoient eslire aux grades et honneurs auxquels ils n'eussent eu espérance de parvenir au temps de paix. »

Cette coalition de croyances sincères et de cupidités, de passions énergiques et de basses intrigues, qui s'attachait au duc de Guise, ne put lui procurer la force qu'il avait espérée; elle était, dès le premier jour, comprimée entre deux ressorts qui l'étouffèrent : au-dessus, Philippe II; au-dessous, les Seize. Guise et ses gentilshommes, le Parlement et les curés étaient également écrasés entre l'étranger et la commune de Paris. Le mouvement ligueur était confisqué, en haut par le roi d'Espagne, en bas par les délégués des seize quartiers de Paris, qui employaient comme des instruments le duc de Guise et les prédicateurs, armaient le menu peuple, préparaient les séditions. Les seize délégués étaient des gens obscurs, sans notoriété et la plupart sans honorabilité [1], mais ils suppléaient par l'au-

[1] On peut citer parmi eux Bussi Leclercq, maître d'armes; La Bruyère, ancien garde-chasse et parfumeur; Louchard, commissaire, ou ce qu'on a nommé plus tard recors; Senault, commis au greffe, et deux procureurs, Emmonot et Morin.

dace aux qualités qui leur manquaient, et trouvaient dans les Parisiens cette complaisance banale pour tous ceux qui les violentent. Cette ville a quelquefois de l'indulgence pour les drôles quand ils sont les plus forts. Elle négligeait déjà le vainqueur des reîtres pour adorer les seize misérables qu'elle avait choisis comme délégués de ses quartiers.

Le duc de Guise n'était ni le complice, ni la dupe de ces intrigues de ruisseau ; mais il aurait voulu échapper aussi à la tutelle du roi d'Espagne, et il essaya avec empressement, dans une occasion étrange, de transformer l'Europe et de la tailler sur un nouveau modèle, par l'accord de deux héros.

A ce moment, l'amour des catholiques se partageait entre le duc de Guise et le vainqueur de Lépante.

Don Juan d'Autriche était excusable de rêver des combinaisons romanesques dans une union intime avec Henri de Guise, car sa vie offrait toutes les émotions et tout l'éclat d'un roman. Fils d'une servante allemande, il avait été élevé comme un petit paysan par les ordres de son père Charles-Quint. L'orgueil du puissant empereur souffrait d'avouer une liaison d'un instant, dans une auberge, avec la pauvre mère. Tandis qu'il faisait élever dans la splendeur d'une petite cour et destinait à un rôle politique sa fille Marguerite, dont la mère était une Flamande de noble race, il cherchait à cacher don Juan. L'enfant ignora avec tout le monde son origine illustre ; il grandit près de son père, dans la retraite de Yuste, comme le page d'un des chambellans. Personne n'était dans le secret. Philippe lui-même ne connut pas l'existence de ce frère tant que vécut Charles-Quint ; il se sentit saisi d'une tendresse subite pour cet inconnu, aussitôt que le testament de son père le lui eut indiqué et l'eut recommandé à sa protection. Il voulut le voir et commanda qu'on le lui fit rencontrer dans une partie de chasse. La mise en scène rappelle les romans de chevalerie. Le jeune page se trouve devant le Roi, sous la futaie, salue, rougit. — Sais-tu qui es ton père? dit brusquement le Roi. — Don Juan, honteux de ne pouvoir le nommer, baisse la tête, recule. — Sois fier, reprend Philippe, tu es le fils d'un grand homme. L'empereur Charles-Quint, qui est aux cieux, est notre père à tous les deux [1]. — Puis il le prend par la main, le présente comme son frère aux courtisans, lui passe sa Toison d'or au cou, lui fait donner un cheval et l'emmène. Don Juan d'Autriche se montra digne du rôle de prince. Il vainquit les Maures d'Espagne, et reçut le commandement des flottes de la chrétienté, réunies contre la marine turque. Par sa victoire de Lépante [2], dans laquelle il détruisit trois cents vaisseaux turcs, il délivra pour plusieurs années les populations de la Méditerranée des recruteurs d'esclaves.

L'heureux vainqueur des Turcs reçut du roi d'Espagne la mission de pacifier les Pays-Bas, après les échecs du duc d'Alva dans sa lutte cruelle contre le patriotisme des Flamands. En traversant la France pour prendre ce commandement, don Juan d'Autriche eut plusieurs entrevues secrètes avec le duc de Guise. C'était en octobre 1576; les deux jeunes capitaines étaient dans tout l'éclat de la santé, de la gloire, des illusions. Les déceptions n'avaient pas encore com-

[1] STRADA, *De bello Belgico*, t. I, p. 608.
[2] Bataille de Lépante, 7 octobre 1571.

mencé. Ils se jurèrent une amitié intime, inébranlable, sûrs qu'aucun prince ne pourrait résister aux efforts combinés des deux enfants chéris de l'Église. Ce qu'ils se partagèrent dans leurs rêves, Philippe II seul l'a connu, et il en a gardé le secret comme un gage de la docilité du survivant. Mais les deux jeunes princes ne purent s'abstenir d'en dire quelques mots aux gentilshommes et aux femmes qui les entouraient. On a su, peu de mois après l'entrevue, que don Juan devait épouser Marie Stuart, la cousine de Henri de Guise, s'emparer des trois couronnes du Nord, celles d'Angleterre, d'Écosse et des Pays-Bas, et seconder les projets du duc de Guise sur celle de France. Le gardien de Marie Stuart fut mis au courant de ces projets par un secrétaire infidèle du duc de Guise, et en fit part au gouvernement anglais [1]. Par ces combinaisons, Henri de Guise croyait s'assurer un appui et des alliances hors de France, s'affranchir de la protection minutieuse et tracassière du roi d'Espagne, parler en maître à la populace parisienne, donner le branle à un grand mouvement dans tous les royaumes du Nord, de manière à renverser Henri III dans le tumulte, et à profiter de sa chute.

Ces vues ne lui faisaient pas oublier ses intérêts immédiats. Peu de temps après le voyage de don Juan d'Autriche, les états généraux se rassemblèrent à Blois, en décembre 1576. Les députés étaient unanimes, comme dans les états réunis sous François II, dans le

[1] Voir Froude, *History of England*; Lothrop Motley, *Rise of the dutch republic*, p. 655. Voir notamment les lettres suivantes : Sir Amyas Paulet to Burghley, april 1577; Paulet to Walsingham, 9 may 1577.

désir de donner appui à la famille des Guises, soit que les ambitieux possèdent naturellement l'art de diriger les élections et de rallier à leur cause ceux qui les influencent, soit que l'esprit de résistance contre la paix de Beaulieu ait profité de ces élections pour amoindrir le pouvoir royal. Contre les états, dont tous les membres étaient affiliés à la Ligue, Henri III essaya de lutter le premier jour. Il osa donner la préférence aux princes du sang sur le duc de Guise. Puis il prit peur, ainsi que son frère, révoqua tout à coup l'édit de Beaulieu, céda subitement à la demande des députés de n'admettre qu'une religion en France et de commencer la guerre contre les dissidents. Enfin, entraîné sur cette pente dangereuse, il passa à l'extrême, désespéra de résister aux ligueurs, entra dans leurs rangs et se déclara avec solennité le chef de la Ligue, tendant hardiment la main pour saisir les forces amassées contre sa propre personne.

Sans doute il est sage de savoir manœuvrer entre deux adversaires trop puissants, de manière à les aider et à les combattre alternativement. Mais ces revirements ne sont permis que pour prêter de la force au parti que l'on adopte momentanément, jamais pour lui en emprunter. Lorsque Catherine, avec les ressources de son génie, ses gens de guerre, ses filles d'honneur et son prestige, favorisait ou attaquait les Guises, elle savait rester devant eux alliée précieuse ou dangereuse ennemie. Henri III, au contraire, n'était capable que d'osciller d'un parti à l'autre, sans affaiblir ceux qu'il combattait, sans être utile à ceux qu'il rejoignait. Au lieu d'apporter un concours, il demandait un appui. Ce n'était plus de la politique, c'était de la détresse. Il ne réussissait même pas à faire craindre ses intrigues ; il ne pouvait que faire mépriser sa versatilité. Au moment de la paix de Beaulieu, on l'avait vu dévoué à son frère et prêt à porter la guerre dans les Flandres ; quelques mois après, il prenait la direction de la Ligue, au moment où la Ligue était déjà complète sans le Roi, contre le Roi. Elle n'avait ni avantage à recevoir ses avances, ni intérêt à lui prêter son autorité. Son chef réel n'était même plus le duc de Guise ; c'était déjà Philippe II, qui s'insinuait comme protecteur et comme fournisseur de subsides.

Cependant Henri III portait tant de zèle dans ce rôle, pris tardivement, qu'il voulut contraindre à entrer dans la Ligue les villes qui trouvaient cette association dangereuse pour son autorité. Aux bourgeois d'Amiens, qui lui adressaient des subsides au lieu de l'adhésion à la Ligue qu'il avait exigée d'eux, et qui lui répondaient « que sy les autres villes du royaume se fussent ainsy comportées que la ville d'Amiens, il ne seroit besoing d'aucune ligue », il répondit « que l'association et ligue avoit esté faicte pour son service [1] ». Son frère, François, s'avança plus loin encore : il sollicita et obtint le commandement de l'une des armées qui devaient opérer contre les huguenots, ses alliés de la veille. Les Valois se trouvaient ainsi captifs dans le parti des Guises ; ils devenaient les instruments de l'ambition de leurs sujets ; quand ils avaient conscience de la nécessité de la paix, ils étaient forcés de réveiller la guerre civile.

[1] *Recueil des documents de l'histoire du tiers état*, t. II, p. 872, publication faire par Augustin Thierry, dans la collection des *Documents inédits de l'histoire de France*.

Cette guerre dut commencer par la destruction des places de sûreté laissées aux huguenots. François de Valois et le duc de Guise attaquèrent la Charité avant que les réformés pussent réunir une armée pour défendre leurs places. Ils accordèrent une capitulation aux habitants. L'autorité du duc de Guise était assez considérable dans l'armée pour qu'il ait pu, malgré la coutume, empêcher le pillage en maintenant les termes de la capitulation qu'il avait signée : « Là, parut le duc de Guise conservateur de la foi et du droit des gens. »

Les deux généraux conduisirent ensuite leurs troupes devant la ville d'Issoire.

Après une longue canonnade, François de Valois concerta trois assauts sur trois brèches à la fois ; un coup de canon devait donner le signal des opérations à trois heures. Mais, dès le matin, les jeunes volontaires Maugiron, Saint-Luc, Bussy, Tavannes le fils, vinrent presser le duc de Guise d'attaquer le premier, et d'avoir l'honneur de cette conquête. Comme au temps de ses débuts, Henri de Guise se laissa entraîner ; dédaignant, par bravade, de revêtir son armure [1], il se jeta en avant, s'empara presque seul de la tour du Ponté, mais vit tomber sous ses yeux la plupart de ceux qui voulaient se maintenir sur la brèche. Les assiégés chargeaient leurs mousquets avec des balles ramées qui faisaient de dangereuses blessures. Après avoir perdu trois cents hommes, Guise dut évacuer sa tour et ordonner la retraite. Sa précipitation avait encore une fois compromis le succès des catholiques. Quelques jours après, les défenseurs d'Issoire demandèrent une

[1] IMBERDIS, *Histoire des guerres religieuses en Auvergne*, t. I, p. 367, d'après le *Manuscrit d'Issoire*.

capitulation; pendant qu'on en discutait les termes, les soldats catholiques entrèrent dans la ville et « ne purent estre retenus qu'ils ne pillassent et brûlassent la ville, voire et tuassent inhumainement tout ce qui se trouva devant eux [1] ». Ce fut la plus cruelle des scènes qu'on eût encore vues dans ces guerres; « on n'entendoit que hurlements, chutes de maisons, bourdonnement du feu [2] ». Les paysans des environs s'établirent, avec des charrettes, sur la place, et achetèrent le butin à vil prix; les villages voisins se trouvèrent enrichis de ces dépouilles. Quelques femmes nobles s'étaient, avec leurs filles, réfugiées sur un toit de grange; l'incendie les obligea de sauter dans la rue. Meurtries de la chute, elles furent livrées aux outrages des soldats, comme l'étaient déjà les bourgeoises : « la pluspart des femmes forcées par les uns, esgorgées par les autres; mesme on n'espargna que fort peu d'enfants. On peut dire que c'est une cruauté que le droit de la guerre permet [3] ». Dans ces supplices, les filles qui suivaient l'armée catholique furent ingénieuses, et se plurent à maltraiter et à traîner par les cheveux les malheureuses habitantes d'Issoire. Le duc de Guise réussit à sauver quelques captives; il tua de sa main un soldat qui traînait une jeune fille par les cheveux [4]; il transporta lui-même, sur son cheval, dans ses bras, de petits enfants au delà de la rivière de Couze, pour les mettre en sûreté; il enferma dans sa tente le plus de femmes qu'il put : l'une d'elles y accoucha [5]; il parcourut les tentes et fit

[1] L'ESTOILE, t. I, p. 86.
[2] *Manuscrit d'Issoire*, cité par IMBERDIS.
[3] D'AUBIGNÉ, t. II, p. 282.
[4] IMBERDIS, p. 388, d'après le *Manuscrit d'Issoire*.
[5] BOUILLÉ, t. III, p. 55.

mettre en liberté toutes celles qui y étaient retenues.

A partir de ce jour, les soldats devinrent plus féroces qu'auparavant, et s'accoutumèrent à « brancqueter » les villes[1]. A Saint-Lô, « tout fut mis au fil de l'épée, jusqu'aux femmes[2] ». La ville de Fontenay-le-Comte « fut surprise en parlementant, où le meurtre, le sac, le forcement des filles et femmes rendit cette pauvre ville désolée[3] ». Les villes ouvertes n'étaient pas mieux traitées, surtout après que le départ du duc de Guise eut fait disparaître le peu de discipline qui subsistât dans l'armée. Sans influence sur les soldats et sans pitié pour les vaincus, François de Valois suivait son armée et assistait aux scènes de brigandage. C'était une guerre de détails, dans laquelle on ne trouve ni plan d'ensemble ni action décisive. Les réformés essayaient de répondre à l'organisation de la Ligue par une solide fédération des Églises réformées. Une assemblée de ministres protestants, tenue à Nîmes en 1575, avait constitué pour chaque province des taxes, des levées de troupes et même des juridictions civiles[4]. L'Union des Églises avait ses receveurs généraux et un contrôleur général qui percevait les impôts pour *la cause;* les dépenses étaient ordonnancées par les conseils provinciaux, qui assignaient un traitement fixe et des subsides réguliers, par mois, au prince de Condé et à Thoré pour la solde et l'entretien des troupes.

Mais cette immixtion des ministres avait l'inconvénient de mécontenter les gens de guerre. Aucun des

[1] L'Estoile, t. I, p. 131.
[2] *Id.*, t. I, p. 94.
[3] *Id.*, t. I, p. 103.
[4] Anquez, *Histoire des assemblées politiques des réformés de France*, t. I, p. 18.

chefs militaires n'était assez important pour disputer la prépondérance aux prédicants qui les traitaient comme des Saüls ou des Achabs, et se comparaient eux-mêmes aux grands prêtres de Jérusalem.

Le Roi, de son côté, ne s'attachait que trop, par sa nonchalance et ses désordres, à seconder ceux qui voulaient le faire tomber dans le mépris public. Les fêtes de Chenonceaux et de Plessis-lez-Tours, le désordre des mœurs qui força Catherine à chasser une de ses filles d'honneur, mademoiselle de la Motte-Mesme, surprise avec le marquis d'Elbœuf, cousin du duc de Guise, dans l'avenue du château de Blois, pendant la réunion des états [1], le plaisir singulier que prenait le Roi à faire connaître ses orgies et à en porter le spectale chez les bourgeois, achevaient de faire perdre à l'ancien vainqueur de Jarnac et de Moncontour le peu de respect qui lui avait été gardé. Le duc de Guise était quelquefois compromis dans ces tristes divertissements. Il avait prêté, pour un jour, son hôtel à un adroit bourgeois de Paris, Claude Marcel, qui avait su devenir surintendant des finances, s'était enrichi, et mariait sa fille au seigneur de Vicourt [2]. « La noce fut faite en l'hôtel de Guise, où disnèrent le Roy et les trois roines, M. le duc et messieurs de Guise. Après souper, le Roy y fust, lui trentiesme, masqué en homme, avec trente que princesses que dames de cour, masquées en femmes, tous et toutes vestues de drap et toile d'argent et autres soies blanches; ces masquarades y apportèrent telle confusion pour la grande suicte qu'elles avoient, que la plupart de ceux de la

[1] Martha Freer, t. II, p. 133.
[2] L'Estoile, t. I, p. 92.

nopce furent contraints de sortir, et les plus sages dames et demoiselles se retirèrent et firent sagement... Si les tapisseries et les murailles eussent peu parler, elles eussent dit beaucoup de belles choses. »

Ces financiers, courtisés à la fois par le Roi et par le duc de Guise, amassaient des fortunes scandaleuses. Ludovic Adjaceti, de Florence, acheta le comté de Châteauvillain pour une somme qui représenterait quatre millions aujourd'hui, « épargnée sur la ferme du Roy, qu'il avait tenue, et ce, pour espouser la demoiselle d'Astry, laquelle demoiselle ne vouloit pour mary ce messire douanier s'il n'estoit duc ou comte [1] ». Henri III, laissé par ces traitants, sans ressource pour ses prodigalités, en était réduit, tantôt à altérer les monnaies [2], tantôt à s'emparer des rentes sur l'Hôtel de ville [3], tantôt à attirer au Louvre les riches marchands, et à leur faire payer une rançon, sous menace de les tenir enfermés dans des cachots [4]. Il ne s'inquiétait ni de la police, ni de la justice. Il fit forcer par ses gardes les portes de « la conciergerie du palais, pour en tirer un gentilhomme, sien favori, atteint et convaincu d'avoir assassiné un gentilhomme poitevin, en sa maison, entre les bras de sa mère et de sa femme [5] ». Si bien servi quand il voulait empêcher, par la violence, le cours de la justice, le Roi voyait, au contraire, battre ses archers quand il essayait de faire respecter ses ordres [6] : averti d'une rencontre au

[1] L'Estoile, t. I, p. 177.
[2] *Id.*, t. I, p. 152.
[3] *Id.*, t. I, p. 134.
[4] *Id.*, t. I, p. 132, 247.
[5] *Id.*, t. I, p. 240.
[6] *Id.*, t. I, p. 215.

Pré aux Clercs entre le baron de Sauzay et le seigneur de la Roche des Aubiers, il « envoya des archers de ses gardes : la Roche des Aubiers et ses agents ne laissèrent à charger les gardes du Roy, où il y en eut de blessés et tués de part et d'autre. »

Plus d'obéissance, plus de sûreté : Adjaceti, le nouveau comte de Châteauvillain, fit assassiner, par douze Italiens, Pulveret, capitaine du château d'Encize, et paya deux mille cinq cents livres pour arrêter les poursuites de la justice [1]. Tous les matins, se racontaient à Paris les meurtres de la nuit précédente [2]. En même temps que son ennemi, on tuait sans scrupule ou les passants inoffensifs, ou les inconnus qui se trouvaient avec lui [3]. La principale cause des crimes était le besoin de s'enrichir par mariage : « Lavardin tua de sang-froid à Lucey, en Vendômois, le jeune Randan qui faisoit l'amour à la jeune dame de Lucey, riche veuve » qu'il voulait épouser [4]. Le plus souvent, c'était la femme qui était la victime : le chancelier Birague empoisonna la sienne pour pouvoir devenir cardinal ; le Corse San Pietro étrangla Vanina sa femme. Le plus brutal de tous ces crimes, celui qui jeta le plus de déconsidération sur la personne du Roi, fut le meurtre de la comtesse de Villequier.

Villequier avait été, depuis la mort du comte du Guast, le seul favori et le principal conseiller du Roi. C'est lui qui l'empêchait d'entrer en lutte ouverte

[1] L'Estoile, t. I, p. 218.
[2] *Id.*, t. I, p. 190, 191, etc.
[3] *Id.*, t. I, p. 188.
[4] *Id.*, t. I, p. 169. La dame de Lucey épousa plus tard le prince de Conti.

contre le duc de Guise et qui l'avait décidé à faire partie de la Ligue. Henri III prenait plaisir à éveiller la jalousie de ceux qui l'entouraient et à médire de leurs femmes; il railla Villequier sur le peu d'estime que sa femme lui témoignait, et prêta à la malheureuse une passion secrète pour M. de Barbisy. Un matin, à Poitiers, comme le Roi rédigeait un nouvel édit de pacification, il poussa si loin ses plaisanteries, que Villequier quitta sa chambre, entra chez sa femme, la vit qui se coiffait devant un miroir que tenait une de ses suivantes, agenouillée devant elle, la frappa de son poignard, frappa la suivante, s'acharna jusqu'à ce qu'il les vit mortes, puis retourna tranquillement près du Roi demander sa grâce. Les courtisans crurent à une bravade, et coururent à la chambre de la comtesse, où ils trouvèrent les corps. La faute n'était pas d'avoir détruit deux femmes, mais de s'être fait justice dans le logis du Roi. Villequier dut prendre la fuite; il resta gouverneur de Paris, reçut sa grâce au bout de quelques mois, et se remaria. La seconde femme[1] amena avec elle sa mère, qui passait pour la personne la plus savante de l'époque dans l'art des poisons, qui sut dompter son gendre et le rendre docile. Villequier recouvra la faveur du Roi, mais fut forcé de la partager avec une foule de jeunes seigneurs qui avaient profité de son absence pour entourer le Roi, et qui recevaient de son amitié des témoignages extravagants.

On a parlé souvent des favoris de Henri III, que l'on nommait les mignons. Les femmes, constamment

[1] C'était Louise de la Savonnière, fille du baron de la Bretesche.

calomniées et diffamées par Henri III, se sont vengées avec cruauté, en attachant à son nom un souvenir infamant ; les conversations de la Cour, les vers, les pamphlets ont tellement établi cette réputation qu'on regarderait comme un paradoxe une tentative de réhabilitation ; il faut dire, cependant, qu'aucun document sérieux n'incrimine Henri III, ni les mémoires de contemporains importants, comme pour le grand Frédéric, ni les médailles, comme pour Tibère, ni les monuments, comme pour Adrien. Le règne des mignons n'a d'ailleurs duré que peu de mois. Il ne faut pas les confondre avec les favoris qui les ont précédés, ni avec ceux qui les ont suivis. Les premiers amis du Roi, du Guast et Villequier, étaient les amis de jeunesse qui l'avaient accompagné dans la Pologne. Ensuite, au moment de la paix de Beaulieu, le Roi ne se sentit pas en sûreté, au milieu de ses gardes, contre les insultes possibles du duc de Guise, toujours entouré de gentilshommes querelleurs et prompts à manier l'épée. Il voulut avoir des épées à lui : il assembla quelques hommes insolents, adroits à l'escrime, raffinés sur le point d'honneur, et mit à leur disposition le peu qui restait de richesses et d'autorité à la royauté, en échange de leur assiduité de tous les instants, et de leur vie qu'ils devaient être prêts à jouer dans un duel contre les partisans du duc de Guise. Il ne s'occupait dans ce choix que de se procurer des compagnons de fêtes et des champions. Aussi, cette seconde série de favoris ne comprend que des hommes frivoles. Plus tard, il concevra le plan de reformer, par ses favoris, une puissante aristocratie qui soit en état de lui prêter un appui dans ses luttes, et il appellera près de lui Joyeuse et d'Épernon ; mais il n'a encore, à l'époque de la paix de Beaulieu, des fêtes scandaleuses de Chenonceaux, de l'entrée dans la Ligue et de la disgrâce de Villequier, que des jeunes gens sans conséquence, comme Caylus, Saint-Luc, d'Arcq, Maugiron et Saint-Mesgrin. La grossièreté de leurs jeux ne connaît pas de frein : Catherine ne peut défendre contre eux ni son influence politique, ni ses filles d'honneur. Le frère même du Roi, qu'ils surnomment le Bossu, doit subir leurs insultes. C'est une orgie continuelle : des fous ont envahi le Louvre.

Heureux de telles fêtes et impatient de terminer une guerre dans laquelle se perdait un argent destiné à de riches costumes ou à de longs repas, Henri III osa conclure, en septembre 1577, avec les protestants, une sorte de trêve. Il espérait, à force de divertissements, attirer le duc de Guise au Louvre, et le faire insulter par ses bretteurs. Mais ces têtes légères ne suivaient pas longtemps la même idée. Les mignons oublièrent le duc de Guise et s'acharnèrent avec tant d'insolence contre le frère du Roi que ce prince, mal portant et mal élevé, eut tout à coup une pensée énergique : il résolut de s'unir de nouveau avec les huguenots, qu'il venait de combattre, et s'enfuit du Louvre par la fenêtre de la chambre de sa sœur Marguerite, en février 1578.

François de Valois avait un esprit inquiet, des nerfs impressionnables, une grande crainte de sa mère. La situation fausse dans laquelle il a été constamment maintenu a attiré sur sa tête les haines de tous les adversaires, les anathèmes que les partis aiment à fulminer contre ceux qui veulent les jouer au lieu de les subir, le mépris que méritent les apostats. Cependant, il est le seul des Valois qui ait suivi sérieusement la pensée de Coligny. S'il a écouté les inspirations de son intérêt personnel qui lui montrait la facilité de conquérir une riche principauté dans les Pays-Bas, il n'en a pas moins eu le mérite de voir que le seul intérêt des Français était d'amoindrir la puissance de Philippe II. Il a marché droit à ce qui était l'avantage du pays, au milieu de tant d'égoïsmes et de passions aveugles. Son frère et sa mère l'ont trahi constamment, les réformés l'ont suspecté, la reine d'Angleterre l'a trompé en lui promettant des secours que sa propre ambition sur les Pays-Bas l'empêchait de donner. Il n'a pas eu l'art de choisir des gens de guerre ni de prendre de l'autorité sur une armée; mais il a eu une pensée politique.

Elle paraît lui avoir été suggérée par Montdoucet, l'ancien agent de Charles IX près du duc d'Alva. Elle consistait à créer, aux dépens de l'Espagne et sous le protectorat de la France, un État libre et prospère. A la place du vaste royaume catholique rêvé par don Juan d'Autriche, François de Valois voulut fonder à son profit une souveraineté protestante, et unir les Pays-Bas à l'Angleterre en devenant l'allié et peut-être l'époux d'Élisabeth. Sa sœur Marguerite adopta avec le même enthousiasme les projets de Montdoucet, et, sous le prétexte de prendre les eaux de Spa, se rendit dans les Pays-Bas pour procurer des partisans à son frère. Son train fut assez somptueux pour séduire les Flamands : « J'allois, dit-elle [1], dans une litière faite à pilliers doublés de velours incarnadin d'Espagne, en broderie d'or et de soie nouée à devises. Cette litière estoit toute vitrée, et les vitres toutes faites à devises,

[1] Marguerite, p. 101.

y ayant, ou à la doublure ou aux vitres, quarante devises toutes différentes, avec les mots en espagnol et italien, sur le soleil et ses effets. » Elle avait à sa suite « dix filles à cheval avec leur gouvernante ». Son frère se jeta, à la même époque, dans les murs de Mons. L'amitié fidèle que lui garda Marguerite montre que ce pauvre prince n'était pas sans qualités.

Avec cette sœur, il se levait seul pour combattre la dangereuse coalition du duc de Guise et de don Juan d'Autriche. Les deux héros catholiques trouvèrent devant eux un adversaire inattendu, qui combattit leur fameux projet avec persévérance. Henri III, par peur des ligueurs, n'osa seconder son frère. Il adopta d'abord avec passion le projet d'envahir les Flandres et de les détacher de l'Espagne, promit à François de le soutenir, lui laissa prendre des engagements avec les seigneurs et les communes des Pays-Bas, puis recula au moment décisif, refusa à la fois des troupes et des subsides.

François de Valois voulut persister, et prétendit assembler une armée pour son compte; mais il n'avait pas une réputation militaire qui pût séduire les capitaines en renom; il ne put ramasser que des bandes de tous ceux qu'attirait l'espoir du pillage dans les riches cités flamandes; après tant d'années de guerre, le brigandage était devenu un métier. Le mot d'ordre de la guerre des Flandres entoura François de Valois, comme jadis Bertrand du Guesclin quand il annonçait une guerre en Espagne, de tout ce qu'il y avait en France de vagabonds. Un pays était mangé quand avait passé une de ces troupes. « Faut entendre que les compagnies qui s'assemblèrent à Montereau n'avoient oublié le mestier de rançonner, battre et desrober leur hoste. Soubs le nom et prétexte d'aller en Flandre, tous bannis, vagabonds, volleurs, meurtriers, renieurs de Dieu et de vieilles debtes, remenans de guerre, restes de gibet, massacreurs, vérollés, se meirent aux champs pour aller piller, battre et ruyner les hommes des villes et des villages [1]. » Un capitaine, arrivé avec une de ces compagnies dans un village, logea « chez un bonhomme qui le traitoit à tire-larigot; il fit à son hoste la demande de sa fille en mariage, et sur ce que cet homme lui répondit qu'il lui falloit une demoiselle et non sa fille, qui n'estoit de sa qualité, il le mit en fuite en lui jettant plats et assiettes à la teste; puis il déshonora cette pauvre fille. Violée qu'elle fut, il la fit remettre à table, lui jettant infinis brocards. Lors cette fille, regardant sa contenance, comme elle vit qu'un soldat s'approchoit pour lui parler à l'oreille, prit un grand couteau qui estoit sur la table, et lui planta dans l'estomac de telle roideur, qu'à l'instant il tomba mort sur la place; ce que les soldats voyans, prirent la fille, et l'ayant attachée à un arbre, l'arquebusèrent sur-le-champ [2]. » Le nom du frère du Roi fut bientôt maudit de nos paysans : « Je prye à Dieu qu'il ne luy mésadvienne, disaient les bourgeois, pour les malédictions et imprécations que le peuple désespéré de sa nation luy a souhaité pour le mal que ceulx qui tenoient les champs soubs son autorité ont faict [3] ! » Les remparts n'étaient même pas toujours une sûreté contre ces misères. Devant une de ces bandes, le bourg de Broès, près Sé-

[1] Claude Haton, *Mémoires*, p. 937.
[2] L'Estoile, t. I, p. 133.
[3] Claude Haton, *Mémoires*, p. 961.

zanne, clos de murs, voulut fermer ses portes. Les gens de guerre, humiliés de se voir exclus par des paysans, escaladèrent les murs, « et tuèrent tout ce qu'ils rencontrèrent, jusques aux femmes et petits enfants, forcèrent le chasteau, et y tuèrent dedans le seigneur, sa femme et sa famille, saccagèrent le bourg et y mirent le feu [1] ».

Les capitaines expérimentés ne voulurent pas s'aventurer dans cette tourbe. François de Valois se vit abandonné même des bretteurs favoris dont il s'était entouré, à l'exemple de son frère. Quatre des siens passèrent au service du Roi : Épernon, Livarot, Grammont et Mauléon [2].

Grossie de la sorte, la coterie des mignons devint plus altière. Le duc de Guise n'osait plus entrer au Louvre que fortement accompagné; il nourrissait une haine sourde contre le Roi, en se voyant exposé ainsi aux plaisanteries de quelques insolents. Une femme porta le premier coup à leur autorité. Marguerite se considéra comme humiliée par l'impudence avec laquelle Caylus, l'un d'eux, annonçait des prétentions à ses faveurs. Elle feignit de donner devant lui la préférence à Balzac d'Entragues, un des gentilshommes du duc de Guise, et eut le talent d'irriter les rivaux au point de rendre un combat inévitable. Ce duel est célèbre. D'un côté, trois des bretteurs du Roi, Caylus, accompagné de Maugiron et Livarot; de l'autre, d'Entragues, suivi de Ribérac, qui appartenait comme lui au duc de Guise, et de Schomberg. C'était Valois contre Guise. Henri III attendait les nouvelles au Louvre

[1] L'Estoile, t. I, p. 133.
[2] Martha Freer, t. II, p. 148.

avec impatience. On vint lui annoncer que des six combattants, un seul, d'Entragues, était resté vivant. Ce n'était pas tout à fait exact, car Ribérac ne mourut qu'au bout de deux ou trois jours à l'hôtel de Guise, où il était soigné, et Livarot put être, à la longue, guéri de ses blessures, qui le laissèrent pour toujours estropié. Mais la mort de Caylus et de Maugiron, et surtout la défaite complète de ces fameux champions, dont l'heureux d'Entragues détruisait la réputation en un seul jour [1], plongèrent Henri III dans le désespoir.

Après quelques semaines consacrées à des manifestations extravagantes de sa douleur, il résolut d'obtenir une revanche à l'aide des survivants, et ne craignit pas d'attaquer l'honneur même du duc de Guise. Il raconta, avec son intempérance habituelle de langage, que Saint-Mesgrin était aimé de la duchesse de Guise. Ce Saint-Mesgrin était une lame dangereuse. Dans un duel, il pouvait tuer le duc; si, au contraire, il était tué, le duc perdait, par ce premier duel, le prestige de son rang, et avait sur les bras tous les spadassins de France. « Le 21 juillet, Saint-Mesgrin, jeune gentilhomme bourdelois, beau, riche et de bonne part, l'un des mignons, sortant à onze heures du soir du chasteau du Louvre, où le Roy estoit, en la rue du Louvre, vers la rue Saint-Honoré, est chargé à coups de pistolet, d'espée et de coutelas par vingt ou trente hommes incognus, qui le laissèrent pour mort sur le pavé, comme aussi mourust-il le jour suivant [2]. » Parmi les

[1] 27 avril 1578.
[2] L'Estoile, t. I, p. 101

assassins, on crut distinguer le duc de Mayenne. Ce frère du duc de Guise portait la barbe élargie en éventail, au lieu de la tailler en pointe à la mode de l'époque; il était reconnaissable, en outre, à sa main trapue, qu'on disait ronde comme une épaule de mouton [1]. Le Roi n'osa ordonner aucune enquête contre ce meurtre, tant il avait peur de Guise, et était « bien adverty que le duc de Guise l'avoit fait faire pour le bruict qu'avoit ce mignon d'entretenir sa femme [2] ».

Les mignons, ainsi privés de leurs quatre meilleures épées, étaient furieux. Grammont, l'un d'eux, assassina devant l'église Saint-Paul, pendant les obsèques de Saint-Mesgrin, un gentilhomme qui avait ôté une baguette à un de ses pages [3]. Henri III, humilié, privé de ses amis, outré de dépit, fut repris d'un abcès à l'oreille et perdit tous ses cheveux [4]. Durant sa convalescence, l'esprit affaibli par le délire et la fièvre, il tomba dans un piège si grossier que le récit en paraîtrait invraisemblable, s'il n'avait prêté à rire à tous les contemporains.

La sœur du duc de Guise, Catherine, qui avait épousé le duc de Montpensier, ne pouvait pardonner

[1] VOLTAIRE, notes de la *Henriade*, conteste la part du duc de Mayenne dans le crime et dit : « Le duc de Guise ne passait point pour un homme trop sévère sur la conduite de sa femme, et il n'y a pas d'apparence que le *duc de Mayenne,* qui n'avait jamais fait aucune action de lâcheté, se fût avili jusqu'à se mêler dans une troupe de vingt assassins pour tuer un seul homme. » Mayenne n'aurait pas fait preuve de plus de bassesse dans cette attaque nocturne qu'il n'en a montré lorsqu'il a enlevé à la tête de son armée la petite héritière des Caumont la Force, ou quand il a poignardé de sa main le colonel Sacremore sans défense devant lui.

[2] L'ESTOILE.

[3] *Id.*

[4] Martha FREER, t. II, p. 240.

à Henri III ses plaisanteries sur le peu de cas qu'elle faisait de son vieux mari. Elle fut humiliée de voir qu'il avait désigné, comme chargé de lui plaire, un de ses mignons, Saint-Luc, de même que Caylus s'était adressé à Marguerite de Valois, et Saint-Mesgrin à la duchesse de Guise. Mais sa vengeance différa de celle des deux autres femmes : elle séduisit Saint-Luc et assura sa fidélité à son frère. Par ses ordres, Saint-Luc introduisit une sarbacane près du lit de Roi, et la nuit, de la chambre voisine, lui lança à travers le tube des mots sur le danger de son âme, les fautes de sa politique, les peines de l'enfer. Henri III crut entendre des voix célestes; il resta accablé de terreur durant plusieurs jours, jusqu'à ce que d'O, gendre de Villequier, eût découvert le secret. Ces jeunes insolents se jouaient même de leur bienfaiteur. Aussi Damville, devenu duc de Montmorency par la mort de son frère aîné [1], refusait de venir à Paris, où il ne pourrait que lutter, disait-il, ou avec la valetaille du Roi, ou avec la canaille de Paris, que courtisait le duc de Guise.

Courtiser la canaille est une affaire coûteuse. Henri de Guise voyait se fondre entre ses mains la fortune de sa famille. Il venait d'hériter du dernier de ses oncles, le cardinal de Guise, mort à quarante-huit ans [2], après avoir été surnommé le cardinal des bouteilles, parce qu'il « se connoissoit fort bien en cuisine », sans avoir fait preuve d'autre talent. Dès le mois de septembre suivant, le duc de Guise vendait, pour trois cent quatre-vingt mille livres, sa terre de Nanteuil-le-Haudouin [3],

[1] L'année suivante, 6 mai 1579.
[2] L'Estoile, t. I, p. 96. Le 29 mars 1578, « veille de Pasques ».
[3] *Id.*, t. I, p. 103.

et évaluait ses dettes à une somme qui ferait plus de dix millions de francs aujourd'hui. En même temps, les demandes se multipliaient, toutes les mains se tendaient vers lui. L'accomplissement de ses desseins tardait plus qu'il n'avait cru. La ruine semblait prochaine : il se vit débordé, il se laissa étourdir et affoler par le spectacle de sa détresse. Sera-ce donc faute d'un peu d'argent que s'effondrera une famille élevée, depuis soixante-dix ans, par des prodiges de prévoyance, de génie, d'obstination? Tant de richesses dissipées, tant de sang versé, tant de rêves amoncelés, et, pour une faible somme, tout serait perdu ! Impossible de restreindre les dépenses : licencier ses capitaines, il n'y faut pas songer; ses prédicateurs, ses bourgeois, ses agents à Rome, ses clercs dans la basoche, ses courriers secrets, il faut payer leurs gages. Les dépenses croissent, les ressources s'épuisent. Où trouver de l'argent? Supplice cruel dont le téméraire et insouciant Henri de Guise dut être longtemps torturé avant de se résigner à la dernière des hontes.

C'est vers la fin de 1578 que le fils du sauveur de Metz et du conquérant de Calais commença à se mettre à la solde du roi d'Espagne. Mais il n'avait pas attendu de toucher l'argent de Philippe II pour lui donner des avis secrets, et lui faire connaître les préparatifs militaires de la France. En avril 1578, il communiqua à l'ambassadeur d'Espagne, don Juan de Vargas, les nouvelles qu'envoyait au Roi le gouverneur de Calais, et les détails de la discussion qui en était résultée dans le conseil; il lui fit savoir ensuite que le Roi était contraire aux desseins de son frère sur la Flandre, que les Anglais voulaient s'emparer de Gravelines; enfin, il promit,

« s'il apprenoit quelque autre chose, de prévenir l'ambassadeur [1] ». Ces avis à l'ennemi furent continuels. A cette époque, du moins, le duc de Guise suivait les projets, concertés avec don Juan d'Autriche, d'un vaste coup de main sur toute l'Europe du Nord. Il pouvait supposer que ses desseins étaient plus utiles à la France que ceux du frère de Henri III, et que s'il informait Philippe II, c'était pour seconder son propre allié, don Juan d'Autriche. Bientôt il entre dans une voie qui ne comporte plus ces prétextes illusoires : d'infâmes quittances de secours en argent se trouvent mêlées dans cette correspondance avec l'Espagne : « Nous, Henry de Lorrayne, duc de Guyse, pair et Grand Maistre de France, confessons tant pour nous qu'au nom et de la part de tous ceux qui se trouvent compris en nostre commune ligue, avoir receu de Sa Majesté Catholique, par les mains de Gabriel de Allegria son commissaire, la somme de cinquante mille escus pistolets d'or [2]. » Les secours deviennent une subvention régulière dont les quartiers sont réclamés par le duc de Guise avec des instances suppliantes, lorsque le payement en est retardé. Henri de Guise tombe à la condition d'agent secret de Philippe II : s'il reçoit un salaire, c'est parce qu'on le juge « capable de procurer un jour des avantages plus considérables que ce qu'on lui donneroit en beaucoup d'années [3] ». Sa pension est fixée à deux cent

[1] Toute la série de ces lettres est conservée aux Archives nationales, dossiers des papiers dits de Simancas. Voir pour ces premières lettres : SIMANCAS, B. 44, pièces 26, 40, 61 ; B. 45, pièce 112 ; B. 46, pièce 114.

[2] Ms. Simancas, B. 66, pièce 40. Voir aussi la pièce 39, qui est un reçu de trois cent mille écus « pistolets » donné à Jehan della Concha, commissaire de Philippe II, etc., etc.

[3] Ms. Simancas, B. 51, pièce 226.

mille livres [1]. Philippe II, si besogneux qu'il fût après tant de banqueroutes et tant d'années d'une politique qui ruinait ses sujets, trouvait encore des fonds pour nous enlever le personnage le plus considérable de France. Dans ce trafic, tous les avantages étaient pour lui : il était payé en correspondance.

Henri de Guise avait, comme son père, la manie d'écrire : mais c'étaient des ordres à ses soldats qu'écrivait le père; à l'heure où les capitaines dormaient, M. de Guise le Grand assurait les approvisionnements, préparait le mouvement de ses troupes, réclamait des renforts et des vivres. Le fils, au contraire, perdait son temps dans les détails infinis d'une correspondance avec le prince le plus paperassier de l'Europe, ou avec ses ministres. Nos archives sont encombrées de ces malheureuses lettres, d'un style pesant, obséquieux : elles dénotent autant le mendiant que le conspirateur.

Il ne faut pas songer à atténuer la gravité de cet acte, sous le prétexte que les idées de patriotisme n'avaient pas la même portée qu'aujourd'hui, ou que les seigneurs s'imaginaient posséder des droits latents de souveraineté qui leur permettaient de choisir un suzerain à leur gré, comme un roi accueille des alliés. En réalité, l'amour du pays était aussi développé dans la noblesse qui s'enfermait dans Metz avec le duc de Guise, ou dans Saint-Quentin avec Coligny, que dans les hommes de la vieille garde qui tombaient à Waterloo. Si l'on remarque que le connétable de Bourbon était passé au service de Charles-Quint, ou que le grand Condé commanda plus tard des armées espagnoles, il ne s'ensuit pas que eux

[1] Bouillé, d'après une vie manuscrite; voir aussi Vély, *Histoire de France*, t. XXXIV, p. 271.

ou Henri de Guise aient pu supposer que leur naissance leur donnait un droit à la trahison. Conclure ou qu'un sentiment n'existe pas à une époque, ou que certains personnages s'en croient affranchis, parce qu'on cite des exemples d'hommes fameux qui l'ont méprisé, ce serait justifier toutes les mauvaises actions. Si les chefs huguenots livrèrent Dieppe et le Havre durant la première guerre civile, François de Guise enseigna à son fils ce qu'est le patriotisme, quand il offrit à ses ennemis de leur abandonner tout ce qu'ils souhaitaient, pourvu qu'on lui laissât reprendre les villes françaises. Ce qui est grave dans la subordination de Henri de Guise aux ordres de l'Espagne, ce n'est pas de demander des secours à l'étranger : le roi d'Espagne n'était pas seulement l'étranger, il était l'ennemi. Il voulait non plus, comme son père, prendre quelques-unes de nos provinces, mais s'emparer de la France entière.

Outre la déviation morale, Henri de Guise s'abandonnait à une erreur politique : il supposait la force où elle n'était pas. Lié à Philippe II, il devenait la victime nécessaire de sa lenteur de décision, de son apathie maladive et de sa détresse financière. Mais il s'imagina qu'il pourrait agir seul et pour son compte avec le secours des doublons espagnols : il se hâta de réunir seize cents gentilshommes et de faire une entrée à Paris par la rue Saint-Denis, en demandant que la guerre fût immédiatement reprise contre les huguenots [1]. Henri III, intimidé par ce déploiement de forces et ces clameurs, crut retrouver sa popularité en abandonnant définitivement les insurgés des Pays-Bas, et en révo-

[1] Le 16 mars 1579.

quant les concessions si récemment renouvelées en faveur des protestants.

La nouvelle prise d'armes, qui était déterminée par ce manque de foi du souverain, laisse une impression de découragement et de tristesse : on se lasse de ces horreurs. La guerre dégénère en brigandage : ses épisodes n'offrent, au lieu d'actions d'éclat, qu'une ennuyeuse monotonie de massacres et de misères. La France épuisée succombe, semble incapable de supporter de nouvelle ruines. Les soldats n'étaient plus ces hommes inspirés par la foi religieuse des premières guerres civiles : les plus fanatiques des chefs huguenots acceptaient le concours de gens qui ne valaient pas mieux que ceux des bandes de François de Valois. A Montaigu en Poitou [1], les gentilshommes réformés qui s'étaient rendus maîtres de la place voulurent recruter des soldats pour y tenir garnison, en prétendant leur interdire le pillage des villages voisins : ils ne trouvèrent pas trente hommes. Inquiets pour leur sûreté, ils autorisèrent les courses sur le paysan, et ils se virent en quelques jours à la tête de quatorze cents soldats.

Il y avait déjà plusieurs années que les villages étaient détruits par ces guerres ; Charles IX s'était plaint que son « povre peuple ne cesse d'estre opprimé et affligé aultant que jamais par plusieurs compaignies de gens d'armes et aulcuns soldats et gens de guerre à pied, qui tiennent les champs, vont rôdant le pays et font des maulx et extorsions innombrables [2] ». La cruauté s'augmenta à mesure que les villageois ruinés furent

[1] D'AUBIGNÉ, *Histoires*, p. 991.
[2] *Lettres missives* de HENRI IV, t. I, p. 56.

moins en état de satisfaire la cupidité des gens de guerre. Les bestiaux d'une région étaient emmenés jusqu'à la dernière tête [1]; les soldats faisaient chauffer les petits enfants, frappaient les mères ou les traînaient par une corde sur les chemins [2]. « Je sçay, dit celui qu'on montre comme le type de ces soldats [3], des inventions pour les faire venir à raison : je leur donne le frontal de corde liée en cordelière, je les pends par les aisselles, je leur chauffe les pieds d'une pelle rouge, je les mets aux fers et aux ceps; je les enferme en un four, en un coffre percé plein d'eau, je les pends en chapon rosti; je les fouette d'estrivières, je les sale, je les fais jeusner, je les attache estendus dedans un van; bref j'ay mille gentils moïens pour tirer la quinte essence de leurs bourses et avoir leur substance. » Les généraux, les hommes les plus graves et les plus respectés trouvent honorable de s'enrichir par le pillage. Sully, dans sa vieillesse, prend plaisir à se faire rappeler par ses secrétaires ces tristes exploits des jeunes années : dans le sac de Villefranche, « vous gaignastes quelques mille escus en or par le plus grand hasard qu'il est possible, car un vieillard estant poursuivy par cinq ou six soldats, passant devant vous », donna sa bourse « qu'il aimoit mieux que vous eussiez qu'un autre [4] ». Plus tard, « vous gaignastes, par le plus grand bonheur du monde, une petite bouëte de fer, et l'ayant ouverte, trouvastes quatre mille escus en or dedans [5] ». Quand on enleva les bagages du duc de Mercœur, « il s'y fit un grand

[1] Claude HATON, *Mémoires*, p. 803-812.
[2] *Id.*, *ibid.*, p. 997.
[3] *Satire Ménippée*, harangue du sire de Rieux.
[4] SULLY, p. 22.
[5] *Id.*, p. 30.

butin où vous gaignastes environ deux mille escus tant en argent, chevaux, que meuble et vaisselle[1] ». Un jour, il faillit être désappointé et ne rien trouver à gagner dans un bateau dont il s'était emparé, sur la Seine; il menaçait le capitaine d'employer les grands moyens pour faire livrer son argent, lorsqu'il remarqua « que ses chausses s'entre ouvrirent par le derrière, d'où il sortit une traisnée d'escus au soleil qui s'espandoient sur le plancher de la chambre[2] ».

Les voisins se joignaient quelquefois aux assaillants pour emporter ce qui pouvait se trouver de bon dans les villes prises. Au sac de Saint-Émilion[3], « on s'employa au pillage, où les gens de guerre et surtout les voisins du lieu s'employèrent comme braves Gascons ». Les villes se dépeuplaient, « tant à cause des guerres que des principaux bourgeois qui ont été contraints par nos édits contre ceulx de la religion prétendue réformée de sortir de ladite ville, de sorte que ladite ville se trouve maintenant diminuée et n'a pas d'apparence de se pouvoir remettre dessus[4] ». Annonay avait été pillée cinq fois en six ans, et l'un de ces sacs avait duré cinq jours[5]; plusieurs bourgeois avaient été emmenés par le chef des assaillants, qui était « curieux de sçavoir combien de temps pouvoit vivre un homme sans nourriture...; l'un d'eux vécut jusqu'au neuviesme jour ».

[1] SULLY, p. 61.
[2] *Id.*, p. 88.
[3] *Id.*, p. 35.
[4] Ms., Charte inédite de Charles de Lorraine remettant les impôts, avec signature et sceau, copiée aux Archives de la commune de Fontenoy (Vosges).
[5] Achille GAMON, *Mémoires*, édit. Didier, p. 618.

Cette expérience n'était pas indispensable pour observer les effets de la faim. Comme les champs étaient laissés sans culture, des provinces entières se trouvèrent sans moyens de subsistance, « les gens de la campagne furent obligés de se nourrir de glands de chênes, de racines sauvages, de fougère, du marc et des pépins des raisins séchés au four, qu'ils faisoient moudre pour en faire du pain, aussi bien que l'écorce des pins et autres arbres, de coquilles de noix et amandes, de vieux tuiles et briques, mêlés avec quelques poignées de farine d'orge, d'avoine et du son [1] ». Quand les émigrants, chassés par la famine, arrivaient dans un pays dont les habitants avaient eu le courage d'ensemencer leurs terres, on les voyait [2] « par troupes, couper des épis à demy murs, qu'ils mangeoient sur le champ ». Dans les grandes villes, accouraient des mendiants « descharnés de faim et de pauvreté [3]... qui restoient en chemise en plein hiver [4] ». On pouvait craindre « qu'ils ne prinssent les aultres à la gorge ou missent le feu à leurs maisons [5] » ; aussi les bourgeois de Troyes voulurent expulser les étrangers qui s'entassaient dans leurs murs [6], et leur firent distribuer à « chascun un pain et une pièce d'argent », hors des remparts, puis ils fermèrent les portes de la ville et leur interdirent de rentrer. Ces bannis « en plorant regardèrent quel chemin ils prendroient pour trouver leur vie, regardoient leur pain de la dernière donnée, souhaitoient leur mort ».

[1] Achille GAMON, *Mémoires*, p. 622.
[2] L'ESTOILE, t. I, p. 319.
[3] MONTAIGNE, *Essais*, t. I, chap. XXX.
[4] *Id., ibid.*, chap. XXXV.
[5] *Id., ibid.*, chap. XXX.
[6] Claude HATON, p. 729.

Provins n'eut pas la même dureté[1] : « la ville et le pays de Provins furent en ung moment si pleins de pauvres, qu'il n'estoit possible de dire plus, gens qui avoient habandonné leur pays pour chercher leur vie. Le pis estoit qu'on ne povoit guère donner de pain à ung chascun, et n'en bailloit-on à six que aultant que on en souloit donner à ung par le bon temps. Après qu'ils eurent mangé les herbes des jardins, ils allèrent chercher celle des champs. Ils remplirent la ville de Provins de poux si perfectement, que les habitans n'eussent osé s'asseoir sur les sièges des estaux et autres qui estoient par les rues, pour la multitude de la vermine de poux que lesdits pauvres y laissoient quand ils s'y estoient assis; et n'estoit besoin de s'arrêter longtemps en une place par les rues, qui se vouloit exempter d'avoir des poux. La grange du prieuré de Saint-Ayoul, dans laquelle se retiroient de nuict grand nombre desdits pauvres, fut si remplie de poux et de puces, que un personnage qui y eust été arresté aultant que dure à dire l'*Ave, Maria,* en eust été tout couvert par les jambes en ses habillements ».

Sur une population ainsi affaiblie, insouciante, déconfortée, la moindre épidémie devait faire des ravages rapides. Depuis quelques années, plusieurs cas de peste avaient été remarqués sur divers points du pays[2]; en 1579, le fléau devint général. Les malades, « par la crainte de se communiquer la contagion, mouroient sans secours[3] ». A Paris, succombèrent trente mille malades au commencement de l'année 1580 : toute

[1] Claude HATON, p. 727.
[2] Voir chapitre XII.
[3] Achille GAMON, *Mémoires*, p. 622.

personne atteinte était reléguée à Grenelle, « lieu champestre vers Vaugirard [1] ». Le gentilhomme qui revenait de l'armée trouvait sa femme enfermée dans son château, le pont-levis dressé : Sully put pénétrer près de sa femme, et ils demeurèrent « environ un mois tous seuls sans estre visités de créature vivante, tant chascun fuyoit » cette maison « comme pestiférée [2] ». Les pestiférés n'étaient pas enterrés, mais poussés dans des charniers dont les exhalaisons répandaient la mort [3]. L'épidémie dura quinze ans : elle atteignit même des filles d'honneur, « dont l'une, nommée Montmorin, en mourut [4] ». Une procession à la Vierge miraculeuse de Pontoise, faite au printemps de 1580 pour obtenir la fin du fléau, ne servit qu'à répandre la contagion.

Au milieu de cette terreur, quand les courages étaient accablés par tant de malheurs, quand les esprits ne savaient de quel côté chercher un peu d'espérance et les chances d'un temps meilleur, arrivait à la Cour une nouvelle étrange qui transformait complètement la situation politique. Un homme de guerre venait de se révéler subitement, par un coup d'éclat qui le montrait à la fois audacieux, prévoyant, opiniâtre et capable d'unir aux savantes conceptions des grands capitaines la vaillance fougueuse qui entraîne et rallie le soldat : Henri de Navarre entrait en scène. Dès cet instant, il rejetait pour toujours Henri de Guise

[1] L'Estoile, t. I, p. 125.

[2] Sully, p. 57. C'était en 1586.

[3] D'Aubigné, *les Aventures du baron de Feneste*, édit. Mérimée, p. 95 : « A un demi-clair de lune, je m'abise que j'estois dans lou charnier des pestiférez. »

[4] L'Estoile, t. I, p. 178.

au second plan : il rouvrait l'avenir aux Français.

Il venait d'enlever, en quatre jours de combat, l'une des villes les mieux fortifiées de France, presque entourée par une rivière, défendue par un gouverneur brave et expérimenté, avec une garnison nombreuse et solide.

La ville de Cahors avait été désignée comme la dot de Marguerite de Valois, mais n'avait jamais été remise entre les mains de son mari. Ce prince rieur, méprisé des catholiques, suspect aux huguenots, comprit que le fracas pouvait seul lui créer un parti. Près de succomber dans l'isolement et dans l'oubli, il résolut de se signaler à tous les regards, ou de se précipiter en une seule chute. Prendre Cahors sans armée de siège contre les quinze cents hommes de Vesins [1], son gouverneur, était une entreprise hardie. Henri de Navarre « arriva environ minuict à un grand quart de lieue de Cahors, dans un grand vallon fort plein de pierrotages, sous plusieurs touffes de noyers, où il se trouva une source qui fut un fort grand secours, car il faisait grand chaud, le temps esclatant de toutes parts de plusieurs grondemens de tonnerre qui ne furent pas néanmoins suivis de grandes pluyes [2] » ; il prit ses dispositions pour l'attaque. Il voulait pénétrer dans la ville en franchissant un pont défendu à ses extrémités par deux tours, dont les ruines existent encore. Au premier rang s'avançaient les pétardiers, qui devaient faire sauter les portes et traverser les tours en courant : ils étaient protégés par six soldats déterminés ; à trente

[1] Celui qui avait fait preuve de tant de générosité à la Saint-Barthélemy en sauvant son ennemi.

[2] SULLY.

pas en arrière marchaient Salignac, Saint-Martin et dix-huit hommes [1], puis, à une courte distance, quarante gentilshommes avec Roquelaure, et successivement, pour empêcher l'encombrement sur l'étroite ouverture, quatre groupes de cinquante hommes et six groupes de deux cents [2].

Le premier pétard fit le trou plus bas que les ferrements de la porte; il fallut rompre les bandes à coups de hache, pénétrer un à un par la fente, traverser le pont au pas de course. Le pétardier Jean Robert arriva le premier à la porte de la seconde tour et la fit sauter sans difficulté [3]; mais la ville s'était déjà éveillée, « les cloches faisoient un merveilleux bruit, sonnant l'alarme de toutes parts, les voix un autre, criant : Tue! tue [4]! » Le combat s'engagea dans les rues pendant que l'orage mêlait les grondements du tonnerre au pétillement des arquebusades. Le baron de Vesins fut blessé un des premiers; mais Henri de Navarre vit ses principaux capitaines renversés à ses côtés. Il se jeta au plus fort de la mêlée, et rompit deux hallebardes en frappant l'ennemi de ses mains; son armure fut criblée de balles. Les bourgeois s'étaient joints à la garnison et avaient rejeté cinq cents huguenots hors des murs. Accablés par la chaleur de l'orage, par le sommeil, par la soif, les assaillants commençaient à perdre tout espoir et demandaient à Henri de Navarre de renoncer à cette téméraire attaque. Mais lui, déterminé à ne pas reculer, sûr d'être perdu sans retour s'il abandonnait

[1] D'Aubigné.
[2] Sully.
[3] D'Aubigné.
[4] Sully.

sa ville, leur cria : « Or sus, mes amys, mes compagnons, que chascun me suyve et fasse comme moy, sans tirer le pistolet qu'il ne touche! » pendant que les soldats de la garnison disaient : « Tirez à ceste jupe d'escarlate, à ce pennache blanc, car c'est le roy de Navarre. » En ce moment apparut le renfort qu'il avait préparé; Chouppes [1] survint avec un millier d'hommes, après une marche de quatorze lieues, rallia les fuyards, pénétra jusqu'à l'hôtel de ville, prit quatre canons. Les défenseurs de Cahors se retranchèrent dans le collège des jésuites et y firent une défense désespérée, tandis que les huguenots se dispersaient pour piller les maisons. Henri, « présent à tout, appeloit et nommoit chacun par son nom [2] », et cherchait à ramener ses soldats près de l'attaque du collège, les faisant pousser à coups de hallebarde.

Le second jour, ceux qui continuaient le combat contre les défenseurs du collège furent assaillis de toutes les rues environnantes et cernés par des barricades. Le matin du troisième, les huguenots n'étaient plus qu'à dix pas des murs des jésuites, quand on leur signala, au soleil levant, une troupe de quatre cents catholiques qui apparaissaient au loin dans la campagne. Chouppes ne put réunir, pour faire une sortie contre eux, que vingt gentilshommes et cent arquebusiers : il fit un détour à travers champs et chargea en queue les nouveaux venus, au moment où ils pénétraient dans la ville. Il les mit en déroute. Pendant ce temps, Henri, acharné sur le collège, sans dormir, sans manger,

[1] L'un de ceux qui avaient échappé au massacre de la Saint-Barthélemy en quittant à temps le faubourg Saint-Germain.

[2] D'AUBIGNÉ.

ramenait ses hommes à l'attaque, faisait taire ceux qui parlaient de retraite, se barricadait contre les assaillants des rues. Il s'empara, le quatrième jour seulement, de l'établissement des jésuites, dont les défenseurs « estoient si abbatuz qu'ils ne pouvoient plus desmarcher. Le Roi avoit ses pieds tous fendus et saignans [1]. » Il fallut encore enlever quatorze barricades, mais Henri de Navarre venait de gagner son surnom de « Roi des braves » que lui donnera plus tard le vaillant Givry.

Ce coup du 29 mai 1580 frappa les imaginations [2]. Les huguenots reconnurent leur maître, et devinrent dociles. Ce prince, qui prenait si gaillardement possession de la dot de sa femme en pétardant une ville, n'était pas d'humeur à s'endormir dans des campagnes insignifiantes comme celles des années précédentes. Les ligueurs le comprirent, et ne firent pas d'objection à la paix que Henri III se hâta de signer, dès le mois de novembre suivant, à Fleix, avec Henri de Navarre. Ils se décidèrent à ne plus s'épuiser dans des guerres indécises contre les huguenots, et, sans tant compliquer la situation, à attaquer Henri III lui-même.

[1] D'Aubigné.

[2] Davila : « In questa impressa diede grandissima meraviglia a ciascuno l'animo intrepido del re di Navarra : che havendo nell' altre sue operazioni dato saggio di grande vivacità, in questa con molto spavento de nemici e grand' ammirazione de suoi, si fece conoscere per cosi bravo et feroce combattitore. » Davila donne l'opinion des étrangers ; c'est, de tous les vieux historiens, celui qui a le plus cherché l'art ; il est supérieur non-seulement à tous nos historiographes du seizième et du dix-septième siècle, mais même à Guicciardini. C'était l'opinion de Macaulay, qui dit, dans une de ses lettres (t. II, p. 238) : « Davila's battle of Ivry is worthy of Thucydides himself. »

## CHAPITRE XXIV

### PREMIÈRE RÉVOLTE DU DUC DE GUISE.

### 1581-1586.

Une démarche imprudente d'un des partisans des Guises révéla à Henri III l'imminence du danger : Rosières, archidiacre de Toul, publia un livre pour répandre la légende qui rattachait Henri de Guise à Charlemagne, et prouver la nécessité de revenir à la vieille dynastie. De pesantes dissertations sur la généalogie ne pouvaient avoir beaucoup d'influence sur les esprits, mais elles montraient les prétentions toujours éveillées, le plan suivi avec persévérance, et la faute commise par le Roi en s'enfermant dans la Ligue, au cœur de la puissance de son rival.

Henri III sembla sortir de son apathie et comprendre que l'autorité royale s'agitait dans l'isolement, entre deux partis irréconciliables. Il remarqua qu'il ne pouvait trouver un point d'appui pour le gouvernement ni chez les ligueurs, ni chez les huguenots : on ne gouverne pas avec des factions; les opinions extrêmes ne savent qu'exiger représailles, persécutions, oubli de l'intérêt de la nation pour les avantages du parti. A cette époque, pour constituer l'opinion modérée, les éléments ne manquaient pas : le Roi pouvait avoir près de lui les trois Montmorencys ; il avait des hommes de guerre comme Crillon, Sancy, Givry, ou des hommes de tête comme Montaigne, Pasquier, Pibrac, Pithou. Il craignit de ne trouver dans ces politiques ni assez de docilité, ni assez de ressources : il les jugea trop engagés avec les huguenots, et supposa qu'il serait entraîné par eux jusqu'à servir les intérêts de la Réforme.

Mais au lieu de s'obstiner dans son alliance maladroite avec les ligueurs, il imagina une ressource ingénieuse. Pour mieux restaurer la suprématie légale du trône, il voulut l'environner d'une aristocratie puissante qu'il élèverait de ses mains, à l'aide des éléments militaires et féodaux de l'époque. Étaient-ils encore assez forts pour constituer à nouveau l'ossature de la nation? La noblesse française n'a jamais essayé de s'organiser en aristocratie. Elle se composait de gens braves, spirituels, amis des arts, non adonnés à l'ivrognerie ni à des vices grossiers, prêts à tous les dévouements et à toutes les générosités, mais qui, à toutes les époques de notre histoire, ont préféré des privilèges à des droits, ont ignoré ce qu'est l'esprit de corps, ont eu de l'envie contre les familles dominantes.

Comme, en même temps, les vieilles races s'épuisaient par les guerres, et que la noblesse était recrutée incessamment par des soldats de fortune, tels que Paulin, baron de la Garde, ou des financiers, tels que Adjaceti, comte Chateauvillain [1] ; comme les armoiries

[1] On a vu au chapitre XIV que le service militaire dans une compagnie d'hommes d'armes a conféré la noblesse jusqu'au règne de Henri IV. De tout temps l'argent a suffi quand il a été employé à l'achat d'un fief noble, malgré l'édit de 1579. C'est ainsi que, sous Louis XV, le traitant Crozat devint marquis du Châtel ; le juif Samuel Bernard,

mêmes n'avaient « de sûreté non plus que les surnoms, quelque chétif acheteur en fera ses premières armes, il n'est chose où il se rencontre plus de mutation et de confusion[1] », la France a été privée de ce corps de noblesse, conduit par quelques familles dont les membres se sentent nés et se font instruire pour partager le pouvoir, familles qui entrent dans l'histoire du pays d'une façon si intime qu'elles constituent cette histoire même. Notre noblesse n'a jamais défendu, jamais compris une politique nationale quand elle s'est mise en lutte contre la monarchie : qu'elle se soit coalisée contre Louis XI sous le nom trompeur de *Ligue du bien public*, ou contre Louis XIII sous des prétextes de scrupules religieux, elle n'a jamais cherché que des pensions, des avantages privés, quelquefois des alliances étrangères. Elle n'a écouté ni le duc de Saint-Simon, qui espérait arriver encore assez tôt pour la former en aristocratie, ni, à la dernière heure, Mirabeau écrivant au Roi ces mots qui semblent la devise de l'aristocratie anglaise : « Je serai ce que j'ai été toujours, défenseur du pouvoir monarchique réglé par les lois, apôtre de la liberté garantie par le pouvoir monarchique[2]. »

La noblesse anglaise, au contraire, se constitua de bonne heure en aristocratie, c'est-à-dire en une fédération de familles dirigeantes qui savaient défendre et modérer les libertés de la nation; elle fut hardie contre les abus de la royauté, elle fournit des hommes comme

marquis de Boulainvilliers; le financier Abraham Peirenc, seigneur de Moras; le fils du chirurgien Maréchal, marquis de Bièvre, et le fils de muletier Paris Montmartel, marquis de Brunoi.

[1] Montaigne, *Essais*, chap. XLVI.

[2] Lettre au Roi du 15 décembre 1790.

Derby, Vane, Hampden, et ensuite Russel, Talbot, Halifax; elle parla du droit et de la loi à l'heure où, chez nous, on ne songeait qu'aux privilèges et aux intérêts; elle eut la force que donnent les richesses, la terre, les pouvoirs politiques, les services héréditaires, l'affection du peuple, l'application à ses devoirs, les lumières. Au lieu de s'attarder avec frivolité dans ses privilèges féodaux, elle s'est placée entre les prétentions envahissantes des monarques et les convoitises exaltées des chefs populaires, masse inébranlable devant laquelle s'écrasèrent aussi bien Henri VIII que Cromwel. Cette aristocratie, disciplinée par une vingtaine de familles, a écarté l'étranger, maintenu la dynastie qu'elle avait choisie, assuré la prospérité et la gloire de l'Angleterre. La noblesse flamande a su de même combattre pour les droits de la nation; Bruxelles a des monuments aussi bien pour les comtes d'Egmont et de Horn que pour les plus récents défenseurs de sa liberté, comme le comte de Mérode.

Rien de tel chez nous. La France, disait Talleyrand, est sans os. Nous restons comme une pâte que chaque brutalité presse dans un moule jusqu'au jour où, le moule brisé, tout s'effondre.

Que Henri III ait eu l'idée bien nette d'une aristocratie nationale et de la force qu'elle donnerait à la France, on n'oserait l'affirmer : cependant, il avait pu comparer la noblesse polonaise à l'aristocratie vénitienne, et voir les avantages du corps politique sur les rivalités des privilégiés. Ce qui est certain, c'est qu'on le voit distribuer les titres de ducs, avec tous les avantages attachés par les usages du royaume à cette haute dignité, comme s'il avait voulu noyer le duc de Guise au milieu d'une aristocratie d'égaux, et attirer autour du trône tout ce qui restait d'hommes considérables en France. Bien plus, il choisit comme les guides et les inspirateurs de ces nouveaux ducs deux hommes dévoués qu'il combla d'honneurs, de richesses, de pouvoir, les ducs de Joyeuse et d'Épernon. Après l'érection des duchés-pairies de Joyeuse et d'Épernon en 1581, il créa successivement, dans la même année, les duchés-pairies de Piney-Luxembourg, Elbeuf, Retz, et, dans les années suivantes, ceux d'Halluin, de Montbazon, de Rohan, de Soubise, de Ventadour.

Une telle organisation des ressources de la noblesse aurait été facile sous François Ier, qui semble en avoir eu le premier l'idée, mais nos guerres avaient détruit les hommes les plus importants. De tous ceux dont Henri III a fait l'élévation, un seul a été à la hauteur de sa tâche, et c'est encore la Gascogne qui l'a fourni. Nogaret de la Valette, duc d'Épernon, descendant du chevalier qui avait souffleté le pape Boniface VIII au nom du roi de France, était le digne successeur de Montluc comme général d'infanterie. Prompt dans ses décisions et étranger aux factions, d'Épernon était un allié précieux dans une époque où de rapides coups de main et des déterminations nettes étaient la condition du salut. Il fut créé colonel général de l'infanterie et eut ainsi la nomination de tous les grades, avec le droit de licencier les enseignes, d'autoriser les levées, de distribuer la solde. A l'occasion de son mariage, il reçut du Roi un don de quatre cent mille livres, et fut signalé au peuple comme un des principaux personnages du royaume par des fêtes tellement somptueuses et prolongées que les contemporains ont été scandalisés de ces prodigalités au milieu de la détresse publique[1].

Mais ces dépenses étaient insignifiantes en comparaison de celles qui avaient marqué l'avènement de l'autre favori. Le duc de Joyeuse fut destiné à devenir un héros catholique en rivalité avec le duc de Guise. Il fut maréchal de France, reçut la préséance sur tous les ducs, excepté ceux de Guise, Nemours et Nevers, qui se vantaient d'appartenir à des maisons souveraines[2]; enfin, il épousa Marguerite de Vaudémont, sœur de la Reine. Les fêtes de ce mariage coûtèrent douze cent mille écus[3]; les prodigalités furent telles que le Roi fut soupçonné d'être devenu fou. On raconta que le médecin Miron avait fait confidence de ses craintes à la Reine mère[4].

Henri III dépassait le but. En accablant de tant de pouvoirs et d'honneurs des hommes jeunes qui ne s'étaient signalés par aucune action d'éclat, il excitait leur vanité et attirait sur eux l'envie. Ils se firent nommer « les ducs », devinrent insolents et amassèrent tous deux sur leurs têtes autant de haines que tous les mignons réunis. Les gens de guerre se plaignaient[5] que « les princes, vieux seigneurs et capitaines sont reculés de la Cour, du moins du cabinet du Roy, l'entrée duquel n'est que pour les sieurs

[1] Le fils du duc d'Épernon épousa Gabrielle, fille de Henri IV et de la marquise de Verneuil, qui était fille elle-même de Marie Touchet, la favorite de Charles IX. Ce second duc mourut en 1661. Le titre passa à la maison de Montespan et fut éteint en 1727; le roi Louis XV le donna à la maison de Noailles.

[2] Lorraine, Savoie, Mantoue.

[3] Martha FREER, t. II, p. 286.

[4] NEVERS, *Mémoires*, t. I, p. 163.

[5] Guillaume DE SAULX-TAVANNES, *Mémoires*, p. 469.

d'Espernon et de Joyeuse, qu'on a eslevés jusqu'à les faire ducs et pairs, jeunes gentilshommes qui, par leur bas âge, ne pouvoient avoir acquis grand mérite comme les vieux seigneurs ». Il eût fallu les astreindre à réorganiser les forces militaires, à reviser les actes des financiers; mais au lieu de rendre des services qui leur auraient procuré de la force, ils reçurent des honneurs de cour. Au moins, ils avaient assez de pouvoir pour attirer vers eux quelques-uns des partisans du duc de Guise et pour affecter un ton de rivalité qui faisait dire d'eux : « Les ducs sont jaloux [1]. » Ils recevaient avec dédain au Louvre ceux qui sortaient de l'hôtel de Guise.

Mais au bout de peu de temps, Joyeuse cessa ce simulacre d'opposition aux Guises. Il se laissa entraîner par sa femme dans une sorte de familiarité avec la maison de Lorraine. La jeune Reine, qui avait attiré son frère à la Cour et l'avait fait créer duc de Mercœur, entretenait autour du Roi la petite coterie des Vaudémont, dont l'esprit ne pouvait être que lorrain, et servait innocemment les intérêts du duc de Guise. Catherine de Médici elle-même se laissait entraîner à ce courant, et, « dépossédée du gouvernement par les mignons, s'excusoit que, voyant son fils sans enfant, elle désiroit jetter la couronne au marquis de Pont, fils de sa fille [2] ». Ainsi Henri III était enlacé peu à peu dans les liens de l'influence lorraine, à l'heure même où il essayait d'étayer la monarchie sur les forces d'une aristocratie. En même temps, le duc de Guise reculait toujours devant une révolte ouverte

[1] Ms. Dupuy, 217, f° 19, lettre de Marguerite de Valois.
[2] TAVANNES.

contre le roi de France, et, pour échapper à cette nécessité, il suivait avec ardeur ses plans sur l'Angleterre et agitait l'Europe entière.

Dès le mois d'avril 1578, il avait été en mesure d'exécuter les vastes projets qu'il avait médités avec don Juan d'Autriche; il avait réuni une armée de dix mille hommes, qu'il pouvait conduire et embarquer à Calais en quelques heures; don Juan s'était tenu prêt à prendre la mer à Gravelines avec dix mille Allemands; ces deux armées devaient en trois jours aborder à Leith, délivrer Marie Stuart, révolutionner l'Angleterre et restaurer la foi catholique. On n'attendait plus que l'autorisation du roi d'Espagne. Un mot de Philippe II va transformer le Nord[1]. Guise et l'ambassadeur Vargas insistent, deviennent pressants, impatients. Le roi paperassier, entouré de ses secrétaires, écrit, compulse, prend des notes, laisse écouler l'été; il veut réfléchir. Après plus de six mois, il répond encore : « Comme c'est chose de tant de poids et de conséquence, il convient de cheminer avec un pied de plomb[2]. » L'un des chefs des catholiques anglais, l'archevêque de Glascow, ose lui écrire dans son dépit : « Je vais vous déclarer la simple vérité : vous êtes si long à vous résoudre et vous appliquez vos remèdes si lentement, que je ne sais que vous dire[3] ! »

C'était peut-être à dessein que Philippe II refusait

[1] Froude, t. XI, p. 120 et suiv.; Teulet, vol. V : don Juan de Vargas à Philippe II, 13 avril 1578.

[2] « Y como es de tanto momento y consequencia, conviene caminar en él con el pié de plomo. »

[3] « I will tell you the plain truth, you are so long in resolving and you apply your remedies so slowly, that I know not what to say to you. »

de s'engager à la suite des deux jeunes capitaines. Quand il avait fait assassiner Escobedo, le secrétaire de don Juan d'Autriche, il avait dû apprendre, par les papiers saisis, que les jeunes conquérants ne se préoccupaient pas uniquement des avantages de sa couronne. Pendant la durée de ces soupçonneuses hésitations, don Juan d'Autriche mourut subitement, peut-être empoisonné. Ses papiers, son cadavre même disparurent. Le duc de Guise, laissé seul protecteur des droits de Marie Stuart, fut contraint de se borner à soutenir le parti du roi d'Espagne dans les Pays-Bas; il comprit que l'Écosse et l'Angleterre ne pourraient être réduites si les Pays-Bas appartenaient à un prince français.

Ainsi, l'expédition de François de Valois, avec les faibles moyens dont elle était pourvue, tenait en échec à la fois le duc de Guise et Philippe II. Mais Henri III ne sut pas secourir son frère, qui luttait seul contre toutes les forces de l'Espagne avec ses bandes indisciplinées, et qui finit par être odieux aux Flamands eux-mêmes, par les excès de ses soldats. Il fut atteint subitement d'une maladie inconnue, et succomba en quelques semaines âgé de moins de trente ans, comme don Juan [1].

Les comtemporains ne mirent pas en doute que ces deux princes eussent été détruits lentement par un poison secret. Les soupçons d'empoisonnement étaient accueillis avec avidité; de 1473 à 1591, on publia, en Italie seulement, dix traités complets sur la science des poisons. La légende était plus riche encore; on racontait

[1] Juin 1583.

des merveilles de la *cantarella* des Borgia; de la précieuse *aqua tofana* qui n'avait ni odeur ni goût : une goutte par semaine tuait en deux ans; de la clef du prince Savelli, dont la poignée était ornée d'une petite pointe, imbue de poison : les doigts serraient la clef dans la serrure, étaient légèrement écorchés, la mort le lendemain; des bagues munies de fines griffes en acier dont le poison donnait la mort quand on pressait une main ou un bras nu. En Italie, une famille avait son poison; le secret était la dot de la fille [1].

Le principal secret paraît avoir été le talent d'éveiller la crédulité populaire. Les Borgia ne demandaient pas tant de mystère : ils ne se donnaient pas plus de gêne que Néron avec Britannicus; c'était dans un festin, devant tous les convives, par un poison foudroyant, que le père tuait les cardinaux dont il voulait revendre les chapeaux; peut-être cherchait-il même, comme l'empereur romain, la volupté de regarder la pitié, la bassesse et la terreur sur les visages des convives pendant les rapides convulsions de la victime. Philippe II ne cherchait pas davantage à cacher ses moyens d'action; il ne désavoua jamais les nombreux assassins qu'il avait continuellement à ses gages, et écrivit de sa main, avec une minutieuse prévoyance des plus simples détails, les instructions pour faire étrangler le

[1] Dans des mains respectables, le poison devenait même quelquefois un procédé administratif. Quand Sixte-Quint apprit qu'une trentaine de brigands bravaient sa police dans une position inexpugnable au milieu des Apennins, il fit pousser un convoi de mules chargées de viande et de vin empoisonnés dans la vallée qu'ils infestaient. Les brigands se jetèrent sur ces vivres, périrent tous, et les villages furent délivrés. Personne, à cette époque, n'aurait contesté la moralité de cette ruse.

comte de Montigny, qu'il avait traité longtemps en favori. Il prit soin d'écrire également lui-même les ordres pour poignarder Antonio Perez, un de ses ministres. Contre la reine Élisabeth, il entretint constamment des meurtriers de tous les pays. Enfin, un mois juste après la mort de François de Valois, il fit casser la tête, par Balthazard Gérard, à son plus redoutable ennemi, le prince d'Orange, et ne cacha pas sa joie à la nouvelle du succès. Il n'a jamais avoué des entreprises contre François de Valois; le seul poison qui détruisit ce prince était le sang que sa mère lui avait transmis. Mais l'opportunité de cette mort, qui précédait de si près celle du prince d'Orange et laissait Philippe II seul maître des Flandres, fut une fortune étrange à ce déclin de la monarchie espagnole. L'appui que le duc de Guise se trouvait forcé de donner à l'Espagne, sans arrière-pensée depuis la mort de don Juan, rendait le roi d'Espagne maître absolu du continent.

En France, le duc de Guise exerçait une domination à peu près souveraine, soit par lui-même, soit par les princes de sa famille, sur la Champagne, la Bourgogne, le Lyonnais, la Bretagne, la Normandie, la Picardie; il venait de voir mourir le dernier Valois qui le séparât encore du trône. Il ne chercha pas à profiter de ces avantages pour s'affranchir de la domination de Philippe II; la dernière personne qui aurait pu lui rappeler encore les sentiments du patriotisme, la veuve et la mère des fondateurs de la maison, son aïeule Antoinette de Bourbon, venait de mourir à quatre-vingt-dix ans, le 20 janvier 1583, après le dernier de ses fils. Depuis l'époque où, presque une enfant à la suite de la fille de Louis XII, elle avait accepté la main du jeune cadet de Lorraine, sa vie avait été semée des émotions les plus poignantes, inquiétudes, joies, craintes, orgueil, qui puissent faire battre le cœur d'une femme. Tant que vécut son mari, le duc Claude, elle vit constamment grandir ses destinées; deux de ses fils furent ducs, et deux furent cardinaux ; les dépêches lui annonçaient, ou de cruelles blessures, ou des victoires, ou la mort de ses enfants. Quand ils furent tous abattus autour d'elle, les petits-enfants poursuivirent les rêves de l'aïeul ambitieux aussi loin qu'il aurait osé les étendre, et formèrent un nouveau cortège de ducs et de cardinaux. Avec raison son fils le cardinal de Lorraine lui écrivit : « Je vous dy que jamais Dieu n'honora tant mère, ne fit plus pour autre sienne créature, j'excepte toujours sa glorieuse Mère, qu'il a faict pour vous. » Sévère, froide, résignée, elle a dû ignorer les transactions de son petit-fils avec le roi d'Espagne; elle était la seule personne au monde qui eût été capable de les rompre.

Sa petite-fille, la reine d'Écosse Marie Stuart, était, au contraire, le lien qui rapprochait sans cesse le duc de Guise de Philippe II. Elle avait réussi à obtenir la promesse d'une descente en Angleterre. Dans une réunion secrète tenue à Paris chez le nonce du Pape, en juin 1583, le duc de Guise et son frère, le duc de Mayenne, conclurent une convention avec le duc Albert de Bavière; ce prince s'engageait à débarquer dans le Northumberland avec quatre mille hommes levés de ses deniers, au moment même où Mayenne descendrait en Sussex avec pareil nombre de Français [1]; enfin cinq

[1] Froude, t. XI, p. 580.

mille Allemands pouvaient s'embarquer à Dunkerque pour apparaître simultanément dans le Norfolk.

Mais les jésuites anglais prétendaient procurer la couronne d'Angleterre, non pas à Marie Stuart, mais à Philippe II. Ils objectaient, du reste avec raison, que l'esprit national des Anglais ne tolérerait pas la présence des soldats français. Le Père Allen, leur délégué, avait les pleins pouvoirs du roi d'Espagne; il demanda à être lui-même le chef de l'expédition et à prendre possession de son évêché de Durham, à la tête d'une armée de quatre mille Italiens et Espagnols[1].

Le duc de Guise, bridé par sa pension et ne voulant pas se laisser briser comme don Juan, se soumit à cette combinaison du Père Allen; mais Philippe II la trouva encore trop téméraire, hésita comme toujours au moment favorable, et demanda des explications[2]. L'ambassadeur Mendoza lui répondit de se défier des Français[3], qui n'ont habituellement, selon lui, qu'un médiocre souci de la religion, et de ne donner que des soldats espagnols au duc de Guise, dans le cas où il le laisserait partir pour l'Angleterre. Dans ces tergiversations, l'été s'écoulait, et Philippe II n'approchait pas d'une décision. Humilié de cette dépendance, ruiné par les dépenses des corps de troupes qu'il tenait prêts à partir au moindre signal, le duc de Guise disait avec désespoir à Mendoza : « Au point où j'en suis avec le Roi, je suis réduit à la guerre : j'aime mieux la faire en Angleterre qu'en France[4]. » Il avait du moins comme

[1] TEULET, t. V. Tassis à Philippe II, 24 avril, 4 mai, 14 et 24 juin
[2] *Id.*, Philippe à Tassis, 6 juin; Philippe à Mendoza, 6 juin.
[3] FROUDE, t. XI, p. 583-585.
[4] FROUDE, t. XI, p. 594, d'après Ms., arch. Espagne, Mendoza à

un dernier scrupule d'honneur, le mérite de reculer devant une guerre civile, et de s'attacher avec une obstination désespérée à cette chimère d'une descente en Angleterre pour y combattre les vieux ennemis de la France, ceux qu'avait vaincus son père. Forcé de mener une armée à la victoire contre des huguenots, il aimait mieux choisir ceux d'Angleterre que ceux dont il voulait faire ses sujets en France. Mais c'était à l'autre alternative que prétendait, au contraire, l'acculer Philippe II : il le soudoyait afin de posséder un chef de faction en France, et non un général en Angleterre; plus Guise le pressait de lui rendre l'honneur en se servant de lui hors de son pays, plus Philippe serrait le nœud qui le retenait captif. Pour dompter cette âme fougueuse et impatiente, le roi d'Espagne se complaisait dans toutes les ruses de la résistance passive et de la temporisation brutale. Un moment, il feignit d'accorder son consentement et promit des navires; au mois d'août, il annonça que les navires partaient des côtes d'Espagne. Mais Guise, qui les guettait, ne les vit arriver ni en septembre, ni en octobre. Philippe croyait avoir un moyen plus sûr de se défaire d'Élisabeth, le même qui venait de lui réussir contre le prince d'Orange. Le fanatique dont il fit le choix pour ce nouveau coup était trop parfait : richement payé d'avance, il partit pour Londres, ne put réussir dans deux ou trois tentatives à approcher d'Élisabeth, fut convaincu par ces échecs que Dieu ne le jugeait pas digne de la détruire, et s'abstint du meurtre parce qu'il

Philippe, 9-19 août 1583 : « Por el termino con que procedia con ellos el rey de Francia, tomar las armas on aquel Reyno, o en Inglaterra. »

ne se crut pas assez pur : il retourna en Espagne, et, par une étrange délicatesse, restitua l'argent qu'il avait accepté pour le crime[1].

Henri de Navarre était au courant de ces opérations et avait envoyé le comte de Ségur près d'Élisabeth pour la prévenir du danger. Le centre de gravité de la politique se trouva transporté à Londres. Henri de Guise et Henri de Navarre ont compris que détruire la réforme en Écosse et en Angleterre, c'est la supprimer en France et dans les Pays-Bas; tout l'avenir religieux se débat en ce moment autour d'Élisabeth. Philippe II semble ne pas s'en rendre compte : peut-être a-t-il le pressentiment que c'est dans une lutte contre l'Angleterre que sera sa ruine, et recule-t-il devant ce duel; peut-être craint-il que le duc de Guise, une fois maître des Iles-Britanniques par Marie Stuart, échappe à ses doigts, devienne roi de France et s'empare à son détriment de la dictature des catholiques. Henri III est plus aveugle encore que le roi d'Espagne : il peut se substituer à Henri de Guise pour soutenir en Angleterre les droits de sa belle-sœur Marie Stuart; il peut, au contraire, aider Élisabeth beaucoup plus efficacement que Henri de Navarre à déjouer les projets de ses ennemis; il ne songe qu'à jouir des mois de tranquillité laissés par cette migration de toutes les ambitions au delà de la Manche. Il se tient étranger aux intérêts qui s'accumulent autour d'Élisabeth.

[1] FROUDE, d'après Ms. arch. esp., Mendoza au secrétaire Idriaquez, 19-29 août 1583 : « Por la cual el ha vuelto a dar lo que se le habia entregado, diciendo que no quiere engâñar a nadie, pues falta occasion, que es muestra de que procedia con llaneza y que Dios no quiere que se haga el negocio en aquella manera. »

Élisabeth elle-même a-t-elle compris que sous sa main s'agitent les destinées du monde? Ses deux ministres, Burleigh et Walsingham, voient que l'Angleterre est devenue le centre de la lutte, que tout converge vers Élisabeth, mais ils s'épuisent en discussions, en concessions, en ruses patriotiques pour maintenir dans une politique suivie leur souveraine, malgré son intempérance d'humeur.

Élisabeth est demeurée populaire chez les Anglais, parce qu'à son règne se rattachent la grandeur de leur pays et le triomphe de leur foi. Sa naissance même était le point de départ de la révolte de l'Angleterre contre le trône pontifical; sa vie fut une lutte continuelle avec le catholicisme. Elle a eu le mérite de choisir, d'écouter souvent et de conserver ses deux ministres, Burleigh et Walsingham. Elle représenta exactement les intérêts et les passions de son peuple. Ses traits fortement accusés, sa voie rude, sa démarche virile, sa familiarité avec les gens du peuple plaisaient à une nation dont les habitudes étaient encore grossières, qui aimait à voir sa reine cracher sur les courtisans qui lui déplaisaient, jurer, non pas « avec les petits cris d'une femme de confiseur, mais avec de gros blasphèmes qui roulent dans la gorge [1] ». Son mot habituel était « par la Mort-Dieu »; d'un caractère « variable comme le temps [2] », la vieille fille entrait parfois dans des accès de fureur qui faisaient trembler les vitres et glaçaient le cœur de ses ministres : elle claquait de sa main ses filles d'honneur, elle acceptait des cadeaux même de dix livres, amassait trois

[1] Voir Froude : Comfit-maker's wife, but round, mouthfilling oaths.
[2] Burghley to Walsingham, 10-20 september 1586.

mille robes et quatre-vingts perruques de différentes nuances [1]. Quand elle apprit la condamnation de Babington et de ses complices, elle voulut qu'on inventât pour eux des supplices nouveaux, et Burleigh eut des difficultés à lui faire comprendre que le supplice légal était très suffisant; il consistait à fendre le ventre du condamné et à faire venir lentement la mort, en dévidant avec précaution les intestins [2]. Elle était avide de louanges au point de ne trouver nulle flatterie trop exagérée, nulle bassesse trop grossière; on était sûr de plaire en vantant, même hors de propos, même sans goût, sa vertu ou sa beauté. Elle passait pour être née le même jour que la sainte Vierge. A la vérité, c'était la veille [3], mais ce simple rapprochement donnait lieu aux allusions les plus galantes. Son ambassadeur à Paris lui écrivait pour la tranquilliser sur des comparaisons qui auraient pu l'inquiéter : « Je peux affirmer à Votre Majesté qu'elle a plus de charme dans un seul de ses doigts que n'en sauraient montrer toutes les femmes de cette cour [4]. » Elle était si indécise, qu'on pouvait la croire fausse et sans parole; si peu dominée par le sentiment religieux, qu'elle voyait dans la réforme seulement une alliance avec les Écossais ou les Flamands, mais sans vouloir organiser la Ligue protestante, sans paraître comprendre dans la politique

[1] TYTLER, *State paper office*, t. VIII. — AGNES STRICKLAND, *Lifes of the queens of England*, t. III, p. 39, 300, 301, 445.

[2] Burghley à Hatton, lettres citées par CHANTELAUZE, *Procès de Marie Stuart*.

[3] Elle était née le 7 septembre; l'Église célèbre le 8 septembre comme jour de naissance de la Sainte Vierge.

[4] « I assure Your Majesty of my faith there is more beauty in Your Majesty's finger than in any one lady among them all. »

protestante d'autre avantage que ses intérêts du moment; si avide d'argent, qu'elle prélevait ses profits sur la pension [1] servie par le roi Jacques d'Écosse pour nourrir sa mère Marie Stuart captive, et qu'elle ne craignait pas de s'approprier, de porter sur son corps les bijoux de Marie Stuart, même avant son procès, même après son exécution [2]. Cette passion pour les joyaux tenait, du reste, de la manie. Outre ce qu'elle avait saisi sur Marie Stuart, elle détenait les autres bijoux de la couronne d'Écosse envoyés par le régent Murray, les pierres précieuses et l'orfèvrerie de Charles le Téméraire, mises en gage par les États de Flandre, les diamants de la maison de Portugal, emportés en Angleterre par le prétendant don Antonio et pris sur lui de force par Élisabeth, enfin toutes les pierreries de la couronne de Navarre, confiées depuis longtemps par Jeanne d'Albret, comme garantie d'un emprunt, et que Ségur avait pour mission de se faire rendre après remboursement des sommes prêtées; mais Élisabeth présentait des calculs d'intérêts qui doublaient un prêt en deux ou trois ans et lui permettaient, par une usure forcée, de garder dans ses mains le gage tout entier.

S'il ne put réussir à remporter même une des bagues de Jeanne d'Albret, Ségur put du moins éveiller l'attention d'Élisabeth sur les dangers qui la menaçaient et sur les menées du roi d'Espagne. Au moment où l'hiver était venu, où les soldats du duc de Guise,

[1] John MORRIS, *The letter-books of Amyas Paulet, keeper of Mary queen of Scots*, 22 march 1585.

[2] LABANOFF, t. VII, Appendice, Inventaire des joyaux saisis à Chartley en 1586.

impatientés de ne pas voir arriver les vaisseaux attendus, commençaient à se débander, où le secret d'une conspiration mûrie une année entière parvenait aux oreilles des ministres, Philippe II, lymphatique, enfermé dans son bureau, calme au milieu de ses papiers, écrivait encore de bien étudier le projet et de ne rien précipiter [1]. En novembre, Burleigh et Walsingham arrêtèrent les Anglais qui devaient seconder l'entreprise du débarquement, les soumirent à la torture, apprirent d'eux tous les détails des projets de révolution.

L'indécision criminelle de Philippe II venait de livrer aux plus effroyables supplices les catholiques anglais qui avaient eu confiance dans son secours [2]. Bernardino de Mendoza, intrigant de génie, dur, exact, avait un style d'une lucidité et d'une précision qui font contraste dans le fatras de la chancellerie espagnole; il s'esseyait alors sur l'Angleterre au rôle qu'il devait jouer en France, lorsqu'il apprit que le chef des conjurés anglais, Throgmorton, jeune, nerveux, impressionnable, ardemment épris de Marie Stuart, avait résisté à deux séances de tortures, et, les os écrasés, les fibres palpitantes, les nerfs distendus, était ramené une troisième fois sur le chevalet; il comprit que tout était perdu; et considérant comme enjeu les corps de ces pauvres catholiques anglais, il les paya froidement, disant avec sécheresse : « Ces Anglais n'ont plus d'énergie quand ils sont pris [3] », et il se rendit en France pour risquer d'autres corps de catholiques dans une nouvelle combinaison.

1 Froude, t. XI, p. 606.
2 *Throgmorton's treason,* official narrative. June 1584, Ms., domestic.
3 Al Rey, 8-10 enero 1584. Voir Ms., esp., Simancas.

Mais le duc de Guise ne pouvait se consoler ainsi d'un échec qui l'amoindrissait aux yeux de son parti et le forçait à chercher sa revanche dans une guerre civile. Il prit sa décision avec précipitation, et sous le coup de la colère soulevée par les tergiversations de Philippe II. Le 31 décembre 1584, il rassembla à Joinville les principaux ligueurs, avec son frère Mayenne et l'ambassadeur Mendoza, et fit présenter à Henri III une sommation de garantir les Flandres à Philippe II; de lui restituer Cambrai, dernier débris de la principauté éphémère de l'infortuné François de Valois; d'accepter le concours de troupes espagnoles contre Henri de Navarre. Rien dans toutes ces exigences ne dénotait un Français. Des Français s'étaient réunis pour formuler des réclamations que Philippe II n'osait pas soutenir lui-même; c'est par ses propres sujets que Henri III recevait les menaces de ses ennemis. Le roi de France voulut se préparer à se défendre et fit recruter des Suisses; mais il apprit que ce secours serait intercepté, car le duc de Guise venait de se rendre maître, par surprise, de Châlons-sur-Marne, pendant que son frère, le duc de Mayenne, prenait Dijon [1]. Par une marche rapide, Guise se porta en quelques heures de Châlons sur Toul et sur Verdun, dont il s'empara sans coup férir. Il aurait de même enlevé Metz, si d'Épernon n'avait pas eu plus d'activité que Henri III. Le duc d'Épernon, fatigué de conseiller inutilement au Roi des mesures énergiques, découragé de le voir écouter les avis des Lorrains, qui le poussaient à faire sa soumission, était parti en grande hâte se jeter au

[1] Guillaume DE SAULX-TAVANNES.

plus fort du danger, et avait fait son entrée dans Metz quelques heures avant que le duc de Guise s'y présentât.

Sans être découragés par cet échec subi devant Metz, les ligueurs courent aux armes dans toute la France; Reims ouvre ses portes aux rebelles. Le Roi ne prend pas de décision, ou plutôt s'arrête à tous les partis à la fois. Il fait demander à Henri de Navarre d'amener les huguenots pour le défendre, et à Catherine de Médici d'user de son ancien ascendant pour obtenir la paix du duc de Guise. Démarches également humiliantes d'un prince dépravé, qui ne sait comprendre la politique qu'enveloppée dans une trame de trahisons. Pendant que Henri de Navarre, confiant dans cet appel et heureux de combattre pour la couronne, assemble ses partisans, Catherine est déjà aux côtés du duc de Guise; elle lui accorde toutes ses demandes, lui offre des villes de sûreté comme aux huguenots, et ces villes sont Metz, Dijon, Châlons, Nantes, Saint-Malo, les places de la Somme et celles des Alpes, pour qu'il puisse introduire les Espagnols en France par la Picardie et par l'Italie; si les villes n'ont pas de citadelles, le Roi donne au duc de l'argent pour en faire construire. Enfin, le Roi s'engage à se joindre au duc de Guise pour tourner ensemble leurs armes contre l'allié fidèle dont il vient d'invoquer le secours. Henri de Navarre a été appelé par le Roi, mais c'est pour être mieux accablé; il devient l'ennemi commun, la victime désignée à tous les ressentiments. Il peint au Roi la situation, sitôt qu'il apprend cette honteuse paix de Nemours[1] : « On

[1] *Lettres missives*, t. II, lettres des 7 et 10 juillet 1585.

a faict la paix et sans moy et contre moy. On s'est joinct à vos ennemis pour ruiner vos serviteurs. On a partagé vos forces, vostre autorité, vos deniers, pour rendre ceux-là plus forts qui sont armés contre vous, pour leur donner plus de moyen de vous faire eulx-mêmes la loy. »

Le triomphe du duc de Guise était complet; il recevait, outre les places fortes, les armées; il obtenait le commandement de toutes les armées, la nomination aux grades, le maniement des fonds destinés à la solde, le droit de « faire les monstres » ou revues d'effectifs, et de « relever les absens desdites monstres [1] ». Ses affidés étaient imposés au Roi comme conseillers : d'Espinac, archevêque de Lyon, et le jeune cardinal de Guise obtenaient l'entrée du conseil privé; La Chastre, qui avait le plus vigoureusement mené les coups de main des rebelles, avait promesse du bâton de maréchal de France; il n'y avait plus de faveurs que pour les créatures des Guises. Sans combat, sans résistance, le roi de France acceptait des humiliations que n'aurait pas osé exiger Charles le Téméraire de son captif de Péronne. L'effet fut tel que le Pape lui-même en fut blessé [2]. Le Saint-Siège a toujours eu à lutter contre les exagérations de ses défenseurs.

Le parti lorrain qui entourait le Roi avait regardé comme un succès cette abjection. Le duc de Joyeuse, frivole et inintelligent, ne songea qu'à confondre de plus en plus ses intérêts avec ceux des Guises. Mais d'Épernon fut accablé, perdit de son insolence et « apprint à congnoistre où estoit son chapeau », qu'il

[1] Palma Cayet, p. 60.
[2] Nevers, t. I, p. 170.

ne retirait jamais auparavant. Il reprocha durement à Joyeuse d'avoir trahi son bienfaiteur. Dans cette querelle de palais entre « les ducs », Henri III, déconcerté et honteux, ne sut que pleurer. « Les ducs se morguèrent deux jours, au grand regret de leur maitre, qui en jeta maintes larmes [1]. » Cet amoindrissement du fidèle d'Épernon et l'abandon de Henri de Navarre faisaient plus de tort à Henri III que toutes les faiblesses et toutes les défaites. Ils montraient que personne ne pouvait se fier à la parole du Roi ; qu'on avait plus d'avantage à le combattre qu'à le servir. Qui oserait le soutenir, lui qui ne savait nuire qu'à ses défenseurs et qui devenait tout à coup confiant et caressant pour ses ennemis? Ne valait-il pas mieux s'attacher au duc, plein de courtoisie et de libéralité, qu'au Roi trompeur et pauvre?

Henri de Navarre restait seul debout pour faire face au prétendant qui avançait la main sur la France; il encourageait ses capitaines, faisait taire leurs querelles privées et leur criait [2] : « Je vous en prie, ne nous désunissons point; laissons pour quelque temps nostre particulier. »

[1] Ms. Béthune, 8866, p. 67, cardinal de Guise au duc de Nevers, 17 janvier 1586.

[2] *Lettres missives*, t. II, p. 132, à M. de la Force, 21 juillet 1585.

# CHAPITRE XXV

## GUERRE DES TROIS HENRI.

1587.

Henri III n'avait plus qu'une pensée, tromper Henri de Guise comme il venait de tromper Henri de Navarre. Il fit grand fracas de son projet de persécuter ses sujets huguenots ainsi que le duc de Guise l'exigeait, et assembla, pour donner plus de solennité à ses promesses, le parlement en robes rouges. « Des robes de deuil eussent été plus décentes dans cette calamité publique », dit un des présidents[1]. La guerre dut donc recommencer; il faut subir encore une fois le récit de ces luttes sans éclat, dans lesquelles Mayenne, qui commandait l'armée des catholiques contre Henri de Navarre, était réduit à vanter comme un grand succès la prise d'une place forte, Castillon, dont les défenseurs étaient épuisés par la peste; la ville fut donnée au pillage, mais on n'y trouva que quelques vieux haillons de pestiférés[2] ».

Henri de Navarre ne pouvait réunir ses capitaines que pour la campagne suivante, et cherchait à éviter

[1] De Thou, *Hist. univ.*, liv. LXXXI.
[2] L'Estoile, t. 1, p. 200.

les affaires importantes dans cette première année. En disputant un à un les petits châteaux, il opposait à Mayenne une résistance dont le duc de Guise s'impatienta.

Guise commença en même temps à s'inquiéter de la duplicité du roi de France, qui regagnait par des grimaces de cour le prestige perdu et qui le forçait à lui faire publiquement de grandes « submissions et révérences[1] », comme s'il avait voulu, selon l'expression du jeune cardinal de Guise, « faire tomber les princes lorrains à ce passe-temps si grand et honorable que bransler les jambes sur les coffres de l'antichambre[2] » ; ceux qui se nomment les princes lorrains se sont rendus trop importants pour attendre désormais sur les coffres avec les autres gentilshommes. Mais, pour se permettre ces mouvements d'orgueil, il faut qu'ils redoublent d'humilité auprès du roi d'Espagne. Le duc de Guise, qui vient de dicter comme chef des catholiques ses conditions au roi de France, s'abaisse devant Philippe II; il tend la main, il écrit : « Le bienfait qu'il plaist à Vostre Majesté eslargir si lybéralement pour une publique utylité me tournera en particulier à sy grande et extresme obligation, que je ne peux faillir de vous en remercyer très humblement par ce porteur, très asseuré aveq la volonté et dévotion que je garde chèrement et aveq très grande fidélité au service très humble de Votre Majesté, ne désirant rien tant que de me voyr honoré de vos commandemens pour les exécuter aveq le hazard de ma vye qui servira

[1] L'Estoile.
[2] Ms. Béthune, v. 8866, f° 69, lettre publiée par Bouillé, t. III, p. 187.

toujours de gaige certein de nos promesses que je supplie très humblement Vostre Majesté tenir très vérytables, ny ayant force ny accident au monde qui en puisse rompre ny violer les effets[1]. » Triste situation de l'ambitieux; il rêve le trône de Charlemagne, son frère sera pape, il poursuit la tradition de chaque génération des Guises, il savoure les acclamations populaires, et il est obligé de passer sa vie dans des trahisons, des vilenies, de crier à l'étranger : « Nous avons plus besoing d'estre assistés pendant la paix[2]. »

Dans cette existence de conspirateur, il est lui-même entouré de trahisons. Il perd l'été de 1586 à reprendre la ville d'Auxonne, dont la garnison s'est révoltée contre le duc de Mayenne. Il ne se fie plus à ses gentilshommes; il craint le préjugé chevaleresque de la noblesse qui la lie au Roi, il s'épuise au milieu des rivalités des subalternes. « Messieurs de Guyse, aux guerres qu'ils eurent contre le Roy, mirent capitaines de leurs chasteaux leurs maistres d'hostel, escuyers et valets de chambre, les chargeant d'estre en garde sur les gouverneurs qu'ils envoyoient aux provinces, avec défense de les recevoir les plus forts en leurs chasteaux; leur extresme ambition, avarice, artifices, calomnies, divisions » affaiblirent le parti de leur maitre[3]. Dans sa propre famille, le duc de Guise rencontrait de l'opposition; le duc de Mercœur, frère de la Reine, prétendait que les Vaudémont avaient la préséance sur les Guises, comme leurs ainés dans la maison de Lorraine[4];

[1] Ms. Simancas, A. 56, p. 33, année 1586 (août).
[2] *Id., ibid.*, B. 37, 282, 298.
[3] TAVANNES, p. 196.
[4] Palma CAYET, p. 21.

Nemours, le mari de sa mère, devenait son ennemi [1]. Mais, de tous ses partisans, les plus difficiles à manier, ceux qui lui causèrent le plus de répugnances et de déboires, étaient les délégués des seize quartiers de Paris. Les Seize s'impatientaient; ils exigeaient une solution; ils devenaient aussi impudents que les ministres huguenots l'étaient avec Henri de Navarre.

La guerre se prolongea sans événement favorable pour les ligueurs; l'excès même du danger donnait des forces au vainqueur de Cahors; il réconfortait, il appelait à lui par des mots flatteurs les chefs les plus hardis. « Ils m'ont entouré comme la beste, écrit-il à l'un d'eux qu'il surnomme son grand faulcheur [2], et croyent qu'on me prend aux filets. Moy, je leur veulx passer à travers ou dessus le ventre. J'ay éleu mes bons, et mon faulcheur en est. Grand damné, que mon faulcheur ne me faille en si bonne partie et ne s'aille amuser à la paille quand je l'attends sur le pré [3]. » A sa belle-mère Catherine, qui tâchait de le décourager et lui disait : « Et quoy, mon fils, vous vous abusez, vous pensez avoir des reistres et vous n'en avez point », il répondit :

[1] De Thou, *Mémoires*, édit. Didier, p. 330.

[2] *Lettres missives*, t. II, p. 196, à M. de Batz, le 11 mars 1586.

[3] Il existe un grand nombre de billets semblables. Quant au mot à Crillon que Voltaire donne en note au chant VIII de la *Henriade* : « Pends-toi, brave Crillon : nous avons combattu à Arques, et tu n'y étois pas. Adieu, brave Crillon; je t'aime à tort et à travers », on n'a pas réussi à le retrouver. Il semble être une variante d'une lettre, dont on a l'original, écrite le 20 septembre 1597 à Crillon, après un engagement contre un corps considérable d'Allemands qui voulaient faire lever le siège d'Amiens : « Brave Crillon, pendés-vous de n'avoir esté près de moy lundy dernier à la plus belle occasion qui se soit jamais veue et qui peut estre se verra jamais. Croyés que je vous ai bien désiré. » Ce second billet pourrait être une réminiscence du premier, qui a disparu, et en démontrerait ainsi l'authenticité.

« Madame, je ne suis pas icy pour en avoir nouvelles de vous [1]. »

Il comptait peu sur le secours des reîtres et n'aimait pas à tenir de telles gens dans une armée, mais il faisait grand cas des Suisses et entretenait des relations dans les cantons helvétiques pour dissuader les montagnards de prendre du service sous les ordres du duc de Guise. « Les princes lorrains, leur disait-il, ont des liaisons avec l'Autriche; votre secours ne servira que de planche à faire passer ambitions et convoitises de ceux qui ont toujours assailli votre liberté helvétique [2]. »

Tandis qu'il suivait ainsi à l'étranger et combattait les démarches de Henri de Guise, Henri de Navarre eut la douleur d'apprendre que son alliée principale, la reine Élisabeth, venait de se souiller d'un des crimes les plus fameux dans l'histoire.

Marie Stuart avait compris de bonne heure qu'elle était la victime vouée fatalement aux inquiétudes et à l'exaspération des réformés anglais devant les conspirations des catholiques. Elle invoquait le secours de son cousin Henri de Guise, et lui criait de sa prison : « Je m'attends à quelque poison ou telle autre mort secrète. Si Dieu et vous après lui ne trouvez moyen de secourir vostre povre cousine, à ce coup c'en est fait [3]. »

Elle était placée, à cette époque, sous la garde de sir Amyas Paulet, un de ces puritains dont la conscience s'inquiète toujours des actions des autres et qu'accable l'idée de la responsabilité. Paulet décachetait les lettres,

[1] Mathieu, *Histoire de France*, t. II, p. 518, décembre 1586.

[2] Lettre du 10 juin 1585. Voir *Documents inédits*, découverts par M. F. Combés, dans les Archives du canton de Lucerne.

[3] Labanoff, t. VI, p. 440.

interdisait les promenades, chassait les servantes favorites. L'Angleterre fournit de ces geôliers implacables sur la consigne, comme ce sir Amyas Paulet ou comme sir Hudson Lowe. Des accusateurs et des juges étaient plus faciles encore à obtenir. De tout temps, chose bizarre, on a trouvé des hommes jaloux d'inscrire leurs noms à côté de ceux qui sont restés fameux par leurs complaisances et leur lâcheté, comme Pierre Cauchon, Jeffreys et Fouquier-Tinville; on n'a même pas manqué de ces jurés inconnus qui, sans l'espoir de la récompense, sans le mérite de la bassesse, par cette sorte de jouissance perverse qu'ont les hommes de persécuter les faibles et de faire souffrir ceux qui sont sans défense, n'hésitent pas à prononcer les mots nécessaires pour la condamnation. Rien de plus scandaleux que le procès de Marie Stuart. « Jamais tribunal ne fut plus incompétent, et jamais procédure ne fut plus irrégulière; on lui représenta de simples copies de ses lettres, et jamais les originaux. On fit valoir contre elle les témoignages de ses secrétaires, et on ne les lui confronta point. On prétendit la convaincre sur la déposition de trois conjurés qu'on avait fait mourir et dont on aurait pu différer la mort pour les examiner avec elle[1]. » Des documents faux furent présentés à ceux qui avaient accepté la mission de juger la souveraine d'un pays voisin et qui ne s'inquiétaient pas de contrôler les contradictions du dossier[2]. La pauvre femme, dans sa détresse, dans ses dernières heures, était encore soumise à des outrages comme cette lettre d'Élisabeth

[1] VOLTAIRE, *Essai sur les mœurs.*

[2] HOSACK, *Mary queen of Scots and her accusers*; CHANTELAUZE, *Marie Stuart, son procès.*

adressée à son geôlier : « Recommandez-lui de penser au repentir, de ne point s'abandonner à Satan, de ne pas perdre son âme, pour laquelle je prie les mains levées vers Celui qui décidera de son salut ou de sa damnation[1]. »

Prières hypocrites; le même geôlier apprenait qu'il plairait à sa souveraine en la dispensant des nécessités d'une exécution solennelle; il était blâmé de n'avoir pas su, de son plein gré et sans invitation, faire disparaître cette rivale gênante[2]. « Sa Majesté, lui écrivait le ministre, voit avec le plus grand mécontentement que des hommes qui professent pour elle l'amour dont vous vous dites pénétré, font en sorte, pour échapper à leur devoir, que le fardeau retombe tout entier sur elle, quoique vous connaissiez fort bien son horreur à répandre le sang, et surtout le sang d'une personne de son sexe, de sa qualité et d'une si proche parente. » Mais sir Amyas Paulet, le vieux puritain, refusa d'étrangler la captive; il voulait bien faire souffrir, mais non pas assassiner. C'est avec les apparences juridiques, par l'intermédiaire de juges meurtriers, que ce crime dut s'accomplir.

Marie Stuart conserva sa dignité jusqu'au dernier moment. Elle écrivit ces belles paroles au duc de Guise[3] : « Fotheringay, 24 novembre 1586. Mon cousin, je vous dis adieu. Jamais ne puisse cet honneur sortir de nostre race, que tant hommes que femmes soyons prompts de répandre nostre sang pour maintenir la querelle de la foi. »

[1] John MORRIS, *The letters books of Amyas Paulet*, p. 267.
[2] CHANTELAUZE, *Marie Stuart*, p. 373.
[3] LABANOFF, t. VI.

Les protestants exaltés et exclusifs[1] ont reproché à Marie Stuart de s'être parée pour la mort avec une recherche théâtrale; ils n'ont pas compris que le seul orgueil qui impose le respect est celui de la mort. L'instinct de la vie est si tenace qu'il y a toujours de la grandeur à transformer ses derniers instants en fête ou en drame. Marie Stuart s'avance dans la salle basse du château de Fotheringay, au milieu des grands seigneurs qui l'ont condamnée et qui se tiennent debout autour du billot, aussi altière que jadis dans Notre-Dame, quand elle venait épouser le roi de France. Elle meurt pour sa foi, victime de la prévoyance cruelle des politiques et de la terreur du peuple, qui craint de la voir succéder à Élisabeth et renouveler contre les protestants les sanglantes persécutions de Mary Tudor. Elle vivante, l'hérésie tremble : quoi de plus glorieux? « Avez-vous entendu le comte de Kent? s'écriait-elle avec fierté à ses femmes en pleurs. Il a dit que ma vie auroit esté la mort de leur religion[2]! » Sous un manteau de satin noir moiré, brodé d'or et de martre zibeline, elle porte un corsage de satin noir, une jupe de velours cramoisi, des bas de soie bleue, avec des jarretières de soie, des bottines de maroquin[3]. Deux jeunes filles la suivent, Jane Kennedy et Élisabeth Curle. Elles la déshabillent devant les trois cents spectateurs entassés dans la salle; en ce moment elle détache de son cou une croix d'or, seul bijou que ne lui ait pas enlevé la rapacité d'Élisabeth, et veut la donner en souvenir à Jane Kennedy : « C'est mon droit », dit le

[1] Froude, t. XII.
[2] Bourgoing, *Journal inédit*, publié par Chantelauze, p. 393.
[3] Agnes Strickland, *Lives of the queens of Scotland*, t. VII.

bourreau qui saisit la croix et la met dans son soulier [1]. Puis il fait glisser brutalement le corsage de la Reine, de manière que le cou et la gorge apparaissent nus, éclatants de blancheur [2]. Elle tend le cou, croyant qu'elle sera décapitée avec une épée à deux mains, suivant l'usage de France; on la rapproche du billot. Elle tend de nouveau la tête, mais on la fait étendre sur le ventre la face contre le bloc, l'aide de l'exécuteur lui tenant les mains dans les siennes. Tant d'affronts, tant de retards ne la troublent pas. Le bourreau, armé d'une « hache amanchée de court, de celles de quoi on fend le bois [3] », est ému; il frappe l'épaule, il frappe la tête; la tête ne roule qu'au troisième coup.

« La teste séparée », la fête cesse, la réalité reste. Devant le billot, le corps est étendu, l'épaule blanche est ouverte par la hache, le sang se fige sur les seins nus, et, dernier outrage à la poésie, quand le bourreau veut soulever la tête, « il la prend par la coëffure », les cheveux lui restent dans la main, le front retombe, roule, couvert de cheveux blancs, rares, coupés ras, ravagés par les souffrances de dix-huit années de prison.

Le duc de Guise recevait d'un tel martyre une auréole nouvelle : il faisait raconter en chaire à Notre-Dame, au milieu des ligueurs frémissants, comment « ceste teste pleine de majesté, qui avoit porté les couronnes de deux royaumes, fut monstrée toute sanglante, la bousche ouverte, les yeux sillés, et les cheveux si blonds

[1] TEULET, *Relations politiques de la France et de l'Espagne avec l'Écosse*, t. IV, p. 159.

[2] CHANTELAUZE, *Marie Stuart*, p. 416, en note.

[3] BOURGOING, *Journal inédit*, publié par CHANTELAUZE.

et forts devenus tout blancs, hydeusement épars[1] ! »

Pas plus qu'Élisabeth ne s'était émue du meurtre de Coligny, Henri III ne s'irrita de l'exécution de sa belle-sœur : il feignit d'ajouter foi aux belles paroles de la reine d'Angleterre, à qui, disait-elle, « il estoit advenu le plus grand malheur et ennui que jamais elle eust receu, qui estoit la mort de sa cousine germaine, de laquelle elle juroit Dieu avec beaucoup de serments qu'elle estoit innocente; que véritablement elle avoit signé la commission, mais que c'estoit pour contenter ses sujets[2] ». Et comme Châteauneuf, l'ambassadeur de France, s'inclinait avec une crédulité affectée, elle continua plus gaiement : « Le temps est tel que l'un et l'aultre avons plus besoin que jamais de vivre en estroicte amitié. »

C'est Philippe II qui se charge de la vengeance de Marie Stuart. Il ne craint plus que Guise lui dispute au nom de sa cousine la couronne d'Angleterre; il lui envoie l'ordre d'agir en France au moment où il attaquera lui-même l'Angleterre. Ainsi Philippe II s'est enfin arrêté à un plan définitif, à partir des premiers jours de 1587[3], et il se conforme froidement à la règle qu'il s'est tracée : il veut se rendre maître, dans un bref délai, des deux royaumes. Il arme une flotte et assemble des troupes de débarquement pour conquérir l'Angleterre, pendant que le duc de Guise devra commencer des hostilités en France, forcer Henri III à

[1] *Oraison funèbre de la très-chrétienne*, etc., par messire Renault de Beaulne, archevêque de Bourges. Paris, 1588.

[2] Teulet, t. IV, p. 194.

[3] L'arrêt de Marie Stuart est de novembre 1586, mais l'exécution n'eut lieu que le 18 février 1587.

en finir avec Henri de Navarre, et préparer les voies à son avènement.

Jusqu'à quel degré Henri de Guise comptait-il pousser la bonne foi dans sa soumission à Philippe II, c'est ce qu'il n'a pas eu le temps de faire voir. User de l'alliance et des piastres du roi d'Espagne afin de se faire reconnaître le légitime héritier de Charlemagne et d'obtenir la déchéance des Valois et des Bourbons, suivre assez exactement le plan de Philippe II pour pouvoir profiter des succès des Espagnols sur les Anglais, et s'assurer sur la France une domination si complète que le roi d'Espagne lui-même ne sache plus l'ébranler, c'est la ligne de conduite qu'il semble avoir eu l'intention de suivre.

Ainsi, dans les événements de l'année suivante, il ne faut pas perdre de vue cette divergence des convoitises, qui semblaient unies par l'identité des déclamations en faveur de l'orthodoxie. Les vrais rivaux sont en réalité Philippe II et le duc de Guise. Ils se sentent seuls forts, et se croient seuls à craindre. Aucun des deux ne doute du succès contre Élisabeth, Henri III, Henri de Navarre. C'est entre eux deux qu'ils pensent que la compétition est sérieuse. Dès le début, le duc de Guise donne déjà des marques d'indocilité et cherche des renforts contre son complice. Il s'attache un aventurier qui se trouvait isolé comme lui entre la France et l'Espagne : un bâtard de Montluc, l'évêque de Valence, nommé M. de Balagny, grandi parmi les bretteurs et les filles d'honneur, choisi par Catherine de Médici pour être gouverneur de la ville de Cambrai, dont elle se disait souveraine par l'héritage de son fils François de Valois, se révolta contre sa bienfaitrice, prétendit rester seul maître de Cambrai, et conclut un traité avec le duc de Guise [1], qui le reconnaissait comme prince souverain et héréditaire de Cambrai. C'était arracher à la France une ville que Catherine voulait rendre française. Mais Henri de Guise se laissait dominer par l'idée de se créer des forces dans le Nord. Il voulait, dans les mêmes intentions, posséder la principauté de Sedan et faire occuper Boulogne par son cousin le duc d'Aumale. Il aurait ainsi séparé la France des États espagnols par une chaîne de principautés indépendantes dont il aurait été le suzerain. Sedan était facile à obtenir par mariage. Charlotte de la Marck, petite-fille de Diane de Poitiers, était la seule héritière du duc de Bouillon ; mais cette enfant refusa d'abjurer le protestantisme pour épouser le prince de Joinville, fils aîné du duc de Guise [2]. Il fallut chercher par la force ce qui était refusé par alliance. L'attaque sur Sedan échoua ; le duc de Guise perdit du monde et dut lever le siège sans avoir tiré grand honneur de ce coup de main malheureux [3]. Mendoza lui fit observer qu'il était sorti, dans cette entreprise, de ses conventions avec Philippe II : le Balafré dut s'excuser près de l'Espagnol et affirmer qu'il n'avait tenté cette campagne que pour mieux tromper le roi de France sur ses intentions réelles et avoir un prétexte de garder une armée sous sa main. « Si hault desseing, écrivit-il, mérite bien d'estre assisté », et il demanda de nouveau « qu'avec diligence l'argent fust prest [4] ».

Paris fut plus difficile à calmer : les Seize blâmaient

[1] Palma Cayet, p. 66. Ce traité est du 15 janvier 1587.
[2] Elle épousa plus tard le vicomte de Turenne.
[3] L'Estoile, t. I, p 220, 226.
[4] Ms. Simancas, B. 59, pièces 77, 186, 188.

l'attaque de Sedan avec cette étroitesse d'esprit du Parisien qui sait s'intéresser seulement à ce qui se fait sous ses yeux. Ils réclamaient la présence du duc de Guise. La Ligue, avec ses endettés, ses déclassés et ses affamés, avait hâte d'obtenir la solution de la crise et poussait le duc à un acte violent : la peur calma subitement ces impatiences : les reîtres approchaient. Le duc de Guise saisit avec empressement cette occasion d'acquérir une nouvelle gloire sous les yeux des Parisiens épouvantés.

Pendant qu'il perdait son temps en intrigues et en fausses attaques, les huguenots avait redoublé d'efforts et pouvaient opposer trois armées à la Ligue : les Français, avec Henri de Navarre en Gascogne; les reîtres, conduits par l'électeur Jean-Casimir, qui s'avançaient en Champagne, et douze mille Suisses en Bourgogne, sous les ordres du fils de Coligny. Devant cette triple attaque, Henri III sembla s'éveiller. Il confia ses meilleures troupes à son beau-frère, le duc de Joyeuse, et l'envoya en Gascogne, pour détruire Henri de Navarre. Il se mit en personne à la tête des soldats qui lui restaient, afin d'observer les reîtres et les Suisses, de les empêcher de porter secours à Henri de Navarre et de les rejeter, par des manœuvres habiles, sur le duc de Guise, laissé seul près de Paris, et isolé à dessein avec des forces insuffisantes. Le Roi espérait de la sorte être débarrassé, en une seul campagne, des deux compétiteurs qu'il haïssait : Henri de Navarre qui serait écrasé par Joyeuse, Guise par les reitres; il aurait ainsi sauvé Paris, fait de son favori Joyeuse un héros catholique, et détrôné pour toujours les Guises.

Il comptait sur la témérité de Henri de Guise, qui

n'hésiterait pas à se jeter, avec ses gentilshommes et la petite armée qui lui appartenait en propre, sur les masses allemandes : cette tactique était précisément celle qui convenait le mieux avec ces reîtres; peu de monde, mais des hommes d'élite, les mettaient en désordre du premier choc. Henri de Guise, qui en avait déjà fait l'expérience, fut toujours plein de mépris pour ces Allemands : dans toutes ses lettres, il se montre sûr du succès; il se vante de les battre à son heure. Bientôt il les surprend à Vimory, entre Montargis et Gien, et enlève leurs bagages. Les malheureux se débandent, sont assaillis de maladies, sous les pluies d'octobre; traqués par les paysans, ils se rassemblent en une seule masse et se réfugient dans la petite ville d'Auneau, sans même prendre la peine d'enlever le château fort. Guise arrive la nuit, entre dans le château, fond sur la ville, trouve les rues encombrées d'Allemands endormis, commence le massacre. L'ennemi, surpris, ne fait pas de résistance. Les Français gagnent « force bagues et chaisnes d'or, et bien deux mille chevaux et huit cents chariots[1]. »

Henri III, qui avait assisté en spectateur à ce triomphe de son rival, ne put cacher son dépit. Il avoua plus tard à l'ambassadeur anglais sa déception en ces termes : « Si les reîtres avaient eu un peu plus de valeur ou d'habileté, ils auraient forcé la Ligue à leur demander à genoux ce qu'ils voulaient obtenir; c'était précisément ce que je désirais, ce que j'attendais. Je leur ai donné toutes les facilités qu'ils pouvaient souhaiter pour y réussir. Deux ou trois fois ils ont eu le moyen

[1] Palma Cayet, p. 40.

de détruire la Ligue et de tout terminer en un jour. S'ils s'étaient contentés de ravager la Lorraine, la Bourgogne, la Champagne... »

Ici le Roi ne fut pas interrompu, mais la lettre de l'ambassadeur qui rend compte de cette conversation porte en marge devant ces mots un signe de la main d'Élisabeth. C'était le moment où cette femme se tenait à cheval nuit et jour, pour encourager les milices, pour animer le patriotisme anglais, pour suffire aux exigences de la crise qu'amenait l'imminence de l'invasion espagnole. Sans doute elle ne put lire sans dégoût ces confidences d'un prince qui attend de sang-froid son salut des mains de l'étranger, calcule ce qu'aurait pu lui donner d'avantages le pillage de la Bourgogne et de la Champagne, se lamente qu'un de ses généraux, à la tête d'une armée de Français, n'ait pas été détruit par les Allemands. « S'ils avaient pillé les biens des adhérents de la Ligue, continuait le Roi, on les aurait suppliés d'accorder la paix. Au lieu de cela, ils se sont portés en avant [1]. »

Ce progrès dans la perfidie, avoué avec tant de

[1] FROUDE, t. XII, p. 391. On sait que les six premiers volumes concernent le règne de Henri VIII ; ce tome XII est donc le sixième du règne d'Élisabeth. *State paper office, Ms., France,* Stafford to the Queen, 25 february 1588 : « If the Reisters had either valour or discretion, they might have made the League upon their Knees ask wich they had been in arms for, which was what he expected and looked for... he had given them all the meaus they desired to have done it if they could, and if they would have kept them selves far enough from him, as he kept from them, till they would needs come to seek him. Twice or thrice be fore they had it in their hands to have overthrown the League and have ended all in a day. If they had ravaged Lorraine, Champagne and Burgundy (signe autographe d'Élisabeth) and had left none of their adherents unspoiled, they would as much have prayed for peace as they had sought the contrary ; but instead of annoying them, they had come to seek him. »

cynisme, ce système d'un pacte tacite avec l'ennemi, échoua misérablement. Henri III vit monter à l'apogée la puissance et la popularité de Guise, là où il croyait l'accabler, et où il avait voulu lui susciter un rival, il vit surgir, en effet, un héros, un vainqueur, mais, par un juste retour de la fortune, ce ne fut pas son cher Joyeuse, ce fut Henri de Navarre.

Lorsque Henri de Navarre, à la tête de ses Français, vit dans les pleines de Coutras approcher l'armée du duc de Joyeuse, il commanda la charge : à neuf heures du matin, l'engagement n'était pas commencé; à dix heures, l'armée catholique était détruite, Joyeuse tué, les canons, les drapeaux, les bagages pris[1]. C'était la première bataille rangée que gagnaient les huguenots. Les Flandres et l'Espagne en retentirent. Un homme se révélait enfin pour rallier ceux que lassaient tant d'intrigues et de perfidies. La joie de réformés, vainqueurs pour la première fois, fut si complète qu'ils coururent dans leurs châteaux cacher leur butin, rassurer leurs partisans, jouir chez eux du prestige et de la sécurité que leur assurait la journée de Coutras. En quelques heures, Henri de Navarre se trouva seul et fut hors d'état de profiter de l'anéantissement de ses ennemis. Les ministres protestants lui ont reproché plus tard cette inaction. Devant l'assemblée de la Rochelle, il fut forcé, pour se défendre contre leurs insultes, de montrer, par un geste de général romain, les drapeaux catholiques conquis à Coutras, qui pendaient aux voûtes de la salle. « S'il se faisoit encore une assemblée, écrivit-il, je deviendrois fou. » Entre les ministres fanatiques,

[1] 20 octobre 1587.

qu'il ne pouvait réussir à *civiliser*, qui, comme Gardési, le pasteur de Montauban, voulaient être envers lui *le plus sévère Nathan,* ou qui méprisaient les secours séculiers comme une méfiance de la protection de Dieu, et ce prince joyeux, qui savait attirer les gens de guerre et gagner des batailles, il y eut constamment des luttes sourdes. Le prince en était souvent exaspéré; on le vit pendant les sermons nasillards de ses ministres, non pas faire de la tapisserie, comme sa mère, pour ne point s'endormir, mais se permettre mille facéties, manger des cerises, et en cracher les noyaux sur la chaire, jusqu'à risquer de crever l'œil du prédicant[1]. Il avait la réputation d'être assez tiède sur les mystères qui causaient le différend entre les catholiques et les protestants, ce qui le faisait passer pour incrédule. Montaigne, qui ne devait pas être beaucoup plus ardent que lui sur les points de doctrine, raconta à son ami de Thou « qu'autrefois il avoit servi de médiateur entre le roi de Navarre et le duc de Guise, que ce dernier avoit fait toutes les avances. Pour la religion, dont tous deux font parade, c'est un beau prétexte pour se faire suivre par ceux de leur parti; mais la religion ne les tousche ni l'un, ni l'autre : la crainte d'être abandonné des protestants empesche seule le roi de Navarre de rentrer dans la religion de ses pères, et le duc ne s'éloigneroit pas de la confession d'Augsbourg, que son oncle Charles, cardinal de Lorraine, lui a fait gouster,

[1] Girolamo LIPPOMANO, *Relaz. ven.*, édit. TOMMASEO, *Doc. ined.*, t. II, p. 635 : « È opinione che egli non creda in cosa alcuna, perchè si dice che alli suoi predicatori ugonotti medesimi quando sono nel pergamo, fa mille scherni : e una volta mangiando egli delle ciriegggie, mentre uno di quelli scelerati predicava, non cessando di trar, come si fa, con le dita l'ossa delle ciriegge, ebbe a cavarli un occhio. »

s'il pouvoit la suivre sans préjudicier à ses intérêts[1]. » Henri de Navarre déclarait franchement : « Ceux qui suivent tout droit leur conscience sont de ma religion, et moi, je suis de la religion de tous ceux-là qui sont braves et bons », et il s'appliquait à leur montrer, dans la bataille, le chemin de l'honneur et du devoir.

Pendant que l'enivrement de son armée après Coutras le mettait hors d'état de s'avancer vers la Loire, un apaisement momentané sembla se produire dans toute la France. Henri III acheta la retraite des Suisses au prix de quatre cent mille écus. Tandis qu'ils rentraient dans leur pays, emportant l'argent du Roi et son traité signé, les Suisses furent attaqués par Henri de Guise, perdirent leurs canons et durent sommer Henri III de faire honneur à sa signature. Le duc d'Épernon vint les protéger avec un corps d'armée et faillit ordonner le combat contre Guise.

Cette série de victoires sur les reitres et les Suisses avait ravivé la popularité du Balafré chez les Parisiens, qu'il venait de sauver encore une fois des étrangers. Son influence à Paris était entretenue par les soins de sa sœur Catherine de Guise, duchesse de Montpensier, veuve depuis cinq ans[2], qui s'était faite « la gouvernante de la Ligue à Paris », courtisait les « bonnes grâces des Parisiens », et soutenait ses frères par « la bousche de ses prédicateurs, auxquels elle donne de l'argent pour toujours accroistre envers le peuple leur réputation et leur attribuer tous les bons succès de la guerre aux dépens de l'honneur du Roy[3] ». Dans quelques

[1] De Thou, *Mémoires*, édit. Didier, p. 330.
[2] Depuis le 23 septembre 1582.
[3] L'Estoile, t. I, p. 231.

églises, on révérait l'image de cette princesse à côté de celle de la Sainte Vierge[1]. La populace, excitée dans toutes ses passions, était impatiente de jouer des mains ; de fréquentes émeutes semblaient le prélude d'événements plus graves. « Le mercredy 22 juillet, aux halles de Paris, le peuple se mutine contre les boulangers vendans leur pain trop chèrement à son gré, ravist leurdict pain à force ouverte, et furent tués deux bourgeois passans par là. Grand fut ce séditieux tumulte, jusqu'à forcer les maisons de quelques bourgeois, esquelles le peuple avoit opinion que lesdits boulangers avoient retiré et caché leur pain[2]. »

Le pain devient rare, la peuple s'agite, une révolution semble imminente. Guise, à l'heure où il va se jeter en avant, jette un dernier regard sur l'Espagne et fait avertir Philippe II que le roi de France « dépesche un sien secrétaire en Constantinople », et « que c'est chose très certaine qu'il est parti de l'argent de Lyon pour envoyer en Allemagne aux fins de préparer une levée de sept mille chevaux[3] ».

[1] Bouillé, t. III, p. 256.
[2] L'Estoile, t. I, p. 229.
[3] Ms. Simancas, B. 60, p. 112, publié par Bouillé, t. III, p. 511.

## CHAPITRE XXVI

### LES BARRICADES.

### 1588.

Henri III n'ignorait pas la haine dont le poursuivait la veuve du vieux Montpensier, Catherine de Guise; il savait qu'elle excitait l'opinion contre lui dans les prônes de ses prédicateurs. « Le Roi dit qu'il sçavoit bien comme elle faisoit la Roine à Paris et quelles manœuvres, menées et séditions elle y pratiquoit, et comme elle donnoit gages à Boucher, Lincestre, Pigouat, Prevost, Auberi et autres curés et prédicateurs de Paris avec promesses d'éveschés, abbayes et autres grands bénéfices, jusqu'à s'estre vantée et avoir dit à ses frères qu'elle avoit plus avancé le parti de la Ligue par la bouche de ses prédicateurs appointés qu'ils n'avoient fait avec toutes leurs forces, armées et armes [1]. »

Elle essaya son pouvoir en faisant courir le bruit, dans la rue Saint-Jacques, que le Roi voulait faire arrêter deux de ses prédicateurs; le peuple se souleva aussitôt; les archers eurent de la difficulté à calmer cette émeute et ne purent arrêter le notaire Hatte, qui

[1] L'Estoile, t. I, p. 244.

en avait été l'instigateur. Cet agent fut caché par ses adhérents et devint bientôt un chef influent [1]. L'insurrection était organisée et disciplinée depuis longtemps à Paris. Dès 1585, les enrôlements commençaient; « maistre Jean Leclercq, procureur, et Georges Michelet, sergent à verge, après m'avoir parlé de plusieurs affaires, me firent entendre qu'il se présentoit une belle occasion où, si je voulois, il y avoit moïen de gagner une bonne somme de deniers pour se mettre à son aise, avec la faveur de plusieurs grands seigneurs qui avoient moïen de me faire avancer », raconte Nicolas Poulain, employé de la prévôté, dont la fidélité fut soumise à la tentation et qui préféra faire connaître au Roi, moyennant récompense [2], les menées des ligueurs. Son journal raconte comment les armes étaient achetées et emmagasinées et comment on exaltait les plus modérés en leur racontant « qu'il y avoit plus de dix mille huguenots au faubourg Saint-Germain qui vouloient couper la gorge aux catholiques pour faire avoir la couronne au roi de Navarre ».

On sait avec quelle niaise avidité la crédulité populaire absorbe et grossit les sottises les plus extravagantes; mais le duc de Guise ne prétendait pas se confier à ces levées clandestines et à cet enthousiasme de badauds. Il exigea que les bourgeois fussent répartis en régiments; un homme de loi, nommé Lachapelle-

[1] L'Estoile, t. I, p. 231.

[2] *Archives curieuses de l'histoire de France*, t. X, p. 432, payements secrets de deux cents et de deux cent cinquante écus donnés en mai et en septembre 1588 à Nicolas Poulain. Ces documents réfutent la doctrine de certains historiens qui aimeraient à supposer que ce journal était apocryphe. Le journal a, du reste, été connu des contemporains. (L'Estoile, t. I, p. 320; Palma Cayet, p. 32.)

Marteau, mit tant d'activité à cette organisation qu'il apporta en quelques jours au duc « une grande carte de gros papier où estoit peinte la ville de Paris et ses fauxbourgs, qui fut tout aussitost partie et séparée en cinq quartiers avec cinq colonels[1] », et calcula qu'il pouvait mettre sur pied trente mille hommes en une matinée.

Malgré la précision des renseignements qu'il recevait et malgré les signes avant-coureurs d'un désastre, le Roi ne cessait pas de se livrer aux divertissements comme s'il attendait son salut du hasard. En 1587, « aux jours gras, le Roy fait mascarades, ballets et festins aux dames, selon la mode accoustumée; le premier jour de caresme, se renferme aux Capussins[2] ». Et au plus fort du danger, le 12 février 1588, « le Roy, à la requeste de quelques dames, prolongea la foire Saint-Germain de six jours, et y alla tous les jours, voiant et souffrant faire par ses mignons et courtisans, en sa présence, infinies vilanies et insolences à l'endroit des femmes et des filles qui s'y rencontroient; va tous les jours voir les compagnies de damoiselles qu'il fait assembler par tous les quartiers de Paris, et toutes les nuits rôde de lieu en autre voir danser, deviser et rire, comme s'il n'y eût plus eu ni guerre ni Ligue en France[3] ».

Il ne sut même pas se prévaloir contre les Guises d'une action singulière du duc de Mayenne; ce fils dégénéré de « M. de Guyse le Grand » venait d'assassiner de sa main, dans un accès de colère, le chef de

[1] Nicolas Poulain, *Journal*.
[2] L'Estoile, t. I, p. 215.
[3] *Id.*, *ibid.*, p. 245.

ses gens de pied, le colonel Sacremore, fils naturel du chancelier Birague. « C'estoit le plus utile serviteur qu'ils eussent. Il fut enterré qu'il n'estoit pas encore mort [1]. ». Henri III donna des lettres de rémission et empêcha la justice d'agir. C'était dans le moment même où le duc de Guise faisait filer ses gens de guerre un à un dans Paris et n'attendait plus qu'un signal pour se rendre maître de la capitale.

Ce signal, il ne voulait pas le recevoir des petits bourgeois ; « cependant, une infinité de menu peuple qui avoit envie de mener les mains et de piller sous ce beau prétexte, étant impatient de la longueur de cette entreprise, murmuroit fort [2] » ; mais chaque fois qu'on le pressait d'arriver à Paris, le duc de Guise savait gagner du temps, en envoyant à sa place un de ses capitaines « bien accompagné ». Il introduisait ainsi peu à peu dans Paris une garnison capable de le défendre aussi bien contre les indiscrétions de ses alliés du ruisseau que contre les gardes et les Suisses du Roi. Les prétextes les plus variés lui permettaient de grossir en secret le nombre de ses gens de guerre ; il rencontrait déjà plus de difficultés à faire accepter leur présence par la populace qu'à la cacher au Roi.

Ce qui le rendait plus ferme à ne pas précipiter son coup d'État avant l'instant décisif, c'est qu'il n'était pas libre lui-même de choisir cet instant, et qu'il était forcé d'attendre le signal que lui donnerait le roi d'Espagne.

En mars 1588, l'Aragonais Moreo vient trouver le duc de Guise à Soissons, de la part de Philippe II, lui

[1] Henri IV, *Lettres missives*, t. II, p. 333.
[2] Nicolas Poulain, *Journal*.

remet trois cent mille écus d'or [1] et lui désigne le mois de mai comme l'époque du mouvement général des Espagnols contre l'Angleterre et contre la France. C'est en mai que la flotte espagnole, l'*Invincible Armada*, mettra à la voile; que le duc d'Aumale devra se rendre maitre de Boulogne pour offrir aux marins de cette flotte un port de ravitaillement pendant la lutte, de débarquement en France après la conquête de l'Angleterre; que le duc de Guise s'emparera de Paris et recommencera avec énergie la guerre civile, pour empêcher la France d'intervenir dans le duel à mort que Philippe II a engagé contre les Anglais.

La discipline des affidés de Philippe II était si stricte que les trois événements se sont réellement accomplis dans le mois de mai. Seulement, les lenteurs de l'administration espagnole n'ont permis le départ de l'*Armada* que le 28 mai; le duc d'Aumale, déjà battu dans ses tentatives criminelles sur Boulogne, se présenta le 15 mai devant les portes de la place, fut repoussé par le capitaine Bernet, lieutenant du duc d'Épernon [2], et, malgré son désir de procurer ce port au roi d'Espagne, fut forcé de le tenir bloqué; il intercepta les renforts que le duc d'Épernon essayait de faire parvenir [3].

Le duc de Guise, toujours impatient, pressé par les instances des Parisiens, s'était porté en avant dès le 9 mai [4]. Il se sentait tellement débordé par ses Pari-

[1] Mignet, *Marie Stuart*; Froude, t. XII, p. 419.

[2] Palma Cayet, p. 51.

[3] L'Estoile, t. I, p. 229.

[4] Un calendrier fera bien comprendre la suite de ces journées :

| | | |
|---|---|---|
| 8 mai 1588 | Dimanche. | Départ de Soissons. |
| 9 — | Lundi. . . | Première visite au Louvre. |
| 10 — | Mardi. . . | Seconde visite avec 400 gentilshommes. |

siens qu'il craignait d'apprendre la prise du Louvre sans lui; et comme « il ne trouve l'appétit ni plaisir qu'en propre goût [1] », il monte à cheval le dimanche 8 mai à neuf heures du soir, quitte Soissons au galop, suivi seulement de huit gentilshommes et du marchand Brigard, délégué des Parisiens, évite le secrétaire d'État Bellièvre, envoyé par le Roi pour lui porter une défense formelle de pénétrer dans Paris [2], arrive vers midi le lendemain. Il met pied à terre devant la demeure de la Reine mère; il la prie de le mener près du Roi.

Pourquoi cette démarche? Il arrive à Paris contre la volonté nettement exprimée de Henri III, afin de rétablir la discipline parmi les ligueurs, de prendre le commandement, de commencer la lutte décisive; pourquoi dès lors s'exposer seul, dans le Louvre garni de troupes, au milieu de favoris capables de toutes les insultes, chez un prince qui se croit le droit de détruire ses ennemis? On ne voit pas quelles chances favorables peuvent compenser le risque. Probablement il veut attendre des nouvelles de la flotte, qui n'a pas encore mis à la voile; il espère gagner du temps en se présentant pacifiquement comme un médiateur entre le Roi et la Ligue. Étourdi par sa course à cheval de seize heures, téméraire comme aux jours de ses premières armes, il se jette étourdiment dans le Louvre, ainsi qu'il s'était avancé seul au milieu des huguenots à Saint-Yrieix ou des reîtres à Dormans.

Catherine était malade. En apprenant l'arrivée de ce

11 mai 1588 Mercredi. Hésitations du Roi.
12 — Jeudi . . . Barricades.
13 — Vendredi . Hésitations du duc. Fuite du Roi.

[1] Mathieu, livre VIII.

[2] L'Estoile, t. I, p. 248.

visiteur inattendu, elle se fait habiller, monte dans sa chaise à porteurs et se fait conduire au Louvre. Guise la suit à pied. Ils entrent. Ils sont annoncés au Roi. Henri III a près de lui le Corse Alfonso d'Ornano et l'abbé del Bene[1]; il est saisi de fureur en apprenant cette visite, qu'il prend pour un défi. — « Par la Mort-Dieu, il en mourra ! » s'écrie-t-il[2]; il regarde les deux hommes, il voit briller leurs yeux. Le Corse demande un ordre. « *Percutiam pastorem,* dit l'abbé, *et dispergentur oves.* » Frapper le berger, c'est disperser le troupeau. Henri III le sait; il sort sans rien décider, entre dans la chambre de la reine Louise, où le Balafré l'attend avec Catherine de Médici. Dans un couloir, derrière la porte, se tient Lognac, un des nouveaux favoris, avec cinq des quarante-cinq gentilshommes gascons que d'Épernon a choisis pour protéger la personne du Roi. Un mot peut terminer la querelle. Le Roi semble chercher dans une colère factice l'énergie nécessaire pour le prononcer; il parle avec dépit, puis se laisse entraîner par sa mère dans l'embrasure d'une fenêtre et tombe sous le charme de cette voix caressante. Guise comprend le danger, demande la permission de se retirer; au moment où le Roi va répondre, Catherine prend elle-même la parole, retient son fils, pousse le duc. Guise sort de la chambre, traverse les rangs des gardes, échange un salut avec le brave Crillon, franchit le pont-levis; il est dans la rue, libre, au milieu du peuple qui s'est amassé en apprenant son arrivée, qui s'inquiète de le savoir entre les mains du

[1] Fils de l'ambassadeur de Savoie à la cour de France. Voir les *Archives de Turin* (mission de M. de la Ferrière).

[2] MIRON.

Roi, qui pousse des acclamations frénétiques en le voyant reparaitre pâle, fatigué, mais fier avec son pourpoint de damas blanc, son manteau de drap noir, son feutre à pointe sur lequel flotte une plume verte. Ce ne sont que cris de « Vive Guise! Vive le pilier de l'Église! Mesme qu'une damoiselle », Louise de Lhospital-Vitry, « estant sur une boutique, avoit abaissé son masque et avoit dit tout haut ces propres mots : — Bon prince, puisque tu es ici, nous sommes tous sauvés [1]. » On veut voir le Balafré, toucher ses vêtements; « une bonne vieille fend la presse et fait toucher son chapellet à ses habillemens. Un couvreur estant sur une maison en la rue S. Martin, sçachant qu'il passoit par là, se descend avec une corde, au hasard de sa vie, afin d'avoir moyen de l'envisager [2]. »

Le lendemain, mardi 10 mai, Henri de Guise renouvelle sa bravade et rentre au Louvre; mais cette fois, il est accompagné de quatre cents gentilshommes bien armés; par une porte de la villle entrent au même moment ses Albanais, le reste de ses troupes, et ses principaux conseillers; son parti est dans la place; l'hôtel de Guise entre en guerre contre le Louvre.

Rien de plus facile pour Henri III que de châtier les mutins et de se rendre maître en un seul coup de filet de tous ces ligueurs enfermés dans Paris. Il a sous la main un corps d'armée à Lagny et un autre à Rouen,

[1] L'Estoile. Les femmes nobles ne sortaient que le visage couvert d'un masque de velours noir, ce qui ne les empêchait pas d'être embrassées sur la bouche comme salutation par les personnes de leur connaissance qu'elles rencontraient. Tavannes s'élève contre cet usage et dit : « Quelle folie qu'il faille baiser toutes les femmes que l'on rencontre, et qu'icelles baisent indifféremment toutes personnes, offençant la santé et la pudicité! »

[2] Pasquier, *Lettres*, liv. XII, lettre IV.

avec le fidèle d'Épernon. Dans Paris, ses troupes sont commandées par les maréchaux d'Aumont et de Biron et par Crillon. Il possède cette autorité légale qui assure le dévouement du soldat. Mais il hésite au milieu des donneurs d'avis, oscille entre la peur et la vengeance, perd la journée du 11, puis fait entrer les quatre mille Suisses qu'il a à Lagny par la porte Saint-Honoré, le jeudi 12, de grand matin. Ces dispositions menaçantes sont rendues inutiles par la défense singulière que reçoivent les soldats, sous peine de la vie, de faire usage de leurs armes. Le Roi ne prévoit pas le cas où ses troupes seront assaillies, feint d'ignorer que le duc de Guise possède, outre ses bourgeois, de véritables soldats : il veut à tout prix éviter une bataille si près de sa personne, et croit réussir à effrayer le peuple et à éviter un engagement en empêchant ses soldats de faire feu. Toute la matinée, il laisse son infanterie disséminée dans les rues, isolée au milieu des passants, des femmes, des cris du peuple; il n'envoie pas d'ordres; ce qui est plus maladroit encore, il ne distribue pas de nourriture : les soldats se morfondent et se lassent.

Fait curieux : presque tous les souverains qui ont voulu réprimer des émeutes ont commis cette même faute : Anne d'Autriche abandonne ses compagnies des gardes, isolées et affamées au milieu des insurgés de la Fronde; Louis XVI laisse désarmer ses hussards. Le soldat n'a de valeur que par l'habitude de recevoir des ordres combinés avec prévoyance. Oubliez-le, laissez-le sans nouvelle de ses chefs, sans direction, sans vivres, il est saisi par la panique, il devient un jeu pour l'insurrection. Le 12 mai 1588, l'appareil militaire commence par intimider les Parisiens : les cinq régiments des quartiers ne se montrent pas. Henri III avait prévu avec raison ce résultat. Mais il aurait dû prévoir aussi que le duc de Guise se hâterait d'envoyer « plusieurs gentilshommes qu'il fait disposer de son ordonnance en chaque canton pour encourager ce peuple assez mutin, mais couard[1] ». Brissac, à la même heure, enrégimente, au nom du Balafré, la jeunesse des écoles et l'amène sur la rive droite de la Seine : les curés et les religieux courent de maison en maison, animent les tièdes, promettent la victoire, haranguent les premiers groupes. Pendant ce temps, le Roi reste inactif : il donne, « par son irrésolution, le loisir au duc et aux chefs de la sédition de reprendre leurs esprits. Le duc tantost donnoit des ordres et tantost recevoit advis de ce qui se passoit. Quoiqu'il parust quelque embarras sur son visage, on y remarquoit néanmoins une fermeté et une sérénité qui sembloient respondre du succès de ses desseins[2]. »

A midi, la situation a changé : des barriques pleines de terre sont dressées en travers des rues : des chaînes sont tendues. Les capitaines du duc de Guise ont rassemblé la populace, lui ont montré que les soldats ne se défendent pas; aussitôt les Parisiens font feu sur les Suisses au Petit-Pont[3]. Les Suisses, épuisés par leur marche de la nuit et leur immobilité de la journée, sans pain, sans vin, sans autre ordre que celui de ne pas se défendre, crient « miséricorde » et « bonne France ». A ces mots, les Parisiens cessent de se cacher

[1] L'Estoile.
[2] De Thou. *Mémoires*, p. 325.
[3] L'Estoile.

derrière leurs barricades de tonneaux, se montrent, désarment, égorgent ces malheureux. Les femmes, les enfants, des fenêtres, au coin des rues, guettent, assomment les Suisses. Brissac s'empresse, avec ses écoliers, d'en sauver quelques-uns et de les cacher dans les boucheries du Marché-Neuf : il fait disparaître les morts en les enterrant à la hâte au milieu de la place du Parvis Notre-Dame, pour que la vue du sang cesse d'enivrer le peuple.

A la nouvelle de ce massacre, le Louvre est plein de cris : la reine Louise tombe en défaillance; Villequier parle de composer avec le duc de Guise. Mais qui osera sortir, traverser cette foule, rejoindre le Balafré? Biron l'essaye. Il vient dire au duc de Guise que le Roi le supplie de sauver ses Suisses. Cette humiliation de la couronne ne peut pas causer de joie au Balafré, car il doit se sentir plus humilié lui-même des auxiliaires qu'il vient de déchaîner. Il a recours aussi aux supplications, et « prie le peuple de lui donner les Suisses ». En le voyant paraître à quatre heures du soir, le peuple l'acclame avec fureur et lui abandonne les pauvres soldats. « Il n'estoit sorti tout ce jour de son logis, et avoit toujours esté aux fenestres de son hostel de Guise, avec un pourpoint blanc découppé et un grand chappeau[1]. » Il rejoint Brissac et fait ouvrir les barricades pour laisser rentrer au Louvre les soldats de Henri III.

[1] L'Estoile. L'hôtel de Guise était situé entre les rues Barbette, de Chaume et de Paradis. Il avait été formé de 1553 à 1560 par l'acquisition successive des hôtels de Clisson, de Laval, de Laroche-Guyon, et d'une ou deux maisons bourgeoises. Il est connu chez les historiens du vieux Paris sous le nom d'hôtel de Soubise, parce qu'il fut acheté en 1697 par le prince de Soubise. La grille des ducs de Guise sert d'entrée à l'École des chartes.

En voyant défiler ces braves gens, de Thou dit à un petit tailleur d'habits « que le Roy avoit commandé à ses troupes de se retirer; — cet insolent répondit que c'étoit la peur qui les y obligeoit, et non l'ordre du Roy[1] ». Vanité du Parisien éclose dès cette époque, maladie spéciale des loqueteux de Paris, qui trouvent une jouissance à se regarder comme les ennemis et les vainqueurs de ceux qui sont chargés de les protéger.

Le soir est venu : la rue appartient au duc de Guise. Dans le Louvre, ce ne sont que gémissements et que tumulte : les filles d'honneur sont en larmes, les blessés gémissent, les porteurs de mauvaises nouvelles augmentent la terreur, les donneurs d'avis perfides songent à leur salut. Le matin du vendredi 13 mai, Catherine de Médici veut tenter une démarche près du duc de Guise. Suivie de Pinard, secrétaire d'État, elle monte dans sa litière, franchit le pont-levis, n'est pas insultée; les barricades s'entr'ouvrent pour elle, tant le nom seul du duc de Guise sert de sauvegarde à ceux qui s'en réclament. Près du duc on pénètre sans vexation, tandis que le Roi est retenu captif dans son Louvre. Catherine trouve le Balafré indécis et inquiet, entre sa sœur Catherine de Guise et Brissac. Ses capitaines dorment ou cherchent à empêcher le pillage. Il écoute froidement la Reine mère, comprend qu'elle vient proposer une capitulation, ne répond que des paroles évasives. Probablement il espère amener, par une dureté inflexible, Henri III à un degré de prostration tel qu'il consommera lui-même son abdication, remettra sa couronne à son vainqueur, le consacrera ainsi aux yeux de

[1] J. A. de Thou, *Mémoires.*

tous les catholiques, et méritera par tant de soumission la vie, une pension, l'image d'une cour. Si le débat s'était passé entre les deux hommes, peut-être Henri de Guise aurait proposé, Henri de Valois aurait accepté ce trafic. Mais la Florentine n'est pas pour s'entendre exprimer de telles propositions, après ses trente ans de souveraineté absolue, sa gloire, et cette autorité qui lui reste sur ces Guises qu'elle a vus naître, qu'elle a protégés, qui la savent liée encore à eux par le désir de sauvegarder les intérêts de son unique petit-fils. Au bout de plusieurs heures d'un débat soutenu avec la patience d'une Italienne et l'obstination d'une vieille femme, elle découvre que tout est perdu : elle lit dans les yeux du duc l'arrêt de son fils : elle se calme tout à coup, se lève, parle bas à l'oreille de Pinard, le renvoie au Louvre en feignant de vouloir obtenir de nouveaux pouvoirs du Roi pour signer les conditions que dictera le Balafré, mais en réalité pour presser Henri III de prendre la fuite par la seule issue qui reste ouverte, et le prévenir qu'il n'y a plus d'autre moyen de salut.

Pinard sorti, elle reprend la discussion, froidement, sans abandonner une seule prétention, sans en accorder aucune : elle gagne encore deux heures. Toute cette journée du vendredi est perdue pour le duc de Guise en récriminations, en discours inutiles, en plaintes vaines, en fausses promesses avec la Reine mère. Vers six heures du soir, un des gentilshommes du duc, M. de Ménerville, entre brusquement, parle bas ; le duc de Guise se lève furieux. Il vient d'apprendre que le Roi a disparu, que le Louvre est vide.

Après une journée d'angoisse, Henri III avait vu rentrer Pinard un peu avant cinq heures du soir ; il avait écouté l'avis de sa mère, était sorti à pied jusqu'au château des Tuileries, à côté de la porte Neuve où se trouvaient les écuries. Il monta à cheval; les gardes évacuèrent les Tuileries derrière lui. Henri III n'était plus que le roi de Chartres.

Avec Henri III s'échappait la couronne de France hors de la main déjà ouverte pour la saisir. Comment le duc de Guise ne comprit pas la nécessité d'occuper la porte Neuve Saint-Honoré, de cerner le Louvre, d'envahir les écuries et les bâtiments des Tuileries, de fermer toutes les issues, de ne pas s'accorder une minute de répit qu'il n'ait pris et tondu le Roi, c'est ce qu'on a eu de la difficulté à s'expliquer. « En tout ce qui s'est passé[1] dedans nostre ville pendant ces cinq jours, vous n'y trouverez qu'une chaisne de lourdes fautes : faute en M. de Guise, quand le lundi il vient en poste, lui septième; faute au Roi, qui ne se saisit de lui le mardi ou le mercredi; faute dernière en M. de Guise quand, le vendredi, il le laissa sortir de la ville. » Henri de Guise aurait dû dire comme Guillaume d'Orange qui s'embarquait pour s'emparer de la couronne d'Angleterre : — *Aut nunc, aut nunquam!* — Mais peu d'hommes ont la sagacité de jugement et la promptitude de décision nécessaires pour apprécier et saisir l'occasion précise qu'ils ont préparée, attendue, et qui ne reparaît plus.

Henri de Guise, du reste, n'était pas absolument maître de ses pensées : il était à la fois embarrassé par sa subordination secrète aux intérêts espagnols, et étourdi par le tumulte de ses ligueurs.

[1] Pasquier, livre XII, lettre v.

Lui, un soldat, il ne voyait pas sans dégoût cette humiliation des soldats devant les bourgeois vantards et la populace cruelle, ces luttes de Brissac pour disputer les Suisses aux mégères des halles, ce relâchement de tout lien, ce débordement de crimes, le pillage qui commence. D'ailleurs, il n'était pas sûr que des poternes du Louvre n'allaient pas sortir tout à coup les vieux fantassins, derrière les deux maréchaux de France, pour culbuter ce tas de boutiquiers ivres. Ses ligueurs, qui depuis lundi hurlent, boivent, tuent, ne vont-ils pas tomber épuisés le vendredi, et le laisser seul avec ses capitaines et ses Albanais, au milieu d'une détente générale? Lui-même succombe de lassitude. Depuis qu'il est parti de Soissons à cheval, il n'a pris de repos ni jour, ni nuit, à travers les transes, le bruit, les sourires adressés aux gens qu'il méprise, l'haleine des artisans des barricades, le dépit de ne recevoir point les nouvelles de la flotte espagnole; il se laisse tenter par la nécessité du repos; peu d'hommes peuvent, comme son père, dominer les nerfs et dompter le sommeil jusqu'à l'heure du succès définitif; les défaillances du corps et les révoltes du cerveau ont souvent leur part dans les décisions humaines.

Il aurait probablement échoué en voulant pousser davantage son succès; les esprits n'étaient pas encore préparés à une solution subite, et ils ne se seraient pas plus soumis à Henri de Guise devenu maître de Henri de Valois qu'ils ne se seraient ralliés à Henri de Navarre, si cet héritier de la couronne s'était converti au catholicisme, comme le lui demandait le Roi. On ne conjure pas les événements en avançant de quelques années la solution, qui deviendra irrésistible seulement lorsque la leçon sera complète. Dumouriez échoua misérablement dans la tentative qui, sept ans plus tard, donna le trône à Bonaparte; Henri de Navarre aurait perdu ses partisans et serait devenu le jouet des perfidies de Henri III, s'il s'était montré catholique cinq ans trop tôt. Henri de Guise, s'il avait tenu le Roi captif, n'aurait pu résister aux prétentions de l'Espagne et n'aurait pas vaincu, avec ses Parisiens, les Gascons du duc d'Épernon. La révolution ne vient qu'à l'heure où le travail des esprits est achevé, où chacun est assez malade ou assez las pour subir des impressions identiques au même instant et se soumettre au même événement.

Mais il eût mieux valu pour Guise être battu sur ses barricades par une sortie de Crillon, ou être forcé de rendre, après un triomphe de quelques jours, son prisonnier et sa ville de Paris aux soldats du duc d'Épernon, que subir les avanies des compagnons de sa demi-victoire, et se trouver aux mains de ceux que Montmorency nommait la canaille de Paris, dans les jours qui suivirent la fuite du Roi.

La commune de Paris se réorganisa subitement sous ses yeux, avec la formule qu'elle avait trouvée dès le quatorzième siècle, à l'époque où Étienne Marcel proposait aux villes flamandes de constituer une fédération communale en reniant le sentiment de la nationalité, et elle laissa prendre le pouvoir, sous les yeux du duc de Guise, à des aventuriers préparés aux crimes.

Leur première idée fut de se faire adjuger des jetons de présence[1]. Les quarante chefs de la commune de

[1] C'est ainsi que débuta également pendant la guerre le Comité de salut public de la ville de Lyon. Voir Louis DE SÉGUR, *les Marchés de la guerre*.

Paris s'allouèrent à eux-mêmes cent écus par mois, plus de moitié de ce que touchait un maréchal de France[1]. Les locataires furent autorisés à ne pas payer les propriétaires. Le payement de toutes les dettes fut suspendu. Jean Leclercq, ancien prévôt de salle d'armes, devint gouverneur de la Bastille; le peuple lui amena comme prisonnier le prévôt des marchands, Hector de Perreuse, qui était un ligueur déterminé, mais qui avait eu la maladresse de vouloir maintenir l'ordre dans les rues. Le duc de Guise accourut lui-même pour le mettre en liberté, le reconduisit à sa demeure, le quitta, et apprit en rentrant qu'il venait d'être arrêté par Leclercq immédiatement après son départ, et ramené à la Bastille. Il s'irrita, le fit sortir de nouveau; deux jours après, le peuple renferma pour la troisième fois à la Bastille l'infortuné prévôt des marchands.

Bientôt se fit « une assemblée générale du peuple en l'Hostel de ville, où ils proposèrent qu'il falloit eslire d'autres prévots des marchands et eschevins, par la voix commune du peuple, changer les colonels et les capitaines, qui n'estoient de leur faction[2] ». Guise voyait casser les bourgeois qui avaient fait élever des barricades pour lui; il était contraint de laisser déposséder et maltraiter par les gens du peuple les petits marchands dont il s'était fait le complaisant depuis plusieurs années; il ne se sentait même plus le maître de ses gens de guerre depuis qu'ils étaient mêlés à la populace; les soldats entraient avec le peuple dans les hôtels des riches négociants ou des conseillers du Parlement,

[1] Un maréchal de France recevait six mille livres par an. Voir le budget de 1572, Ms. Simancas, B. 33, p. 124.

[2] Palma Cayet, p. 46.

et mettaient les maîtres à rançon; ils roulaient ivres dans les rues. Les bourgeois profitaient aussi du désordre; pour se défaire d'un ennemi ou d'un concurrent, on l'accusait d'être huguenot. Le Parlement trouvait quelquefois « un bon nombre de bourgeois en la salle du palais, dès six heures du matin », pour demander « que la cour advisast de faire justice d'un huguenot, autrement qu'il y avoit danger que le peuple ne la fist[1] ». Aussi fallait-il calmer cette ardeur par le spectacle de quelques exécutions; parfois le peuple écartait les bourreaux et « faisait justice » lui-même; « furent pendues, puis bruslées en la place de Grève, deux sœurs parisiennes, filles de feu maistre Jacques Foucaud, comme huguenotes; une des deux fut bruslée toute vive par la fureur du peuple animé, qui coupa la corde avant qu'elle fust estranglée, et la jeta dans le feu ».

S'il voulait fuir les familiarités de ces étranges complices, le duc de Guise ne rencontrait près des gens d'honneur que froid accueil et hautaines réponses. Quand il se rendit près du premier président Harlay : « C'est grand'pitié lorsque le serviteur chasse le maître! » lui dit ce magistrat avec une fermeté d'autant plus courageuse qu'au même moment les ligueurs de Toulouse mettaient en pièces, dans les bras de sa femme et de sa mère, le président Duranti, ardent catholique, mais dévoué à Henri III. Un autre jour, le duc de Guise, apprenant que la populace se rendait à l'hôtel de l'ambassadeur d'Angleterre pour y tuer les Anglais hérétiques et emporter leurs meubles, voulut

[1] L'Estoile, t. I, p. 253.

au moins éviter ce déshonneur, et courut avec ses gentilshommes pour faire respecter le droit des gens par la force. « Monsieur, lui dit l'ambassadeur, lord Stafford, je ne puis accepter d'autre protection que celle du roi de France, près de qui je suis accrédité par ma souveraine[1]. »

Impérieux, nerveux, élégant, Henri de Guise se trouvait ainsi associé à ce qu'il y avait de pire dans la populace. A toutes les époques, c'est chez les flatteurs des instincts populaires que se sont montrés les types les plus complets de la bassesse féroce et de la cruauté lâche. Dans la démagogie de la Ligue s'agitaient en obscures perfidies des hommes aussi infâmes que le furent plus tard, parmi les puritains d'Angleterre, Louange-à-Dieu-Barebone, et parmi les jacobins de France, Barère. Le duc de Guise était devenu leur compagnon, leur instrument. « Voilà, dit le cardinal de Retz, le destin et le malheur des pouvoirs populaires. Ils ne se font croire que quand ils se font sentir, et il est très souvent de l'intérêt et même de l'honneur de ceux entre les mains de qui ils sont de les faire moins sentir que croire. »

Pour avoir voulu faire sentir ce pouvoir à Henri III et peut-être à Philippe II, le duc de Guise voyait chanceler ses intérêts et même son honneur. Aussi avait-il hâte de traiter avec le Roi, et se gardait-il d'interrompre ses relations avec Catherine, qui avait eu le courage de rester au Louvre et qui ne s'était effrayée ni des menaces des prédicateurs, ni des insultes de la

[1] « That being the ambassador of Her Britannic Majesty and accredited to the king, it was not in his power to accept any other protection than that of the king. »

rue. Elle se tenait ainsi comme un lien entre les deux adversaires, et conservait avec chacun une correspondance active, toute fière de retrouver son influence et de rentrer dans la vie politique, avec son idée fixe; elle prétendait faire adopter son petit-fils, l'héritier de Lorraine, comme successeur au trône de France, par Henri III, et exclure à la fois les Bourbons et les Guises; elle était soutenue par la jeune reine, avec ses deux sœurs et tous les Lorrains qui étaient mécontents ou envieux du duc de Guise; sur ce duc lui-même, elle croyait conserver de l'autorité, s'imaginait le séduire par la pensée d'une prochaine régence pendant laquelle il aurait tous les pouvoirs, et d'une dynastie lorraine qui établirait une aristocratie de nouveaux princes du sang sous la prééminence des ducs de Guise. L'ennemi, aux yeux de Catherine, ce n'était pas Henri de Guise; c'était le duc d'Épernon, ce Gascon hautain qui avait préservé Metz contre les Lorrains. Elle le représentait à Henri III comme un orgueilleux qui n'avait d'autre pensée que de se constituer une suzeraineté féodale et de démembrer le royaume.

Mal sûr du roi, dont il connaissait la pusillanimité et le peut de scrupules à trahir ceux qu'il avait poussés en avant, le duc d'Épernon chercha un appui près de Henri de Navarre et se rapprocha du Midi.

Henri de Navarre était dans une situation dangereuse. Depuis que la paix avait été conclue par Henri III sans lui et contre lui, il avait pour adversaires à la fois les ligueurs soumis au Balafré et les politiques ralliés au Roi. Quant aux Gascons, qui fournissaient jusqu'alors au recrutement des armées huguenotes, ils avaient été gagnés en grand nombre à la clientèle du duc d'Épernon, dans un moment où la foi religieuse avait perdu la ferveur de la première expansion, et où les gens de guerre s'occupaient surtout d'assurer leur fortune quand ils faisaient choix d'un parti. Henri de Navarre avait eu bien des heures d'angoisses dans cet hiver de 1587 à 1588, quand il remarquait que fatigues ni victoires ne servaient à agrandir sa cause, qu'il se trouvait réduit insensiblement à n'être plus qu'un petit chef de Béarnais, suivi par une poignée de rebelles indisciplinés, découragés et honnis. Une nuit, à Nérac, se voyant traqué dans ses derniers châteaux, déchu dans son rôle, abandonné de l'Europe du Nord, qui faisait face à ses propres dangers, il crut ses chances désespérées. Que devenir? Quelle ressource laissée? Fallait-il se réfugier chez les Turcs comme un aventurier aux abois? Mais que penserait la femme qu'il aimait, la fière Corisande d'Andoins? Au chagrin de la perdre, pouvait-il joindre la honte d'emporter son mépris? Ce souvenir de la femme le réconforta subitement; vers minuit, il prit une plume et écrivit à Corisande cette lettre étrange :

« Le diasble est déchaisné. Je suis à plaindre, et est merveille que je ne succombe sous le faix. Si je n'estois huguenot, je me ferois Turc. Ha! les violentes espreuves par où l'on sonde ma cervelle! Je ne puis faillir d'estre bientost fou ou habile homme. Cette année sera ma pierre de touche. Toutes les géhennes que peut recevoir un esprit sont sans cesse excercées sur le mien. Je dis toutes ensemble. Mon tout, aimez-moy. Bon soir, mon âme; je te baise les pieds un million de fois. De Nérac, ce VIII mars, à minuict. »

Ce n'était pas près d'une femme que le duc de Guise

cherchait un appui. Il écrivait au roi d'Espagne; il écrivait à son agent; il disait : « Veillez à nous prester secours à temps [1]. » Contre les forces du duc d'Épernon, de Henri de Navarre et du roi de France, il invoquait les secours de l'étranger. Il recevait surtout de bonnes paroles; il apprenait que Philippe II avait été satisfait de connaître « le bon esprit et résolution de Guise [2] ».

Mais ce n'était pas dans une nouvelle guerre civile en France que devait se jouer le sort de la religion réformée. Henri III et le duc de Guise comprenaient également que les destinées de l'Europe se décidaient sur d'autres points : ils se résolurent promptement à suspendre des hostilités qui ne pouvaient amener de victoire décisive et à conclure une paix qui ne devait pas assurer un repos définitif. Ils ne furent de bonne foi ni dans leur querelle, ni dans leur réconciliation; ils n'étaient sincères que dans leurs préoccupations sur le sort de la flotte espagnole. Si les marins de Medina Sidonia et l'infanterie du duc de Parme supprimaient l'hérésie en Angleterre et dans les Pays-Bas, Henri III comprenait qu'il tomberait avec son royaume à la merci de Philippe II. Toute résistance, tout effort avant la solution était une perte de forces. « Mais, disait-il à l'ambassadeur d'Angleterre, avec un œil éclairé par des pensées de vengeance, si la flotte espagnole pouvait seulement être défaite, tout irait bien ensuite [3]. »

En attendant, il feignit d'abandonner Henri de

[1] Ms. Simancas, B. 61.

[2] Ms. Simancas, A. 56; Documents publiés par Bouillé, t. III, p. 191, 228.

[3] Froude, t. XII, p. 421 : Stafford to Walsingham : « If the spanish fleet could only be defeated, all good things would follow. »

Navarre et d'Épernon, rappela à lui les soldats qu'il avait mis sous les ordres de ce dernier, subit toutes les conditions que lui imposa le duc de Guise. Jamais traité plus humiliant : le Roi acceptait la mission d'exterminer l'hérésie et de dépouiller le duc d'Épernon au profit du duc de Guise; il reconnaissait son vainqueur comme lieutenant général du royaume et chef des armées; il lui abandonnait Metz, Angoulême, Boulogne, toutes les places que d'Épernon défendait avec succès. Il descendit plus bas encore. Dans ces dernières semaines de luttes, le duc de Savoie avait profité du désordre de la France pour se rendre maître du marquisat de Saluces, notre dernière possession en Italie. Une campagne contre la Savoie, pour punir cette violation des traités, aurait soulevé l'enthousiasme des gens de guerre, rallié tous les chefs autour du Roi et donné une direction nouvelle au sentiment national; mais elle aurait détourné les idées des querelles religieuses et déplu à Philippe II. Il fallut renoncer à défendre le territoire du royaume, et honteusement laisser à la Savoie la province dont elle s'était emparée par surprise.

C'est ce traité de Rouen[1] qui fait le mieux saisir dans toute son abjection l'âme de Henri III. Catherine, du moins, est sous l'hallucination d'une idée fixe; ses excès de table lui ont fatigué le cerveau, son embonpoint l'accable; elle se débat contre la maladie, qui ne lui laissera plus que cinq mois à vivre. Mais le Roi paraît chercher les humiliations, vouloir attendrir la pitié de son ennemi en se livrant tout entier à sa merci, renier et repousser ceux qui lui sont restés fidèles,

[1] 15 juillet 1588.

comme pour mieux flatter ceux qui l'ont combattu. Avec quelques mots spirituels, il croit sauvegarder sa dignité. Quand le duc de Guise vient le rejoindre à Chartres : « Mon cousin, dit le Roy, qui dîne avec lui, beuvons à nos bons amis les huguenots. — C'est bien dit, Sire, fait Guise. — Et à nos bons barricadeux de Paris, dit le Roy, ne les oublions pas [1]. »

Le duc de Guise, de son côté, semblait vouloir faire hommage à Philippe II de ses nouvelles dignités; il se vantait d'être en mesure de lui rendre des services plus importants à l'avenir. Il le priait de ne charger de leur correspondance que des « personnes espagnoles de nacion, lesquelz je estime y estre liés d'une plus estroicte dévotion [2] ». Il renonçait à trouver un Français qui poussât aussi loin que lui le dévouement à la politique de l'Espagne.

Sa pension ne cessait pas de courir, et chaque échéance était l'occasion de sollicitations pressantes près de Mendoza pour être payé « en toute extresme diligence du quartier présent [3] ». Bien que lieutenant général du royaume et, par conséquent, souverain de France en droit comme en fait, il ne cessait de correspondre avec Mendoza, de rendre compte de ses actes, de ses projets, de sa politique; il trahissait lui-même son propre gouvernement, comme s'il avait voulu reporter vers le roi d'Espagne les témoignages de servilité qu'il recevait de Henri III.

D'Épernon fait contraste dans ce concert de bassesses. Privé de son armée, seul au milieu de la France,

[1] L'Estoile, t. I, p. 260.
[2] Ms. Simancas, B. 60, publié par Bouillé, t. III, p. 239.
[3] *Id., ibid.*, B. 61, p. 54, 93, etc.

il ne veut pas céder sa ville d'Angoulême au duc de Guise; il se jette dans le château d'Angoulême avec sa jeune femme, et appelle à lui les la Rochefoucault et Henri de Navarre. Les ligueurs de la ville veulent le chasser avant l'arrivée de ces troupes. Ils s'assemblent en tumulte un matin [1], pénètrent dans le château et commencent à piller. D'Épernon n'avait pas un seul soldat; il se trouve dans un bain; la duchesse est à la messe au couvent des Jacobins. Le médecin Sorlin, qui se trouve à côté de la baignoire, s'avance vers la populace, crie au duc de se barricader, tombe frappé d'un coup de feu, se relève et va donner l'alarme aux cuisiniers. D'Épernon saisit son épée, charge les assaillants, en tue quelques-uns, est rejoint par son ami l'abbé del Bene, qui vient d'armer quelques laquais, et par le médecin Sorlin avec ses cuisiniers. Le peuple se sauve, les mieux armés font résistance sous le commandement du maire; d'Épernon les pousse à travers les corridors, tue le maire, force les autres à se réfugier dans une tourelle, les y enferme. Pendant ce temps, le tocsin sonne, la population descend dans les rues et bloque le château. La duchesse, à ce tumulte, veut sortir des Jacobins; ses deux écuyers tombent mortellement frappés en voulant la protéger contre ceux qui se précipitent pour la saisir. Couverte de leur sang, maltraitée par le peuple, elle est pressée d'écrire à son mari de se rendre; elle répond avec fierté que son mari n'est point homme à se rendre à telle canaille [2], déclare qu'il saura châtier les rebelles, effraye les ligueurs par son énergie,

[1] Le 10 août 1588. Voir Palma Cayet, p. 64.

[2] Elle était petite-fille du connétable de Montmorency. Voir les états généalogiques.

au point de se faire reconduire par eux au château. Les portes sont barricadées; elle se fait apporter une échelle et entre par la fenêtre. Son mari se défend avec elle dans le château pendant trente heures sans recevoir de nourriture. Il voit enfin arriver un premier détachement de huguenots, et devient en quelques minutes le maître de la ville. Encore animé par la fureur du combat, il a le talent, si rare dans tous les temps, mais extraordinaire à cette époque, de dominer son ressentiment, de ne rechercher ni ceux qui avaient fait feu contre lui, ni ceux qui avaient tué les écuyers de la duchesse; il retient les soldats dans le château, rétablit l'ordre dans les rues et devient subitement l'idole de la population qui l'assiégeait quelques heures auparavant. « Je ne l'aurois jamais cru de luy, disait le duc de Guise; sa valeur l'a sauvé, et sa prudence l'a établi dans ces quartiers [1]. »

Pendant que les derniers défenseurs de Henri III se rassemblaient malgré lui et presque en rebelles autour d'Angoulême, l'*Invincible Armada* voguait vers la Manche. Toutes les ressources d'un trésor épuisé et d'une marine autrefois florissante avaient été concentrées pour un effort suprême : les meilleurs régiments, les plus vieux généraux, tous les canons, tous les mousquets étaient poussés vers le Nord. Tous les partis en France n'employèrent le mois d'août qu'à attendre des nouvelles; de Thou raconte en vers burlesques un conseil tenu à Chartres vers la fin du mois [2], et représente les derniers hommes de l'entourage du Roi, qui changent d'avis, tremblent, deviennent insolents selon

[1] Palma CAYET, p. 64.
[2] DE THOU, *Mémoires*, p. 328.

leur opinion du moment sur le sort de la flotte espagnole; chez les ministres, ce ne sont que faux-semblants et inquiétudes : l'un d'eux, Cheverny, est le plus incertain :

Tantôt il parle bas : puis, craignant le reproche,
Il demande tout haut si la flotte s'approche.

Villequier, le compagnon des jours heureux, vieilli maintenant et infirme, ne songe plus qu'à flatter la fortune des Guises :

Ne vous alarmez pas, le vent n'est plus contraire,
Je le sens à ma jambe, et j'en crois son ulcère,
Dit le gros Villequier dont une chaise à bras
Embrassoit l'épaisseur et n'y suffisoit pas...
Mon ulcère aujourd'hui coule avec abondance,
Et je gagerois bien que la flotte s'avance.

Quelques jours après, Mendoza arrive à Chartres, descend de cheval devant le portail de la cathédrale, annonce qu'il a la nouvelle d'une grande victoire des Espagnols, demande un *Te Deum*. Pendant qu'on le chante, le peuple acclame l'Espagnol, lui fait un cortège triomphal jusqu'à l'évêché, où demeure le Roi. Henri III l'écoute froidement, puis lui montre une lettre du gouverneur de Calais, qui annonce la victoire de la flotte anglaise. Deux savants, Drake et Frobisher, la commandaient; ils ont osé attaquer les gros vaisseaux de l'Espagne; ils ont détruit douze navires et cinq mille hommes; la grande galéasse est venue s'échouer à Calais; le reste de la flotte est emporté par le vent. Mendoza fut accablé par cette nouvelle, et retourna à Paris couvert de confusion. Mais le duc de Guise resta près du Roi comme le véritable représentant de Philippe II. Il poussa la complaisance pour ce maître jusqu'à venir réclamer, au nom de l'Espagne, la restitution des trois cents rameurs turcs de la grande galéasse, qui avaient été recueillis à Calais[1]. Les maréchaux d'Aumont et de Biron soutinrent que le sol français rendait la liberté aux esclaves, et que les trois cents forçats devaient être renvoyés dans leur pays : ils les firent venir à Chartres et les placèrent sous les regards du Roi, « le long des degrés de l'église par où le Roy devoit passer pour aller à la messe, estant nus comme ils sont quand ils tirent la rame ». Henri III, rendu de plus en plus hardi par les nouvelles récentes qui lui parvenaient d'Angleterre, décida que ces esclaves étaient libres ; il les fit reconduire à Marseille et embarquer sur des navires turcs, chacun avec un écu.

La flotte espagnole, dont la menace pesait depuis deux ans sur l'Europe, venait de disparaître tout entière. Jetés par un ouragan dans la mer du Nord, les navires qui avaient échappé aux canons de Drake et de Frobisher échouaient sur les îles ou le long des côtes de l'Écosse : une moitié environ de la flotte put tenir le large et se laisser emporter jusque vers la mer Glaciale ; après plusieurs semaines, elle navigua vers le Sud, mais la totalité des vivres était consommée ; les hommes, épuisés de faim et de fatigue, furent sans force pour lutter contre les nouvelles tempêtes qui les jetèrent sur les côtes de l'Irlande. Les naufragés affamés croyaient être accueillis par les frères qu'ils étaient venus délivrer du joug des hérétiques ; ils ne rencontrèrent sur ces

[1] Palma CAYET, p. 62.

rochers que des sauvages ignorants et grossiers qui furent transportés de joie à la vue d'un butin si facile à saisir, et d'une richesse qui s'offrait subitement à leur misère : les catholiques d'Irlande ne virent que la proie miraculeuse, et tuèrent chaque Espagnol qui débarquait sur leurs côtes. Un seul homme, le même jour, assomma avec son bâton quatre-vingts Espagnols, à mesure qu'ils parvenaient à atteindre son rocher[1]. Il se nommait Melaghlin Mac Cabbe.

[1] Froude, t. XII, p. 509.

## CHAPITRE XXVII

### LE CHATEAU DE BLOIS.

### 1588.

Henri III, quand il n'a plus à redouter la flotte espagnole, retrouve du courage et essaye sur la Ligue la politique qui avait réussi à sa mère contre les huguenots : il prétend ressaisir un à un, pendant la paix, les avantages qu'il avait été forcé de concéder pour l'obtenir.

Les états généraux du royaume devaient être réunis à Blois, d'après les conventions conclues au mois de juillet. Le duc de Guise comptait sur les députés des états pour accroître son importance au détriment de l'autorité royale, tandis que Henri III se flattait de faire tourner à son profit cette manifestation de l'opinion publique : le Roi ne remarquait pas, dans son illusion, que la Ligue faisait élire dans tous les ordres ses seuls candidats. « Je n'oublie rien, écrivait le duc de Guise à l'Espagnol Mendoza [1] ; ayant envoyé en toutes les provinces et baliages des hommes confidents, je pense y avoir tellement pourveu que le plus grand nombre des

[1] Ms. Simancas, B. 61, pièce 93, publiée par BOUILLÉ, t. III, p. 293.

députés sera pour nous et à nostre dévotion. » Mais Henri III crut séduire par ses harangues, par le prestige de la couronne, par les charmes des filles d'honneur, par les fêtes de la Cour, les députés qui s'assemblaient à Blois, et regagner insensiblement le terrain abandonné dans les derniers traités.

Pour commencer cette conspiration contre l'homme à qui il venait de confier tous ses pouvoirs, il écarta ceux qui avaient l'habitude de livrer ses secrets, et renvoya tous ses ministres. Aussitôt après, il voulut éprouver la patience du duc de Guise et viola la principale des stipulations du traité qu'il venait de signer : le point capital de cet édit de pacification était de conférer au duc de Guise la charge de lieutenant général du royaume, avec le commandement en chef de toutes les armées ; malgré des termes aussi formels et aussi récemment consentis, Henri III osa soustraire à cette autorité la seule armée qui lui restât ; il la plaça sous les ordres du duc de Nevers, et l'envoya guerroyer contre Henri de Navarre.

Ensuite, pour ne négliger aucun des anciens artifices de sa mère, il fit venir à Blois ce qui restait de l'ancien escadron de Catherine de Médici. Des femmes qui arrivèrent, la plus belle semble avoir encore été, comme à la fin du règne de Charles IX, madame de Sauve, âgée alors de trente-sept ans. Cette petite-fille du surintendant Semblançay était devenue veuve en 1579, et avait épousé Louis de la Trémouille, marquis de Noirmoutiers[1].

[1] Charlotte de Beaune devint veuve de Fizes de Sauve le 27 novembre 1579 et épousa, le 18 octobre 1582, François de la Trémouille, marquis de Noirmoutiers.

Elle ne connaissait que la vieille tactique, et crut pouvoir jouer, entre le duc de Guise et son frère Mayenne, le rôle de coquetterie complaisante qu'elle avait su tenir entre Henri de Navarre et son beau-frère François de Valois. Elle voulut conserver à la fois sous son empire les deux personnages les plus importants de la Cour : mais Guise s'emporta devant elle contre le duc de Mayenne; les deux frères tirèrent l'épée, furent séparés et menacèrent de se battre le lendemain. Mayenne préféra quitter Blois [1].

Cette querelle scandaleuse avec un frère qui comptait de nombreux partisans parmi les gens de guerre amoindrissait le duc de Guise : il eut la chance de voir, quelques jours plus tard, l'attention de la Cour se détourner vers une autre aventure et oublier les excès de sa jalouse passion.

Le petit-fils du chancelier Duprat, Nantouillet, qui avait refusé d'épouser mademoiselle de Chasteauneuf et avait reçu les coups de fouet de cette orgueilleuse fille, s'était marié à Anne de Barbançon, dont la beauté plaisait à Catherine de Médici. Anne avait pour son mari au moins autant de mépris que mademoiselle de Chasteauneuf, et ne tenait pas, comme madame de Noirmoutiers, à ne donner ses faveurs qu'à des princes. Sa chambre, au château de Blois, était à côté de celle de la Reine mère : Nantouillet, qui voulait se venger, y introduisit ses neveux. C'était le soir; madame de Nantouillet se faisait habiller pour se rendre à la réception de la Reine; les neveux l'égorgèrent sous les yeux de ses suivantes.

[1] Charlotte de Beaune naquit en 1551 ; elle était donc à peu près de l'âge des trois Henri. Elle ne mourut qu'en 1617.

Henri III pardonna à Nantouillet un genre de crime qu'il avait une première fois excusé chez Villequier. Il montrait ainsi qu'on pouvait se jouer de la justice et commettre impunément un crime sous ses yeux, à l'heure même où il avait le plus d'intérêt à faire croire qu'il possédait encore le pouvoir : il se montrait méprisé par ses propres serviteurs, au moment où les députés venaient l'entourer. Déjà vaincu et humilié, il s'avilissait de plus en plus sous les yeux de ses sujets, qui se rassemblaient aux états de Blois comme pour être les témoins de cet abaissement et de cette déchéance.

Les fêtes de sa cour ne lui rendaient pas son prestige : la plus somptueuse de toutes sembla au contraire amoindrir encore le Roi en l'associant à une famille méprisée par ses désordres et ses crimes. Cette fête célébrait les noces de Christine de Vaudémont, sœur de la reine Louise, avec le grand-duc de Toscane, cousin de Catherine.

Ce grand-duc, Ferdinand de Médici, était homme d'Église. Promu cardinal dans sa jeunesse, on ne l'appela que le cardinal de Médici pendant le règne de son frère François. François de Médici, époux de Jeanne d'Autriche, fille de l'empereur Ferdinand, est fameux par la passion extraordinaire que lui avait inspirée une courtisane de Venise nommée Bianca Capello ; il s'était soumis en esclave à ses volontés jusqu'à la mort de sa femme, puis avait obtenu du Sénat de Venise que Bianca Capello fût déclarée fille de la République Sérénissime ; il la fit aussitôt traiter en princesse souveraine, et l'épousa.

Catherine de Médici, humiliée de cette singulière parente que lui procurait son cousin le grand-duc François, donna-t-elle de perfides conseils au cardinal?

Faut-il croire, au contraire, que Bianca Capello voulut empoisonner son beau-frère et ne fut pas la mère des deux fils qu'elle présenta comme héritiers légitimes de la couronne de Toscane? Il serait cruel d'accepter les calomnies que le meurtrier sema contre les victimes. Ce qui est certain, c'est qu'un jour, à la campagne, au milieu d'un repas, le grand-duc François et la belle Vénitienne tombèrent morts; les enfants disparurent; Ferdinand se fit proclamer grand-duc, obtint du Pape d'être relevé de ses vœux ecclésiastiques et de se marier; Catherine de Médici récompensa ce crime heureux par la main de la sœur de sa belle-fille.

L'union fut célébrée à Blois, au milieu de prodigalités qui scandalisèrent les rudes ligueurs des états généraux. Cette dernière joie tira avec peine Catherine de la torpeur dans laquelle elle languissait depuis la réconciliation de Henri III avec le duc de Guise. Elle se sentait entourée de gens qui ne la craignaient plus, ne lui étaient plus attachés par l'intérêt et ne l'avaient jamais été par l'affection. Ses propres créatures la voyaient délaissée au milieu de la Cour, l'esprit noyé dans ses souvenirs, le cœur brisé par la ruine de son dernier rêve, cette chimérique pensée de transmettre la couronne de France à son petit-fils, le marquis de Pont-à-Mousson. Trop vieille pour se venger, trop dissimulée pour se plaindre, elle était lasse des intrigues et se sentait mourir dans l'abandon.

Au milieu de ces émotions de la Cour, les états généraux s'étaient réunis le 16 octobre, et, dès le début, s'étaient montrés d'un dévouement fanatique à la cause du duc de Guise. « Je ay si bien manié nos estatz, écrit Henri de Guise au roi d'Espagne, que je les ay fait résoudre de requérir la confirmation comme loi fondamentale de l'édit reçu[1] » contre Henri de Navarre pour l'exclure du trône et le proscrire. Mais l'affaire du marquisat de Saluces indignait le patriotisme de plusieurs députés et troublait les projets de l'Espagne. « Le remuement de Saluce, écrit Guise à Philippe II, embarrasse si estrangement qu'il fait presque perdre le fond et la suite des desseings, aliénant les volontés d'une bonne part des catholiques, pour les faire penser à ailleurs qu'à la poursuyte de cette guerre » contre Henri de Navarre. « Nous avons quasy forcé, ajoute-t-il, s'il faut ainsy parler, le Roy de entrer en cette résolution[2] », de ne faire aucun effort pour recouvrer ce dernier débris de nos conquêtes d'Italie.

Mais la docilité des états généraux ne s'obtenait pas sans des dépenses énormes; les derniers ducats de Philippe II y étaient consacrés, et Guise réclamait à tout instant de nouvelles subventions : « Les despences, écrit-il, me sont tellement accrues que j'ai bien besoin de vostre prompt secours[3]. » Henri III, qui employait tout son argent en fêtes, ne pouvait lutter contre cette prodigalité d'un rival qui « n'oublioit rien pour fortifier son parti; il prenoit la despense de ceux qui lui étoient attachés, gagnoit les autres par des caresses, se rendoit affable à chaque particulier, promettoit des emplois, des dignités, des charges et des gouvernemens aux plus intéressés[4] ». Et quand on lui reprochait de n'avoir

[1] Ms. Simancas, B. 60, pièce 204.

[2] *Id.*, B. 60, pièce 203.

[3] *Id.*, B. 61, pièce 167. Toutes ces lettres sont publiées par Bouillé, *Histoire des ducs de Guise*.

[4] J.-A. de Thou, *Mémoires*, édit. Didier, p. 331. Il ne faut pas confondre ces Mémoires de J.-A. de Thou avec l'*Histoire universelle*.

autour de lui « que tout ce qu'il y avoit de gens ruinés et de plus corrompus dans le royaume, et presque pas un honnête homme », il répondait ce que disent tous ceux qui se mettent en lutte contre la légalité et préparent des usurpations : « Qu'il avoit toujours fait son possible pour gagner par ses soins et par ses bons offices l'amitié des honnêtes gens; que toutes ses démarches ayant été inutiles, il avoit été obligé, dans un temps où il avoit besoin d'amis, de recevoir ceux qui venoient s'offrir à lui de si bonne grâce[1]. »

Cependant les deux adversaires, parvenus à cette époque décisive, hésitaient à frapper le premier coup; ils s'aigrissaient de plus en plus dans des querelles mesquines, sans oser s'attaquer ouvertement. Henri III dans son château, avec ses gardes, prêt à recevoir le secours de Henri de Navarre et du duc d'Épernon, était moins facile à vaincre que dans les rues de Paris. Guise, néanmoins, menaçait de renouveler une journée des barricades et de ne pas s'arrêter, comme la première fois, à moitié chemin du succès. « Si l'on commence, écrivait-il, j'acheveray plus rudement que je n'ai fait à Paris[2]. » Mais ce qui semble avoir poussé à bout la patience du Roi, c'est le peu de succès de sa harangue aux états; le bel esprit se sentit blessé dans son amour-propre; le pédant fut moins tolérant que le monarque. Forcé de modifier son discours pour l'imprimeur, il affecta d'exagérer son humiliation, et déclara « qu'il s'estoit résolu de remettre sur son cousin de Guise et la Roine sa mère le gouvernement et conduitte des

[1] J.-A. DE THOU, *Mémoires*, édit. Didier, p. 331.
[2] Ms. Simancas, B. 61, p. 93.

affaires de son roïaume, ne se voulant plus empescher que de prier Dieu et faire pénitence[1] ».

A partir de ce jour, la pensée d'un meurtre hante son esprit. Pourquoi avoir tant tardé? Le droit d'armer des assassins semblait, dans les idées de l'époque, être l'un des apanages de la souveraineté. Philippe II passait sa vie à combiner des attentats de ce genre[2], et couvrait d'honneurs les parents de ses obscurs complices; Élisabeth n'avait pas craint de faire périr Marie Stuart, Charles IX de détruire Coligny. Cette étrange doctrine a survécu à Philippe II; cent ans plus tard, aux plus glorieux moments du règne de Louis XIV, l'année même[3] de la prise de Namur et de la victoire de Steinkerque, une tentative d'assassinat était tramée officiellement contre le roi d'Angleterre. Le Roi était regardé comme le juge suprême; en tant que juge, il se croyait le droit de condamner et de faire exécuter ses ennemis.

Mais qu'importaient les exemples ou le droit à Henri III? Dans son âme se remuaient les souvenirs des crimes passés : Condé tué, son corps outragé, le silence de la nuit que troubla le tocsin de Saint-Ger-

[1] L'Estoile, *Journal de Henri III*, édit. Didier, t. I, p. 264.

[2] Contre la reine Élisabeth, le prince d'Orange, don Juan d'Autriche, Montigny, Escovedo, Antonio Perez. Voir les ouvrages historiques de MM. Mignet, Prescott et Froude.

[3] En 1692. Voir Macaulay *History of England*, chap. xix. Notre ministre de la guerre, le fils de Louvois, envoya en Hollande un jeune officier nommé Grandval pour assassiner le roi Guillaume d'Orange. Grandval, avant son départ, fut reçu à Saint-Germain par le roi Jacques d'Angleterre, qui lui dit : « J'ai été informé de l'affaire; si vous et vos deux compagnons me rendez ce service, vous ne serez jamais dans le besoin. » Ces deux compagnons trahirent Grandval, chacun de son côté, à l'insu l'un de l'autre; le malheureux fut arrêté en arrivant au camp anglais, traduit devant une commission militaire, et pendu après avoir signé des aveux qui n'ont été démentis ni par la cour de Saint-Germain, ni par celle de Versailles.

main l'Auxerrois, les arches des ponts obstruées de cadavres. Acculé dans son dernier château, cerné, méprisé, il retrouve dans sa détresse la souplesse d'esprit, la perfidie de cœur, la précision d'idées qui lui avaient permis de préparer la Saint-Barthélemy et la fuite de Cracovie. Il jure sur le sacrement de l'autel parfaite réconciliation et amitié avec Guise, et il répond aux maréchaux de France qui lui conseillent de le faire arrêter : « Mettre le Guisard en prison seroit tirer un sanglier aux filets qui se trouveroit possible plus puissant que nos cordes ; là où quand il sera tué, il ne nous fera plus de peine, car homme tué ne fait plus guerre [1]. »

Un moment, on crut que les deux ennemis se livraient bataille dans l'enceinte du château ; ce n'étaient que les pages. Le 29 novembre, ils avaient pris le parti de leurs maîtres pendant la séance des états et en étaient venus aux mains. Crillon dut se montrer avec les gardes, bien que sans ordres du Roi, et apaisa le tumulte.

Enfin, le jour de la Saint-Thomas [2], Guise, se promenant sur une terrasse avec le Roi, ne fut plus le maître de sa colère. Il commençait à se lasser des témoignages de déférence et de soumission que l'étiquette le forçait à conserver près de cet ennemi terrassé ; il craignait que cette apparence d'une situation subalterne ne diminuât le respect dont il devait rester environné pour pouvoir devenir roi. Dans cette dernière entrevue, il réclama avec vivacité contre les violations du traité conclu au mois de juillet précédent, et

[1] L'Estoile, t. I, p. 264.

[2] La Saint-Thomas est le 21 décembre ; le Roi et le duc de Guise avaient communié avec la même hostie le 4 décembre.

exigea d'être mis immédiatement en possession d'Orléans, comme de l'une des villes qui lui avaient été promises au moment de la réconciliation. Le Roi, avec un rire méchant, répondit qu'il avait prononcé Dourlens et non Orléans, et qu'il ne livrerait que Dourlens[1]. Guise s'irrita, déclara qu'il allait quitter Blois et se mettre à la tête des troupes. La dissimulation ne pouvait plus se prolonger; il fallait agir.

Pourquoi le duc de Guise, toujours si téméraire, se laissa-t-il devancer par le roi fainéant? Il ne pouvait être dupe de la duplicité de son rival; l'ancien ministre Villeroy, le favori Villequier, et probablement Catherine de Médici elle-même, qui l'avait fait venir à Blois, le prévinrent d'être en défiance. Peut-être fut-il déçu par sa connaissance du caractère indécis et temporisateur de Henri III, et se crut-il, pour agir, plus de jours qu'il ne lui en fut laissé. Peut-être aussi comprit-il que s'éloigner de Blois, c'était perdre l'ombre de légalité que lui donnait la présence des états, tomber à la condition de simple lieutenant des généraux espagnols, rendre à Henri de Navarre le titre de champion de la couronne de France. Comme Coligny se perdit en se rattachant avec obstination à l'amitié de Charles IX, dernier lien qui le retint loin d'une nouvelle rébellion, ainsi Guise succomba pour n'avoir pu se séparer des états généraux. Le besoin de faire consacrer ses prétentions par les états n'était pas la seule force qui l'enfermât à Blois. Il ne pouvait quitter la marquise de Noirmoutiers, cette Charlotte de Beaune, dont les amours avaient failli perdre Henri de Navarre; chez elle, il

[1] Martha Freer, *Henry III king of France*, t. III, p. 236.

devait passer la nuit du 22 au 23 décembre. Il attendait cette nuit; il resta à Blois pour cette nuit. Cette nuit décida sa perte.

Le 23 décembre, à trois heures du matin, il sortit de la chambre de Charlotte de Beaune, trouva, en rentrant chez lui, cinq billets qui le prévenaient de quitter Blois à la hâte. « Dormons », dit-il à ses gens qui le suppliaient de se retirer immédiatement au milieu de ses troupes, et il s'endormit vers quatre heures du matin [1].

Vers huit heures, il se réveilla, se fit revêtir d'un pourpoint neuf de satin gris, « fort léger pour la saison [2] », prit son manteau, sortit, franchit le pont-levis, pénétra dans le château.

Henri III, pendant la même nuit, prépare le guet-apens. La veille, à sept heures du soir, il dit très haut à Liancourt, le premier écuyer, de commander son carrosse pour quatre heures du matin, parce qu'il veut se rendre à un pèlerinage et être de retour pour le conseil. Il donne secrètement ordre au Corse Ornano et aux quarante-cinq Gascons de sa garde spéciale d'être

[1] « Or combien que ceste entreprise fust dressée avec tout ce que l'on sauroit souhaiter de prudence humaine, si ne pust-elle estre conduitte si sagement que l'on en halenast quelque vent. » (PASQUIER, *Lettres*, liv. XIII, lettre v.) Les moindres événements de cette affaire sont connus par le récit de Miron, le médecin et le confident de Henri III. La précision des détails, la netteté du style, la vigueur de la narration font de ce document un chef-d'œuvre inimitable. Les historiens n'ont pu que le copier, tous chacun à son tour. Quelques-uns ont raconté que le duc de Guise aurait écrit sur un billet lui annonçant que le Roi voulait le faire tuer : « Il n'oserait! » et qu'il aurait jeté le billet à terre. On n'écrit rien sur une lettre qu'on jette à ses pieds; cet acte de prendre la peine d'écrire une phrase pour qu'elle soit ramassée n'existe que dans le roman, et non dans la vie active.

[2] L'ESTOILE, t. I, p. 267.

près de sa chambre le lendemain à cinq heures; puis il s'enferme dans son cabinet, « accompagné du sieur de Termes seulement, où ayant demeuré jusqu'à minuit : Mon fils, lui dit-il, allez vous coucher, et dites à du Halde qu'il ne faille pas de m'éveiller à quatre heures [1]. » Il prend un bougeoir et entre dans la chambre de la Reine, pendant que M. de Termes se dirige vers celle de M. du Halde pour lui rappeler d'éveiller le Roi non dans sa chambre, mais dans celle de la Reine; du Halde se fait éclairer par M. de Termes pour monter son réveille-matin, de manière à se trouver prêt à l'heure indiquée. Tout s'endort dans le château.

« Quatre heures sonnent; du Halde s'éveille, se lève, et heurte à la chambre de la Reine. Louise Dubois, dame de Piolans, sa première femme de chambre, vient au bruit, demande ce que c'est »; mais le Roi, qui s'est éveillé, la fait taire, lui dit : « Piolans, ça mes bottines, ma robbe et mon bougeoir. » Il se lève et sort sans rien dire à la Reine, qui s'inquiète. Il monte un étage avec du Halde, le mène dans une galerie qu'il avait fait diviser en une cinquantaine de cellules, depuis deux ou trois jours, sous le prétexte de loger des capucins qu'il voulait avoir constamment près de sa personne, mais en réalité pour cacher et séparer tout ceux qui joueraient un rôle dans l'acte prémédité; il pousse du Halde dans une de ces cellules, et, sans parler, l'y enferme. Vers cinq heures se présentent un à un ses quarante-cinq; il les mène successivement à l'étage

[1] MIRON, *Relation de la mort du duc de Guise.* Ce manuscrit a été publié pour la première fois dans l'*Histoire des cardinaux*, par AUBERY, t. V. Il a été compris dans toutes les éditions de Mémoires sur l'histoire de France.

supérieur et les met sous clef, chacun dans une cellule. Les membres du conseil, convoqués pour six heures du matin, arrivent, ne remarquant rien d'extraordinaire dans les escaliers, ni dans les couloirs, commencent la séance. Le Roi, dès qu'il a vu entrer dans la salle le cardinal de Guise, qui logeait en ville à l'hôtel d'Alluye, remonte à ses cellules, ouvre les portes, fait descendre ses hommes, les introduit dans sa chambre en leur recommandant de ne pas faire de bruit, afin de ne pas éveiller la Reine mère, qui est mourante à l'étage inférieur. Les lueurs blafardes de cette matinée de décembre et le bougeoir du Roi éclairent mal ces faces inquiètes, ces yeux avides, ce lit inhabité. Le Roi prononce une harangue pour demander à ses quarante-cinq de le venger, et il a la joie d'obtenir ce succès oratoire que n'avaient pu lui procurer ses discours aux députés des états. Ces jeunes gentilshommes, transportés subitement de leurs chaumières de Gascogne, où ils souffraient de la faim et de toutes les privations, pour devenir les confidents du Roi, pénétrer dans sa chambre, s'entendre nommer ses champions, ses vengeurs, ses amis, devaient être d'autant plus étourdis de cette fortune subite que le duc de Guise les avait menacés de les replonger dans leur misère antérieure : « Par l'advis du duc de Guise, les quarante-cinq gentilshommes devoient en la supplication que les estats feroient au Roy de réformer sa maison, estre cassés comme n'estant nécessaires [1]. » Rustres encore et ne sachant guère que le patois de leurs villages, ils restaient grossiers et naïfs. Périac, l'un d'eux, com-

[1] Palma Cayet, *Chronologie novenaire*, édit. Didier, p. 81.

prend vaguement que le discours du Roi traite de la nécessité de poignarder le duc de Guise, et il l'interrompt avec une joyeuse familiarité, en lui frappant le ventre du plat de la main, et en criant : « Cap de Jou! je bous le rendrai mort. » Rassuré par l'enthousiasme de ces jeunes gens, Henri III les poste lui-même dans sa chambre et dans les couloirs, puis il se retire dans son cabinet, s'impatiente de ne pas voir arriver le duc de Guise, se trouble, apprend enfin à huit heures et demie que Henri de Guise vient de pénétrer dans la salle du conseil.

Henri de Guise avait eu froid sous son pourpoint de satin; la nuit l'avait fatigué. En entrant, il éprouve mal au cœur et a un frisson de faiblesse; l'œil du côté de la balafre sécrète quelques larmes. « J'ai froid, dit-il, du feu! » Pendant qu'on ajoute du bois dans la cheminée, il dit à M. de Morfontaine, trésorier de l'Épargne : « Je vous prie de dire à M. de Saint-Prix que je le prie de me donner des raisins de Damas, ou de la conserve de roses. » On ne trouve que des prunes de Brignolles; il commence à en manger. M. de Marillac, maître des requêtes, lit un rapport sur les gabelles, lorsque la porte s'ouvre, et l'on voit avancer Revol, secrétaire d'État, qui dit au duc : « Monsieur, le Roy vous demande; il est en son vieux cabinet », puis qui disparait en toute hâte. Le duc ne remarque pas cette précipitation à se retirer, ni l'émotion de Revol, qui était tellement pâli que le Roi venait de lui dire un instant auparavant : « Mon Dieu, Revol, que vous estes pasle! Frottez vos joues, Revol, frottez vos joues! » Le duc de Guise se lève, met quelques prunes dans son drageoir d'argent, laisse les autres sur le tapis : « Messieurs, dit-il, qui en veut? » Il jette son manteau sur le poignet gauche, tient ses gants et le drageoir de la même main, porte à sa barbe les doigts de la main droite, est salué et suivi par les quarante-cinq qui l'attendent. A deux pas de la porte du vieux cabinet, il se retourne afin de voir pourquoi on le suit, est aussitôt frappé dans les reins d'un coup d'épée, puis couvert de coups de poignard et d'épée; il saisit quelques-uns des meurtriers, les entraîne, puis va tomber près du lit du Roi.

En entendant ce bruit, le cardinal de Guise interrompt le conseil, se lève : « Ah, dit-il, on tue mon frère! — Ne bougez, monsieur, lui répond le maréchal d'Aumont en tirant son épée, le Roi a besoin de vous! »

Au même moment, le Roi entr'ouvrait la porte de son cabinet, et, voyant le corps, donnait ordre de fouiller les poches. Pendant qu'on détachait les chausses, le Balafré « jettant un gros et profond soupir, comme d'une voix enroüée, rendit l'asme [1] ». Le corps fut recouvert d'un « manteau gris et d'une croix de paille [2] », et « laissé quelque temps gisant et exposé aux opprobres et moqueries des courtisans qui l'appeloient le beau roi de Paris [3] ». On ne se contenta pas de l'insulter en paroles : « Un cœur de diamant fut pris, ce dit-on, en son doigt par le sieur d'Entragues [4]. » Pour que les

[1] MIRON.

[2] *Id.*

[3] L'ESTOILE.

[4] MIRON. Quant au geste de Henri III poussant le corps du pied et disant : « Mon Dieu, qu'il est grand! » il est assez vraisemblable, mais ne figure pas sur les manuscrits de l'Estoile. Il a été ajouté par le premier éditeur des journaux de l'Estoile.

ligueurs ne pussent se procurer des reliques de leur chef, le cadavre fut brûlé par les soins de M. de Richelieu, grand prévôt de France, et les cendres furent jetées dans la Loire.

Dans la matinée même, Henri III fit arrêter tout ce qu'il put trouver à Blois de membres de la famille : le prince de Joinville, fils aîné du duc, devenu le nouveau duc de Guise; le cardinal de Guise, frère du mort; la duchesse de Nemours, sa mère; le duc d'Elbeuf, son oncle, et avec eux les principaux chefs de la Ligue, l'archevêque de Lyon, le cardinal de Bourbon, le duc de Nemours, les sieurs de Brissac et de Boisdauphin; enfin, en pleine séance des états, les plus turbulents des députés de Paris, Lachapelle-Marteau, le président de Neuilly, les échevins Cotteblanche et Compans [1]. Dans cette journée du 23 décembre, Henri III montra plus d'activité qu'à aucune autre époque de sa vie; pendant la soirée, il fut averti que les états du clergé devaient lui réclamer le lendemain la mise en liberté du cardinal de Guise, et il se décida à prévenir cette démarche, qui pouvait être dangereuse, en détruisant auparavant le cardinal. L'horreur du sacrilège fit reculer plusieurs meurtriers. Le dernier favori du Roi, qui se nommait Le Gast, refusa de s'en charger; égorger dans une prison un prince de l'Église, sous sa pourpre, semblait le plus horrible des crimes. On finit cependant par obtenir, « pour quatre cents escus, quatre instrumens de cette exécution, lesquels, montés au galetas, le massacrèrent à coups de dagues, de halebardes et autres ferremens. Après cette exécution et

[1] L'Estoile.

aussitost que Sa Majesté fut advertie que c'en estoit faict, elle sortit pour aller à la messe [1]. »

Catherine, en voyant ruiner avec sa politique de ménagement pour les Guises tout espoir de succession au trône pour son petit-fils, se sentit frappée au cœur par cet acte d'indépendance du Roi. « Quand soudain après la mort de M. de Guise, le Roi la lui vint assez brusquement annoncer, elle reçut tel trouble en son asme, que dès lors elle commença d'empirer à veue d'œil [2]. » Elle eut cependant la présence d'esprit de faire un effort pour sauver les derniers débris de la famille. « La Reyne mere dict : — Mon fils, octroyez-moi une requeste que je vous veulx faire. — Selon que sera, madame. — C'est que vous me donniez le prince de Joinville, fils aîné du Balafré, et le duc de Nemours, fils de la veuve du grand François de Guise; « ils sont jeunes, ils vous fairont un jour service. — Je le veulx bien, dit-il, madame; je vous donne les corps et en retiendray les testes [3]. »

Oubliée bientôt dans sa chambre, seule avec ses souvenirs, elle voulut, « quatre ou cinq jours après, visiter M. le cardinal de Bourbon, prisonnier; lors ils commencèrent tous deux à faire fontaine de leurs yeux. Et soudain après, cette pauvre dame retourne dans sa chambre sans souper, et le mercredi, veille des Rois [4], elle meurt », le 5 janvier 1589, treize jours après le meurtre du duc de Guise.

La scène se dégage pour Henri de Navarre.

[1] L'Estoile, t. I, p. 268.

[2] Pasquier, liv. XIII, lettre viii, à maistre Nicolas Pasquier, son fils.

[3] *Lettres missives de Henri IV*, t. II, p. 416.

[4] Pasquier.

## CHAPITRE XXVIII

### HENRI IV ET LES GUISES.

### 1589-1610.

Le coup du 23 décembre 1588 suffit pour terrasser à jamais les Guises. Les derniers descendants s'épuisèrent dans la trahison et l'impuissance, et finirent dans le grotesque.

Ainsi fut précipitée, par un déclin subit, la race qui, de toutes les familles françaises, avait atteint la plus haute fortune. La témérité du troisième duc fit déchoir en un jour la maison qu'avaient élevée la patiente avidité du premier duc et le génie du second. Claude de Guise, avec un esprit étroit et obstiné, avait su se tenir en dehors des orages de la Cour et conserver sa faveur à l'aide de services modestes dont il savait habilement exagérer l'importance et réclamer le salaire. Héritier de sa haute position, François de Guise se montra grand homme de guerre, recouvra des villes françaises, consacra son génie aux intérêts de la France.

Pour l'étendue des idées, l'aptitude à concevoir des vues d'ensemble et des projets concentriques, pour la puissance cérébrale, Henri de Guise était l'égal de son père. Mais le père avait des qualités d'honnêteté, de patriotisme et de fierté qui manquaient à Henri de Guise. Il laissait les petites intrigues à son frère le cardinal ; il subordonnait les avantages de sa maison à ceux du pays ; il ne courtisait, pour s'en faire des adhérents, que les hommes d'épée. Henri de Guise s'embarrassa dans des projets criminels avec don Juan d'Autriche, avec Philippe II, avec les quartiers de Paris ; il se laissa associer aux intérêts de la politique espagnole ; il rechercha la basse popularité par des complaisances sans dignité pour la petite bourgeoisie, semblant préférer le titre de roi des halles à celui de roi des braves. Il ne savait pas, comme son père, rester possesseur de son sang-froid dans le danger, prévoir les conséquences des ordres qu'il donnait ou des entreprises dans lesquelles il s'engageait, demeurer maître de ses desseins, pour les suivre dans toute leur étendue.

Après lui, la décadence fut rapide. Charles de Guise avait dix-sept ans à la mort de son père [1] ; c'était un enfant vaniteux et violent ; sa taille chétive et son nez camard ne lui permettaient ni les séductions, ni les grands airs de son père. Lorsque les Parisiens voulurent en faire un roi, on leur répondit :

La Ligue se trouvant camuse,
Et les ligueurs bien estonnés
Se sont avisés d'une ruse,
C'est de se faire un roi sans nez.

Il faillit être mis en liberté quelques jours après la mort de son père. Il était enfermé avec les autres prisonniers dans le château d'Amboise, sous la garde de Le Gast,

[1] Né le 20 août 1571, mort le 30 septembre 1640. Voir les tableaux généalogiques de la fin du premier volume.

que le Roi croyait s'être attaché par les liens de la reconnaissance. Mais ce parvenu se mit à proposer aux Parisiens de leur vendre les prisonniers. Prévenu du trafic, Henri III courut à Amboise afin de ressaisir sa proie; mais Le Gast, son geôlier de confiance, lui interdit l'entrée du château et lui offrit de lui revendre ces mêmes prisonniers. Ainsi il ne s'était défait du duc de Guise que pour voir le plus misérable de ses favoris lui tenir tête avec une semblable impudence. Il fallut entrer en composition. Le Roi se soumit à cette effronterie, et obtint de remmener le jeune duc de Guise et le cardinal de Bourbon, sous la condition d'autoriser Le Gast à mettre en liberté contre rançon les autres captifs, et notamment les députés parisiens.

Quand le Roi arriva à Tours, où il fit enfermer le duc de Guise, il apprit que son autre favori, M. de Lognac, l'avait abandonné. Le maréchal de Retz vint en même temps lui demander permission de faire un voyage pour sa santé en Italie. Henri III pleura de rage. Tout croulait autour de lui; ceux qu'il s'était plu à combler des bienfaits les plus exagérés étaient les premiers à fuir au moment du péril. Ces traîtres ne tirèrent pas profit de leur défection. Lognac fut assassiné quelques semaines plus tard; Retz, surpris sur la route par un parti de ligueurs, fut dépouillé de tout ce qu'il emportait en Italie, puis dut payer cinquante mille écus de rançon, arriva à Lucques, vécut cinq ans caché dans un couvent, et ne revint en France qu'en 1594, lorsqu'il put discerner avec évidence quel parti était décidément le plus fort.

Pendant que le Roi se débattait au milieu des défections, le frère de Henri de Guise, le duc de Mayenne, marchait sur Tours à la tête d'une armée. Les ligueurs se soulevaient dans toute la France.

La situation du Roi empira chaque jour. L'armée qu'il avait mise sous les ordres du duc de Nevers se fit battre en détail par Henri de Navarre. Les autres régiments dont il pouvait disposer furent assiégés par les ligueurs dans Argenton. Mayenne approcha de Tours.

C'est à ce moment que Diane de France, cette fille légitimée de Henri II, qui était veuve de l'aîné des Montmorencys, vint trouver Henri III. Femme d'une volonté ferme, d'une intelligence large, d'une dignité incontestée, elle avait su prendre sur tous les Valois cette influence que donnent l'honnêteté et l'élévation du caractère. Elle parla en petite-fille de François Ier, en Française. Elle montra à son frère l'Espagne envahissante, la France épuisée, et, dans cette détresse, un seul droit, une seule épée, une seule force, Henri de Navarre.

Henri de Navarre, au même moment, se dérobant par une feinte à l'armée royale du duc de Nevers, qu'il combattait, s'était porté rapidement sur Argenton, et venait de délivrer avec une généreuse hardiesse l'autre armée royale, qu'assiégeaient les ligueurs. Henri III l'appela à lui, le reconnut comme son héritier. Le cœur français de Diane et son honnête inspiration nous sauvaient de l'Espagne.

Il était temps. Le 7 mai 1589, le duc de Mayenne enlève un faubourg de Tours et écrase, sous les forces supérieures d'une armée tout entière, les régiments des gardes, restés seuls près du Roi. Le lendemain, il donnera l'assaut; rien pour l'arrêter. Le Roi peut encore s'échapper; il hésite. Vers neuf heures du soir, on annonce l'approche de troupes, qui semblent doubler le pas. La ville serait-elle investie? Ces nouveaux soldats sont bientôt sous les murs; ils ont l'écharpe blanche. Ce sont les huguenots qui viennent sauver le roi de France, conduits par Coligny, le fils aîné de l'amiral; ils comprennent ainsi la revanche de la Saint-Barthélemy. Après cette avant-garde arrivent toutes les forces de Henri de Navarre. Mayenne décampe prudemment devant le vainqueur de Coutras.

Dès que Henri III eut une armée, il trouva des partisans. Il fut rejoint par le duc d'Épernon, que son ennemi, le vieux maréchal d'Aumont, prit par le bras à son entrée à Tours et accompagna près du Roi; le duc de Nevers ramena les débris de son armée, et les mêla aux régiments huguenots. Le brave Sancy apparut bientôt avec des Suisses qu'il avait levés sans argent, Montmorency-Thoré avec des Allemands. La royauté semblait renaître depuis qu'elle s'était alliée à Henri de Navarre. Toutes les forces de la France se portaient contre Paris pour punir les crimes de la commune.

Paris, depuis la mort du duc de Guise, vivait dans une sorte de frénésie. La veuve du duc, Catherine de Clèves, fut acclamée à l'Hôtel de ville. Quelques jours après, « estant accouchée d'un fils, le prévost des marchands et les eschevins le portèrent aux fonts, et il fut nommé Paris de Lorraine. Le baptesme fut faict dans Saint-Jean en Grève, où tous les colonels et capitaines de la ville assistèrent avec des cierges [1]. » Mais ce fut sa belle-sœur Catherine de Guise, duchesse de Montpensier, qui devint la véritable reine de Paris. En

[1] Palma Cayet, p. 82-87.

apprenant la mort de son frère, elle s'était fait porter dans les rues, nue et drapée dans un crêpe, étalant fièrement la blancheur de son corps sous la gaze noire, et haranguant le peuple. C'est peut-être à la suite de cette prouesse qu'elle fut atteinte d'une inflammation des articulations, qui la retint plusieurs jours au lit [1]. L'admiration du peuple fut poussée au délire; on la nommait une Judith, une Tomyris, dans les sonnets :

Seule tu suffirois, invincible princesse,
Ainsi qu'une Judith, pour nous mettre au repos,
Quand l'avare cercueil garderoit en dépos
Tous tes frères meurtris sous une foi traistresse.

Le couard inhumain qui va tremblant sans cesse
Battu d'un fouet retors, sent desjà dans ses os
Les glaçons de la mort qu'une pasle Atropos
Environne asprement de honte et de tristesse...

Mais quand elle se vit assiégée dans Paris par Henri III, certaine de tomber en ses mains, abandonnée, sans espoir de secours, au milieu d'un peuple affamé et affolé, la peur et la haine lui rendirent la santé pour susciter le libérateur qui, par un coup de couteau, sauva Paris. Eut-elle le courage de récompenser d'avance frère Jacques Clément, en l'envoyant frapper Henri III dans son camp de Saint-Cloud? Était-il si nécessaire de faire tant d'honneur à ce moine niais et malpropre? Des contemporains l'ont cru [2]. On peut estimer cependant qu'il eût été « plus habile de promettre les faveurs que de les

[1] L'ambassadeur d'Angleterre décrit cette infirmité ; « A swelling of the ankles, to which se was subject. »

[2] Voir *Prosa cleri Parisiensis ad ducem de Mena*. Bibliothèque nationale, Saint-Germain, fr., 1545, p. 458.

donner. Le prieur Bourgoin était bien plus capable de le déterminer que la plus grande beauté de la terre[1]. »

Malgré le serment de fidélité à Henri IV qu'avait obtenu d'eux Henri III mourant, les seigneurs catholiques avaient horreur d'un roi hérétique; mais quelques-uns lui vendirent leur concours, quand ils virent que les Suisses, au nombre de douze mille, sur la promesse qu'on leur payerait les deux mois de solde arriérée, consentaient à servir le nouveau roi. « Le jour est venu de faire nos affaires », disait le vieux Biron, qui se faisait donner le gouvernement héréditaire du Périgord, tandis que les autres recevaient diverses charges, dont on leur assurait le privilège à l'exclusion des huguenots et des ligueurs, tandis que d'Épernon, suivi de sept mille Gascons, abandonnait l'armée pour s'installer en souverain dans l'Angoumois, et que le huguenot la Trémouille partait avec ses hommes afin de s'organiser dans le Poitou comme chef indépendant.

Affaibli par ces défections, Henri IV dut s'éloigner de Paris et tenir la campagne contre le duc de Mayenne. Bientôt apparut un nouveau compétiteur. Le jeune duc de Guise, bien que gardé à vue continuellement, « voire mesme allant à la garde-robe[2] », avait préparé son évasion de la prison de Tours pour le mois d'août 1591. Il comptait sur la protection de Notre-Dame de Lorette, à laquelle il avait voué un pèlerinage, et sur les chances cabalistiques qui désignaient le mois d'août comme singulièrement propice à la famille de Guise. Son agilité le servit davantage. « Le jour de l'As-

[1] VOLTAIRE, *le Pyrrhonisme dans l'histoire.*
[2] PASQUIER, *Lettres*, liv. XIV, lettre XII.

somption[1], il fait ses pasques, et avec luy Pénard, exempt des gardes, qui le devoit accompagner ce jour-là. » A dix heures, il déjeune avec Pénard; il lui propose, en sortant de table, de monter « à cloche-pied » l'escalier de la tour. Tandis que le crédule exempt se fatigue, le jeune homme bondit jusqu'à la porte du haut, la pousse sur Pénard, la ferme au verrou, court sur la plate-forme, fixe à un créneau une corde qui lui avait été apportée la veille « en la panse d'un luth », et se laisse glisser le long de cette corde contre les parois de la tour. Les gardes, appelés par le pauvre Pénard, font feu sur lui de toutes les meurtrières, le manquent. La tête nue, les mains écorchées, il descend dans le Cher, gagne la berge, rencontre un homme à cheval, le pousse, le démonte, saute en selle à sa place, et rejoint un parti de cavaliers que la Chastre avait envoyés de Bourges pour lui prêter main-forte. Le 18 août, il était à Bourges,

Il écrit aussitôt à Philippe II qu'il se regarde comme « son instrument » ; à peine libre, il cherche le maître sous lequel fut lié son père. « Je veux que mes actions ne dépendent que des volontés de Sa Majesté, n'entreprenant rien sans son exprès commandement », soumis jusqu'à n'essayer que « ce qu'il lui plaira me commander comme à sa créature, dépendante de sa seule volonté et clémence[2] ».

Mais Philippe II avait d'autres affidés qui lui inspiraient une plus grande confiance et lui semblaient moins coûteux à entretenir. Les membres de la com-

[1] Pasquier, *Lettres*, liv. XIV, lettre xii.
[2] Ces lettres sont dans les cartons de Simancas, aux Archives nationales; elles ont été publiées par M. de Bouillé, t. IV, p. 54.

mune de Paris avaient proposé, dans le conseil de la Ligue, de déclarer le roi d'Espagne protecteur de la France, et avaient introduit dans Paris une garnison espagnole de quatre mille hommes[1]. Le propre de l'instinct communal est d'étouffer le sentiment de la nation. Le 10 septembre 1591, la commune de Paris et les docteurs de la Sorbonne écrivent à Philippe II : « Les vœux et les souhaits de tous les catholiques sont de voir Votre Majesté Catholique tenir le sceptre de cette couronne et régner sur nous, comme nous nous jettons très volontiers entre ses bras, comme notre père, ou bien qu'elle y establisse quelqu'un de sa postérité[2]. »

Deux mois après, les membres de la commune font pendre un président et deux conseillers au Parlement qui étaient opposés au parti espagnol : ils sont bientôt dépassés eux-mêmes en violence par les curés de Paris. Ceux-ci deviennent rois dans leurs paroisses : Aubry, curé de Saint-André des Arcs ; Hamilton, curé de Saint-Cosme, qui célèbre la messe sanglé dans une cuirasse ; Lepelletier, curé de Saint-Jacques, qui déclare frappés d'excommunication tous ceux qui parlent de paix ; Boucher, curé de Saint-Benoit, le délégué de Philippe II ; Poncet, le prédicateur burlesque de la cathédrale, qui avait osé faire autrefois une réponse effrontée au duc d'Épernon : « Monsieur nostre maistre, lui avait dit le favori, on dit que vous faites bien rire les gens à vostre sermon. Cela n'est guères beau. — Aussi, fit Poncet, n'en ay-je jamais tant faire rire en ma vie comme vous en avez fait pleurer[3]. »

[1] Poirson, *Histoire du règne de Henri IV*, liv. I, p. 59.
[2] *Id., ibid*, p. 104.
[3] L'Estoile, édit. Petitot, t. I, p. 255.

Dans les bras de l'Espagne tombait aussi le duc de Mayenne, qui avait quelque temps espéré obtenir la couronne pour lui-même, et essayé de lutter à la fois contre le roi d'Espagne et contre les autres princes de sa famille, tout en réclamant leur secours pour combattre Henri IV. Comme il voulait d'abord gagner du temps et fortifier son influence sur le parti de la Ligue, il avait fait nommer roi, sous le nom de Charles X, le cardinal de Bourbon, prisonnier à Tours; puis, s'investissant lui-même de toute l'autorité, avec le titre de lieutenant général du royaume, il repoussa Henri IV jusqu'au bord de la mer. Vaincu par le Roi à la bataille d'Arques, il dut se retirer à son tour jusqu'à ce que des secours espagnols lui permissent de reprendre la campagne : il prétendit faire lever le siège de Dreux, osa s'attaquer de nouveau à Henri IV, et se fit battre à Ivry.

Il perdit dans ces campagnes sa réputation militaire. « Mon cousin de Mayenne, disait Henri IV, est un grand capitaine, mais je me lève plus matin que lui. »

L'ardeur bouillante du jeune duc de Guise était plus nuisible encore au succès des armées de la Ligue que la paresse et la pesanteur du duc de Mayenne. Ils prirent part l'un et l'autre à la campagne de Normandie, dans laquelle Alexandre Farnèse, duc de Parme, crut accabler Henri IV en prenant le commandement des troupes combinées de l'Espagne et de la Ligue. Mais le général de Philippe II dut faire plusieurs fois intervenir son autorité pour maintenir dans le devoir l'oncle comme le neveu. Pendant que Henri IV assiégait Rouen, « M. de Guyse demande permission de se jeter dans Rouen avec mille hommes, parce que Villars, qui y commandoit, se vouloit rendre s'il n'avoit secours [1] ». Ainsi son père avait commencé sa réputation en sauvant Poitiers, et son grand'père, Metz : mais Mayenne voulut délivrer Rouen lui-même, et il fallut que le duc de Parme leur fit défense de troubler ses opérations stratégiques. « M. de Mayenne donne journellement des mécontentements à ses serviteurs, principalement à M. de Guyse son neveu, qui se repentoit de l'estre venu trouver après sa sortie de prison, et qu'il n'étoit demeuré en Guienne, pour se faire chef de part, traictant de luy seul avec les Espagnols, comme MM. de Nemours et de Mercœur faisoient [2]. »

Il est vrai que le jeune duc de Guise n'était pas heureux lorsqu'il avait un commandement. « Le Roy ayant sceu que M. de Guyse avec son escadron de cavalerie qu'il commandoit, comme ayant charge de l'avant-garde du prince de Parme, estoit logé dans un gros bourg, nommé Bures, il se résolut d'essayer à l'enlever. Il fut rendu peu de combat, la cavalerie n'ayant quasy songé qu'à fuyr, sauver le moule du pourpoint, et laisser la cornette verte et le bagage pour les gages [3]. »

La défaite fut plus sérieuse quelque temps après. on peut même dire que le duc de Guise décida la perte définitive des Espagnols en causant celle du seul général qui pût tenir tête à Henri IV. Le duc de Guise occupait Yvetot, avec des troupes : le Roi s'approcha presque seul de la ville. « Il y entendit une merveilleuse rumeur de divers cris confus, ce qui luy fit discerner qu'il y avoit quelque désordre parmy ces gens-là,

[1] TAVANNES, *Mémoires*, édit. Didier, p. 170.
[2] *Id.*, *ibid.*
[3] SULLY, *Économies royales*, édit. Didier, p. 93.

duquel il falloit profiter. Il fit attaquer si furieusement ce quartier que le prince de Parme fut contraint d'y venir de sa personne [1]. » Parme rallia, avec le gros de son armée, les troupes en déroute que commandait Guise, et fut atteint, en couvrant leur retraite, d'une arquebusade au bras, dont il mourut au bout de quelques semaines.

Plus humiliant qu'une défaite était le refus d'un combat singulier. Ne pas répondre à un défi, c'était, à cette époque, renoncer à toute autorité sur les hommes; celui que déclina le jeune Charles de Guise était particulièrement insultant et public. Henri Unton, ambassadeur d'Angleterre, lui écrivit : « Je vous dis qu'avez misérablement menti en mesdisant de ma souveraine et mentirez toujours quand vous taxerez son honneur, et croyez qu'elle ne peut estre taxée par la bouche d'un traistre et perfide à son Roy et à sa patrie, comme vous estes. Et sur ce, je vous deffie de vostre personne à la mienne, avec telles armes que vouldrez choisir, soit à pied ou à cheval. Si vous ne vous en presentez, je vous tiendrai et vous ferai tenir partout pour le plus meschant poltron et le plus coüart qui soit en France [2]. »

L'appel était en bon français : le Balafré aurait bondi. Son fils se laissa répéter trois fois le défi. Il en fut tellement amoindri aux yeux des militaires que, l'année suivante, quand il se présenta à Reims, le sieur de Rosne, que Mayenne avait créé maréchal de France avec Brissac et la Chastre, refusa d'obéir à ses ordres.

[1] SULLY, *Économies royales*, p. 98.

[2] Ms. Dupuy, vol. 33, fol. 27; document publié par BOUILLÉ, t. IV, p. 92.

« M. de Rosne étoit lieutenant général de Champagne, et commandoit à Reims pour la Ligue. Le duc de Guise, allant en Champagne, y donna ses ordres, que Rosne ne se crut pas obligé de suivre. Étant l'un et l'autre à Reims, les disputes s'échauffèrent tellement qu'en pleine place publique, le duc de Guise, poussé à bout de son insolence, lui passa son épée à travers du corps et le tua roide[1]. »

Une telle aventure n'était pas propre à le réhabiliter; aussi n'eut-il bientôt plus d'autres partisans que plusieurs curés de Paris et les agents de l'Espagne. C'est en Espagne qu'il plaça toutes ses chances en se posant comme prétendant à la main de la fille de Philippe II.

Philippe II crut le succès si bien assuré qu'il refusa une partie des sommes demandées par Mendoza pour acheter les députés des états généraux assemblés à Paris en 1593. Après avoir échoué dans sa tentative pour faire reconnaitre sa fille comme reine « propriétaire » du royaume de France, il réussit à faire adopter, le 20 juin, par les états, un vœu ainsi conçu : « S'il plaisoit à Vostre Majesté Catholique avoir pour agréable le choix qui sera faict de l'ung de nos princes pour estre roy, et l'honorer de tant pour le bien de la chrestienté et de ce royaume que de lui donner en mariage la sérénissime infante sa fille. »

C'étaient les termes mêmes dont s'était servi Mayenne, qui écrivait à Philippe II : « S'il plaisoit à Sa Majesté avoir pour agréable le choix d'un prince françois pour estre roy et lui donner en mariage madame l'infante, les Estats lui auroient infinie obligation[2]. »

[1] SAINT-SIMON, *Mémoires*, édit. Chéruel, t. IX, p. 144.

[2] Ms. Simancas, B. 76, pièce 43.

Mais Mayenne, qui suivait cette combinaison pour son fils, était joué par Mendoza, dont le véritable candidat était le duc de Guise : ce jeune homme se faisait déjà appeler « Sire » par sa mère et par ses gentilshommes. Il tenait une sorte de cour, et « il n'y avoit fils de bonne mère qui ne l'allast saluer[1] ». Il écrivait à Philippe II, le 4 août 1593 : « J'estimay estre de mon devoir de commencer mes premières actions par le vœu de submission et obéissance que je dois à Vostre Majesté et me rendre en cela vray successeur de mon père, qui n'a doubté de signaler de son sang les preuves de sa fidélité. J'ay depuis réglé le plus curieusement qu'il m'a esté possible, tous mes vœux et desseings à l'observation de vos commandements et de tout ce que j'ay estimé estre agréable à Vostre Majesté. De tout ce qui s'est passé sur la proposition d'une royauté, je me contenteray de confirmer et de renouveler à Vostre Majesté le tesmoignage de la fidélité et l'obéissance que j'employerai éternellement avec ma vie à l'exécution de ses commandements[2]. »

Ce triste compétiteur du vainqueur d'Ivry gagnait peu à peu des voix dans les états. A cette heure, Henri IV semblait véritablement perdu. Il voyait les Espagnols maitres de Paris et des plus fortes places, de la Bretagne, de l'Anjou et de la Provence, tandis que d'Épernon en Angoumois, la Chastre en Berri, Elbeuf en Poitou, Nemours en Lyonnais, Boisrosé en Normandie, Balagny à Cambrai s'érigeaient en souverains indépendants avec les subsides de Philippe II ou du duc de Savoie. Il fallait un miracle, dit plus tard le duc de

[1] L'Estoile.
[2] Ms. Simancas, B. 75, pièce 59.

Rohan, pour sauver la France de la conquête. Ce miracle fut l'élan national, qui poussa tout à coup le pays épuisé près du vainqueur de Coutras et d'Ivry. Le patriotisme reprit vigueur à l'heure précise où la France allait s'évanouir. « Ce pendant que nous dormons, se disaient les Français, nous ne sentons pas qu'on nous coupe pièce à pièce, l'un après l'autre, et ne restera que le tronc, qui perdra bientost tout le sang, et la chaleur et l'asme[1]. »

Ce mouvement national est en quelque sorte incarné et comme vivant dans la *Satire Ménippée*. Les auteurs de ce pamphlet, les chanoines Gillot et Leroy, les érudits Rapin et Chrestien, les professeurs Passerat et Pithou ne sont d'aucune secte, d'aucune coterie; ils sont du grand parti des modérés, de ceux qui aiment à se parer de la devise de Pithou : *Patriam unice dilexi*. L'ennemi, ils ne s'y trompent pas, c'est uniquement « le vieil regnard de l'Escurial ». Rappelant le danger que courut la France au moment des guerres anglaises, la *Satire Ménippée* compare les états de la Ligue aux états de Troyes, qui conférèrent la couronne au roi d'Angleterre : « Ne doubtez pas qu'ils ne fussent tels que vous autres, messieurs, choisis des plus mutins et séditieux et corrompuz par argent, et tous prétendantz quelque proficl particulier au change et à la nouveauté, comme vous autres, messieurs. » Elle invoque l'unité française et dit au peuple : « Nous aurons un roy qui donnera ordre à tout et retiendra tous ces tyranneaux en crainte et en devoir; qui chastiera les violens, et fera conserver tout le monde en repos et

[1] *Satire Ménippée.*

tranquilité. Enfin, nous voulons un roy pour avoir la paix. » Quel est l'obstacle? — Les étrangers. — « Ne sommes-nous point las de fournir à la luxure et à la volupté de ces harpies? Allons, monsieur le légat, retournez à Rome, et emmenez avec vous vostre porteur de rogatons le cardinal de Pelvé. Allons, messieurs les agens et ambassadeurs d'Espagne, nous sommes las de vous servir de gladiateurs à outrance et nous entretuer pour vous donner du plaisir. Allons, messieurs de Lorraine, avec votre hardelle de princes..., *nous disons haut et clair, à vous tous, que nous sommes François et allons avec les François exposer nostre vie et ce qui nous reste de bien pour assister nostre roy,* nostre bon roy, nostre vray roy, qui vous rangera aussi bien tost à la même reconnoissance. »

Ils démasquent Philippe II, ils l'invectivent comme l'auteur de tous nos maux : « Pensez-vous qu'il voulust se mettre seulement en peine de souhoibter si petite chose que la seigneurie de France?... Quand il sue, ce sont des diadesmes; quand il se mousche, ce sont des couronnes; quand il rote, ce sont des sceptres; quand il... Nous sçavons trop bien que les Espagnols sont nos anciens et mortels ennemis, qui demandent de deux choses l'une : ou de nous subjuguer et rendre esclaves s'ils peuvent, pour joindre la France, l'Espagne et les Pays-Bas tout en un tenant; ou s'ils ne peuvent, pour le moins nous affoiblir et mettre si bas que jamais ou de longtemps nous ne puissions nous relever et rebequer contre eux. »

Déjà les états généraux de Paris commençaient à devenir impopulaires : un meunier, nommé le Grand Jacques, fut fouetté pour avoir voulu faire entrer son âne dans la salle des séances; un savetier fut arrêté pour avoir maudit « ceulx qui empeschoient la paix ». Le Parlement et la Chambre des comptes avaient protesté contre la décision votée en faveur de l'Infante. Mais le mouvement fut généralisé par l'influence de la *Satire Ménippée,* qui fut distribuée d'abord en copies manuscrites, puis imprimée à Tours [1], et tirée à plusieurs éditions. Elle apparut comme Jeanne d'Arc à une autre époque de crise nationale. Elle fut le symptôme et le symbole de l'action d'un peuple qui se retrouvait et se délivrait lui-même. L'idée de nation était restée dans le cœur des Français; il fallait un cri pour l'en faire jaillir. Ce que Jeanne d'Arc fit contre les Anglais, la *Satire Ménippée* le fit contre l'Espagne.

Le 18 septembre 1593, les bourgeois de Lyon forment des barricades, attaquent les gens d'armes du duc de Nemours, s'emparent du château de Pierre-Encize, et font prisonniers le duc lui-même et ses courtisans. Puis ils s'arrêtent dans leur victoire; administrés par leur archevêque, indépendants de tous les partis, ils se contentent d'être libres et Français, et attendent sous les armes le moment de se rattacher à l'unité nationale. Cet exemple n'est pas isolé. Toulon, Digne, Tarascon et toute la Provence repoussent les soldats et les étrangers qui les dominent, et se rattachent franchement à celui qui porte le titre de roi de France : elles proclament Henri IV. Le mois suivant, la ville de Lyon, trahie par son archevêque d'Espinac, se lève de nouveau en criant : *Vive la liberté française!* et demande un gouverneur au Roi.

[1] Voir le discours de l'imprimeur.

Et Paris?

« O Paris, qui n'es plus Paris, mais une spelunque de bestes farouches, une citadelle d'Espagnols, Wallons et Neapolitains : un asile et seure retraicte de voleurs, meurtriers et assassinateurs, ne veux-tu jamais te ressentir de ta dignité, et te souvenir ce que tu as esté au prix de ce que tu es, ne veux-tu jamais te guarir de cette frénésie qui pour un légitime roy t'a engendré cinquante roytelets et cinquante tyrans? Te voyla aux fers, te voyla en l'inquisition de l'Espagne, plus intolérable mille fois et plus dure à supporter aux esprits nés libres et francs, comme sont les François, que les plus cruelles morts dont les Espagnols se sauroyent adviser... tu endures qu'on pille tes maisons, qu'on te rançonne jusques au sang, qu'on emprisonne tes sénateurs, qu'on chasse et bannisse tes bons citoyens et conseillers : qu'on pende, qu'on massacre tes principaux magistrats : tu le vois et tu l'endures : tu ne l'endures pas seulement, mais tu l'approuves et le loues, et n'oserois et ne sçaurois faire autrement. »

Paris se réveille aussi. Le 22 mars 1594, les bourgeois de Paris s'arment sous la direction du prévôt des marchands, et introduisent Henri IV. Le mouvement s'achève sans effusion de sang.

A dix heures du matin, le Roi entend un *Te Deum* à Notre-Dame, puis il occupe le Louvre sous la protection de la garde bourgeoise. Les Wallons sont bloqués dans leurs quartiers et les Napolitains assiégés dans la porte Bussy. A trois heures, ces étrangers capitulent et défilent par la porte Saint-Denis. « Adieu, messieurs, leur dit le Roi ; mais n'y revenez plus. »

Ce coup prodigieux et inespéré rétablit merveilleusement la fortune de Henri IV; sur tous les points de la France, le peuple se rallie à cette force centrale si subitement restaurée, et proclame son roi. Partout les Espagnols sont expulsés, on se dégage d'eux comme par enchantement. La révolte de Marseille achève ce vaste mouvement national. Pierre de Libertat, aidé des colonels et des capitaines de la ville, soulève le peuple, fait mettre bas les armes à Louis d'Aix, qui occupait la ville, et délivre Marseille, malgré la garnison et la flotte espagnoles.

Henri IV devenait, de fait comme de nom, le roi de la France. Il avait su, avec une sagacité merveilleuse, pressentir ce mouvement et s'y livrer. Son abjuration était venue à l'heure exacte où elle devait lui procuer des sujets sans éloigner ses vieux partisans. Depuis longtemps il se tenait avec art sur les limites où il pouvait attendre ou atteindre tous les modérés : « Nous avons, disait-il[1], assez faict et souffert de mal. Nous avons esté quatre ans ivres, insensés et furieux. N'est-ce pas assez? » Les fureurs, mais aussi la foi, semblaient s'affaiblir. Le protestantisme commençait à sortir de la première crise de son éclosion. A l'époque où, poussés par la pureté de leurs croyances et la générosité de leur fanatisme, les premiers réformateurs attaquaient des prélats incrédules et sensuels, ils groupaient auprès d'eux des hommes énergiques; mais cette lutte même avait transformé les combattants. Les protestants s'étaient divisés ou attiédis dans les subtilités de la casuistique. L'Église, dirigée par la Société de Jésus, c'est-à-dire par des catholiques qui possédaient la con-

[1] Lettre aux états généraux.

viction et le dévouement, avait concentré ses forces et regagnait les consciences honnêtes. Il ne faudrait pas croire que les calvinistes eussent perdu l'âpreté et la grandeur de leur foi. Il y avait encore des âmes religieuses parmi eux. On peut citer Duplessis-Mornay et sa femme, qui, apprenant la mort de leur fils unique « qui estoit seul, après Dieu, nostre discours, nostre pensée », dirent avec courage : « C'est aujourd'hui que Dieu nous appelle à l'espérance de sa foy et de son obéissance; puisqu'il l'a faict, c'est à nous à nous taire[1]. » Mais la masse n'avait plus cette vertu; les armées huguenotes se composèrent d'hommes assemblés par des sentiments souvent autres que ceux du zèle religieux, jusqu'à l'époque où Gustave-Adolphe vint rendre la vie à la cause protestante. On pourrait dire qu'il s'était produit comme un alanguissement dans les passions, semblable à celui qui se fit sentir en France durant les dernières années du Directoire. Le premier

[1] Le passage est à citer tout entier. Madame Duplessis-Mornay rédigeait un récit de la vie de son mari, pour l'instruction de son fils (1549-1606). Ce fils fut tué au siège de Gueldres : « Sçachant bien qu'il ne me pourroit déguiser son visaige, mon mari se résoleut qu'il falloit mesler nos douleurs ensemble et d'entrée. — Ma mye, me dict-il, c'est aujourd'hui que Dieu nous appelle à l'espérance de sa foy et de son obéissance; puisqu'il l'a faict, c'est à nous à nous taire. — Auxquels propos doubteuse jà que j'estois, entrai en pamoison et convulsion. Je perdis longtemps la parole, non sans apparence d'y succomber, et la première qui me revint fut : — La volunté de Dieu soit faicte; nous l'eussions peu perdre en ung duel! — Le surplus se peult mieux exprimer à toute personne qui a sentiment par ung silence. Nous sentismes arracher nos entrailles, retrancher nos espérances, tarir nos desseings et nos désirs. Nous ne trouvions un long temps que dire l'un à l'autre, que penser en nous-mesmes, parce qu'il estoit seul, après Dieu, nostre discours, nostre pensée, et nous voyions qu'en lui Dieu nous arraschoit tout. Et icy il est raisonnable que ce mien livre finisse pour luy, qui ne feut entreprins que pour luy. »

Consul sut trouver à propos le moment de renier ses anciens principes de jacobin sans révolter aucun parti, et de se faire sacrer à Notre-Dame sans inspirer trop d'étonnement. De même Henri IV comprit que l'instant était venu d'entendre la messe; il enleva, à force de bonhomie, à cette démarche, ce qu'elle pouvait avoir de hardi. Il n'eut pas à craindre d'en réveiller le souvenir, et le rappela, le ramena lui-même avec esprit, lorsqu'il entendit blâmer les jésuites de s'être introduits en France, non comme des religieux, mais comme un corps enseignant : « Ils entrent, fit-il, comme ils peuvent; ainsi font bien les aultres. Je suys moi-même entré comme j'ay peu. »

Mais pour attirer à lui les chefs de la noblesse, il dut dépenser des sommes considérables. Les généraux qui s'étaient rendus indépendants étaient « bien ayses de lever toutes les tailles, décimes, aydes, magazines, fortifications, guet, corvées, imposts, sans estre tenus d'en rendre compte à personne[1] ». Ils prétendirent faire racheter ces droits qu'ils avaient usurpés. A prix d'argent vinrent s'offrir d'Épernon, Villars, Brissac, la Chastre et les autres. Si le peuple devenait trop pressant pour reconnaître le Roi, on avait soin de modérer son zèle, afin d'avoir le temps de vendre la soumission. Ainsi, à Amiens, « le peuple s'estoit ce jourd'huy esmeu et pris les armes pour recognoistre le Roy. De crainte que telle esmotion advint sans pouvoir avoir aucuns articles accordés avec le Roy, le lieutenant général, avec quelques ecclésiastiques, seigneurs et principaux habitants de la ville, a fait accorder plusieurs bons

[1] *Satire Ménippée.*

articles par Sa Majesté [1]. » Le grand talent de Henri IV était l'art de céder. On devient le maitre en sachant céder; l'administration n'est ni la routine impuissante, ni la prétentieuse incapacité des bureaux : l'administration est la science des concessions.

Des exigences exagérées ou insolentes furent tolérées par Henri IV. Sans compter les pensions, les charges de cour ou les gouvernements, il dépensa en dons gratuits, pour se faire reconnaitre par tous les rebelles, trente-deux millons de livres, ou près de trois cents millions de nos francs. Ce n'était pas trop pour assurer une pacification immédiate. Le supplément de la *Satire Ménippée* s'indigne de la rapacité de ces larrons. « Ceulx qui, après avoir faict révolter les villes contre le Roy et faict la guerre tant qu'ils ont peu tenir, exercé toutes sortes de tyrannies sur le pauvre peuple, et qui, se voyant ne pouvoir plus subsister et n'y avoir plus rien que prendre, ont vendu chèrement les places au Roy, seront bien marrys si on les appelle traistres; mais si sera-t-il malaysé qu'il n'en eschappe quelque mot aux Parisiens mesmement contre ceulx qui ont pris de l'argent et qui ont marchandé et barguigné pour parvenir à un certain prix... Ils ne peuvent se sauver qu'on ne les appelle traistres, concussionnaires, marchands et vendeurs de leurs pays! »

Mais Henri IV devait éprouver une véritable volupté à regarder ses ennemis, qui tendaient la main de cette manière. Pour une âme à idées larges, le pardon est la plus douce des vengeances. Sauf le duc d'Aumale, tous accoururent, besogneux, souples, impatients de se

[1] Augustin THIERRY, *Recueil des documents de l'histoire du tiers état*, t. II, p. 1045.

montrer des courtisans aussi soumis qu'aux beaux jours de François I$^{er}$. Le Roi vit arriver même la fière Catherine de Guise, même le duc de Guise.

Ce dernier, toutefois, ne fit sa paix qu'après l'issue d'une aventure qui aurait pu lui rendre toutes ses chances.

Un batelier d'Orléans était devenu follement épris d'une des suivantes de Marguerite de Valois. Le mépris et le ridicule le rendirent féroce; il voulut faire un acte extraordinaire pour être signalé à celle qui le dédaignait. Le curé Aubry, de Saint-André des Arcs, qu'il vint consulter, le conduisit chez Varade, le recteur des jésuites; on lui donna un couteau; on l'adressa à Henri IV. Varade lui promit « une grande gloire en paradis ». Un dominicain connut ce projet, le dénonça. Aubry et Varade prirent la fuite et se cachèrent en Italie. Le duc de Guise fit sa paix avec le Roi, le 22 octobre 1594; il se démit de la charge trop dangereuse de grand maître [1], reçut celles de gouverneur de Provence et d'amiral du Levant, avec quatre cent mille écus et des pensions pour entretenir quatre compagnies de gens d'armes ou gardes, avec l'archevêché de Reims et cinq grosses abbayes pour ses jeunes frères, avec douze mille écus de pension qu'il touchait pour eux, et trente mille écus pour leur équipage.

Les premiers ducs de Guise auraient été aussi âpres pour se faire remettre de l'argent; mais ils auraient profité de leur réconciliation avec le Roi pour combattre près de lui contre les ennemis de la France, et ils se seraient trouvés à ses côtés à la bataille de Fon-

[1] Père ANSELME, t. III, p. 488.

taine-Française. Charles de Guise, au lieu de suivre le panache blanc, s'enferma dans Marseille et ne s'inquiéta guère que de séduire la malheureuse Marcelle de Castellane, qui pleura bientôt son inconstance et refusa ses secours, bien qu'elle fût pauvre, malade, et encore assez amoureuse pour lui adresser ces vers [1] :

Il s'en va, ce cruel vainqueur;
Il s'en va plein de gloire,
Il s'en va méprisant mon cœur,
Sa plus noble victoire.

Ses autres victoires, à la vérité, ne consistaient qu'en de maladroites intrigues. Après avoir échoué dans ses prétentions à la main de l'infante Claire-Eugénie, il essaya vainement d'épouser la riche héritière des La Marck, qui apportait en dot la souveraineté de Sedan et de Bouillon. Henri IV la donna en mariage à un fidèle compagnon de ses vieilles guerres, le vicomte de Turenne. Il fit également épouser, malgré le duc de Guise, la jeune héritière du duché de Mercœur, nièce de la veuve de Henri III, à son petit César, l'un des enfants de Gabrielle d'Estrées, qu'il promut duc de Vendôme. Il eut même la satisfaction de voir le plus ancien, le plus opiniâtre de ses ennemis, Philippe II, lui faire des avances pour qu'il se mariât avec l'infante Claire-Eugénie. Philippe II ne pouvait perdre la pensée de faire de sa fille la reine de France; l'Espagnol Nuñez vint proposer de sa part cette union. Le choix du négociateur que Henri IV envoya à Madrid, pour répondre à ces offres, montre qu'il tenait peu à en assurer le

[2] Chateaubriand, *Vie de Rancé*.

succès; ce fut Fouquet de la Varenne, ancien cuisinier de Marguerite de Valois, fort méprisé pour la nature des négociations dont il était ordinairement chargé[1]. L'infante Claire-Eugénie fut réduite à épouser son cousin l'archiduc Albert d'Autriche; elle prit le nom d'infante Isabelle et devint gouvernante des Pays-Bas.

Les personnages du seizième siècle disparaissent promptement au seuil du suivant. La duchesse de Montpensier, Catherine de Guise, meurt en 1596, à quarante-cinq ans; la veuve de Henri III s'éteint en 1601, à quarante-sept ans : Mayenne, devenu gouverneur d'Ile-de-France, mais assez assoupli par l'étiquette de cour pour n'être plus un embarras dans la nouvelle monarchie, meurt bientôt aussi. Les autres gouverneurs n'avaient plus les pouvoirs de ceux qui s'étaient accoutumés à être les souverains de leurs provinces depuis la mort de Henri II. Montmorency dans le Languedoc, d'Épernon dans l'Angoumois, Longueville dans la Picardie, Nevers dans la Champagne, étaient dociles aux ordres de la Cour et devenaient de simples agents de Sully pour assurer l'exact recouvrement des impôts et la réorganisation des rouages administratifs.

Le duc de Guise, aussi effacé qu'eux, se tenait dans son gouvernement de Provence, occupé surtout à excuser les fautes de ses frères, qui jouaient encore du couteau comme aux beaux temps de la Ligue. L'un d'eux, qui se faisait appeler le prince de Joinville, frappa un jour de son poignard, dans le dos, le grand écuyer, en sortant de la chambre du Roi. Il fut arrêté et dut présenter des excuses. On lui rendit la liberté,

[1] PERRENS, *les Mariages espagnols*, p. 8.

mais en le forçant de partir pour la Hongrie, afin d'exercer son ardeur contre les Turcs.

Il était clair que les Guises ne recouvreraient jamais leur influence, tant que se prolongerait le règne de Henri IV. Durant une minorité, au contraire, leurs chances pouvaient renaître. Malgré cet intérêt à avancer l'époque où le trône ne serait plus rempli que par une Florentine et un enfant, doit-on croire que le duc de Guise fut complice du mystérieux assassinat de Henri IV? Dans les deux seules époques où la France ait rencontré une occasion d'agrandir ses destinées et de s'unir aux Flamands, aux deux instants où de formidables préparatifs semblaient annoncer une campagne victorieuse sous des généraux consommés, il est étrange qu'une main sauvage ait, par un coup brutal, arrêté notre fortune. Lorsque la grande guerre étudiée par Coligny fut empêchée par l'Allemand Behme, Henri de Guise se tenait derrière cet instrument grossier. Quand le grand dessein de Henri IV fut détruit par le couteau de Ravaillac, Charles de Guise avait-il préparé ou connu d'avance le coup? Ce qui est certain, c'est qu'il était prêt à en profiter. Il se trouva, comme par hasard, à cheval et bien accompagné sur le passage du duc d'Épernon, qui accourait de la fatale rue de la Ferronnerie au Louvre. Les deux ducs s'abordèrent, s'embrassèrent; tout le monde en fut étonné, excepté Concini, le favori de la reine Marie de Médici, qui semblait avoir prévu, sinon amené toutes les conséquences de la catastrophe [1]. Le duc de Guise parada au milieu des rues, dès que le corps fut ramené au

[1] Bazin, *Histoire de France sous Louis XIII*, t. I, p. 11 à 15.

Louvre, « aussi prodigue de bonnetades au peuple de Paris, comme feu son père. Passant par la rue Saint-Honoré et y saluant tout le monde, une femme alla luy dire : — Nous n'avons que faire de tes salutations; celles de ta famille nous coustent trop cher[1]! » Le temps était bien loin des entrées triomphales et des acclamations populaires. Guise se résigna à des satisfactions moins pompeuses; il se fit donner, dès les premiers jours, par la Régente, « deux cent mille escus ».

[1] L'Estoile, *Journal de Henri IV.*

## CHAPITRE XXIX

### LES DERNIERS GUISES.

### 1610-1675.

Henri IV avait compris que l'on ne gouverne pas avec une minorité. Il s'était détaché de celle qui l'avait soutenu pendant près de vingt ans, et il s'était appuyé presque uniquement sur l'ancienne majorité qui l'avait combattu. Sauf Sully et Turenne, il ne garda au pouvoir aucun des anciens chefs huguenots, ni Coligny le fils, ni Duplessis-Mornay, ni d'Aubigné. Il se servit des modérés, comme Montmorency, Bellegarde, Harlay, et des Ligueurs auxquels il confia des provinces, comme le duc de Guise. Le tact du maître et sa supériorité intellectuelle, autant que le besoin du repos, firent accepter cette évolution au point de laisser assoupir les anciens dissentiments.

A sa mort, le lien qui nouait ces intérêts se brisa subitement. Les idées de coalition des puissances catholiques pour l'extirpation de l'hérésie, et celles de rébellion pour établir la Réforme par propagande armée, reparurent tout à coup. La couronne se prononça pour l'alliance espagnole, et fut soutenue par le duc de Guise, qui chercha en même temps à reconstituer son importance.

Il n'hésita pas à prodiguer l'argent parmi ses partisans et à défendre avec acharnement ses prérogatives plus ou moins légitimes. Malgré l'énormité de ses revenus, les besoins d'argent étaient la cause de ses principaux ennuis. Il crut y remédier en se mariant, bien qu'il fût âgé de près de quarante ans, avec la veuve de l'homme le plus riche de France.

« Très hault et très puissant prince Charles de Lorayne, duc de Guise, pair de France, et très haulte et très puissante princesse madame Henriette-Catherine de Joyeuse, duchesse douairière de Montpensier, furent espousés, le 5 de janvier 1611, par Monsieur le cardinal de Joyeuse[1]. » Mais la fille que la nouvelle duchesse de Guise avait eue de son premier mari, le duc de Montpensier, fut fiancée peu de temps après à Gaston d'Orléans, frère de Louis XIII, et il fallut rendre compte des grands biens dont elle était héritière. D'ailleurs, l'Espagne n'envoyait plus de doublons. Guise se trouva bientôt accablé de dettes. Il remarqua que le prince de Condé, catholique et uni d'intérêts avec le Florentin Concini, attirait vers lui la plus grosse part des trésors amassés par la prévoyance de Henri IV, et se faisait donner des terres, des châteaux, des villes. Il comprit aussitôt les avantages de ce jeu et tendit également la main vers la Régente. Outre les deux cent mille écus qu'il avait déjà reçus après la mort de Henri IV, le duc de Guise s'en fit donner encore trois cent mille en janvier 1613. Il s'occupa de défendre ses droits de préséance contre le duc de Nevers, beau-frère du jeune duc de Mayenne, qui prit parti contre Guise, et mit ainsi

[1] JAL, *Dictionnaire historique*. Extrait des registres de la paroisse de Saint-Eustache.

la division dans la famille autrefois si unie des princes lorrains.

Du moins, le duc de Guise ne terminait plus ses querelles par des coups d'épée imprévus, comme celui qui l'avait débarrassé du maréchal de la Ligue, à Reims, dans sa jeunesse; mais ses frères, moins assouplis que lui par les manèges de la Cour, donnèrent de l'éclat à leurs haines et se tinrent dans une sorte d'exaltation continuelle qui les épuisa et les fit mourir prématurément.

Le plus jeune, Paris de Lorraine, que l'on nommait le chevalier de Guise, avait grandi au milieu d'une génération de bretteurs, dont le plus fameux était le fils de Balagny, « le plus galant homme du monde, puisqu'il avait tué huit ou neuf hommes en duel ». Quand Balagny entrait dans un bal, c'était un murmure d'admiration parmi les dames, qui le priaient à l'envi de s'asseoir près d'elles [1]. A côté d'un tel modèle, le chevalier de Guise était impatient de se signaler. Il apprit, à la fin de 1612, qu'un des gentilshommes de la suite de Concini, le baron de Luz, s'était vanté d'avoir intercepté, vingt-quatre ans auparavant, un avis qui prévenait le Balafré des dispositions prises par Henri III pour

[1] *Life of Herbert of Cherbury written by hinself*, p. 110. Le père de ce bretteur était Balagny, fils naturel de Montluc, évêque de Valence; il avait été élevé par Catherine de Médici et désigné par elle comme gouverneur de Cambrai, dont elle se prétendait propriétaire, comme héritière de son fils François de Valois. Pendant les guerres de la Ligue, Balagny, poussé par l'ambition de sa femme, trahit sa bienfaitrice et se déclara souverain de Cambrai. Il vendit cette place à Henri IV contre celle de Brouage et la promesse d'un bâton de maréchal de France. Son fils avait trente ans et les cheveux blancs en 1608, au moment du voyage d'Herbert de Cherbury; il avait dix ans de plus que le chevalier de Guise.

le tuer. Fidèle à ce sentiment de vengeance que les Guises se transmettaient de père en fils, il se mit à la recherche du baron de Luz, l'aperçut dans un carrosse, le 3 janvier 1613, rue de Grenelle, près de la barrière des Sergents, lui cria de descendre, lui passa son épée au travers du corps, avant qu'il eût le temps de se mettre en garde, et courut se vanter près des dames de ce coup heureux, pendant que le vieux râlait dans l'allée d'une maison où il s'était réfugié pour mourir. Quelques jours après, le 31 janvier, le fils du baron de Luz, jeune, hardi et inexpérimenté, voulut venger la mort de son père, et fit « appeler » le chevalier de Guise. Celui-ci monta à cheval immédiatement, rejoignit l'enfant au faubourg Saint-Antoine, le tua et se retira dans l'hôtel du duc son frère pour recevoir les félicitations de toute la Cour. Ce double exploit sur le père et le fils fut célébré comme une bataille gagnée; les poètes le rimèrent; la Régente envoya le jour même un gentilhomme pour complimenter le chevalier sur son bonheur et sa bravoure; le jeune roi lui fit la même faveur le lendemain. Continuellement furieux et exalté, le pauvre Paris de Lorraine devint à peu près fou de l'orgueil de ce succès; le 1er juin suivant, il se divertit à charger jusqu'à la gueule une pièce d'artillerie et voulut y mettre le feu lui-même, malgré les supplications des canonniers; la pièce creva, les débris éventrèrent le jeune Paris, qui mourut en quelques heures.

Les filles du Balafré portaient dans leur passion la même violence que leurs frères : l'une d'elles, qui avait épousé le prince de Conti, inquiète de voir son frère le duc de Guise s'embarrasser de plus en plus dans les dettes, le suppliait un jour « de ne jouer plus. — Ma sœur, dit-il, je ne jouerai plus quand vous ne ferez plus l'amour. — Ah! le meschant, reprit-elle, il ne s'en tiendra jamais[1]! »

Le duc de Guise n'en était pas moins le principal conseiller politique de la Régente et le fidèle associé du confident florentin. Quand l'union intime entre la France et l'Espagne, c'est-à-dire la subordination de la France aux intérêts espagnols, fut conclue, ce fut le duc de Guise qui se rendit à Bordeaux pour épouser par procuration du Roi, en 1615, la jeune reine Anne d'Autriche. Bientôt il fut chargé d'une mission qui dut lui sembler plus flatteuse encore. La Régente lui confia, pendant la prise d'armes de 1617, le commandement de l'armée royale contre les seigneurs révoltés; il eut précisément pour adversaire le duc de Nevers, qui était toujours en querelle avec lui sur les questions de préséance. Il poussa cet ennemi avec ardeur, lui prit Richecourt, Château-Porcien, Rethel, et eut bientôt la joie de le tenir assiégé dans Mézières[2], pendant qu'une autre armée royale enlevait les places du Nivernais et attaquait la duchesse dans le château de Nevers.

C'était une lutte entre favoris. Ceux de Concini triomphaient avec le duc de Guise; ils s'attendaient à recueillir les pensions et les gouvernements des vaincus. Mais tout à coup Louis XIII s'éveilla, fit casser la tête à Concini, rappela ses armées et donna le pouvoir suprême à un homme d'une vieille famille des bords de la Durance, entreprenant, énergique, d'Albert de Luynes.

Le duc de Nevers accourut près du Roi, et figura à

[1] Tallemant des Réaux, *Princesse de Conti;* Agrippa d'Aubigné, *le Baron de Fœneste,* p. 178.

[2] Père Anselme.

son tour parmi les favoris. Il appuya la politique autrefois rêvée par Catherine de Médici, tentée actuellement par le connétable de Luynes, et qui sera bientôt réalisée par le cardinal de Richelieu : forcer à la docilité les réformés de France et assurer ensuite, par la protection des réformés à l'étranger, la prépondérance de la France en Europe. Guise, au contraire, s'enrôla dans cette cabale de mécontents qui ont épuisé en quelques mois le connétable de Luynes et ont eu la joie de le voir mourir de désespoir.

Un de ses frères continuait en même temps les querelles avec le duc de Nevers. Celui-ci prétendait disposer à son gré d'une abbaye dont le cardinal Louis de Guise voulait faire remettre la possession à un de ses fils naturels; le cardinal se mit en pourpoint, entra chez le duc de Nevers avec quelques hommes bien armés, le souffleta, et prit la fuite avant que Nevers eût pu le rejoindre. Il fut enfermé quelque temps à la Bastille, et bientôt remis en liberté par l'indulgence qu'on se croyait forcé de garder devant cette sorte de frénésie dont semblaient atteints tous les enfants de Henri de Guise, même quand ils avaient été élevés et instruits pour devenir cardinaux.

Mais l'époque de l'indulgence allait disparaître. Déjà le pouvoir arrivait aux mains d'un homme qui n'était plus d'humeur à tolérer l'opposition, ni même l'indocilité. Le cardinal de Richelieu essaya d'utiliser le duc de Guise; il le fit venir avec ses galères de la Méditerranée au siége de la Rochelle en 1627. Il condescendit même à lui donner une leçon en frappant à côté de lui un de ses frères, ce prince de Joinville qu'on avait envoyé en Hongrie combattre les Turcs, qui était revenu et avait épousé la veuve du connétable de Luynes en prenant le titre de duc de Chevreuse, rendu si fameux les années suivantes par la beauté, les galanteries et les aventures de la duchesse et de sa fille. Le cardinal de Richelieu ne tarda guère à écarter de la Cour et à exiler dans son gouvernement ce turbulent personnage.

Cet exemple ne fut pas utile à l'aîné. Avec sa manie héréditaire de soulever sans cesse des conflits de préséance, le duc de Guise prétendit se prévaloir de sa charge d'amiral du Levant, pour soustraire nos flottes de la Méditerranée à l'autorité de l'amiral de France; l'amiral de France était le cardinal de Richelieu. La lutte ne fut pas longue. Guise reconnut promptement qu'il ne serait pas le plus fort, il s'effraya outre mesure, se souvint qu'il n'avait pas encore accompli son vœu d'un pèlerinage au sanctuaire de Notre-Dame de Lorette depuis son évasion du château de Tours, plus de quarante ans auparavant, et demanda la permission de se rendre en Italie pour satisfaire à cette obligation de conscience. Cet exil volontaire ne commença point sans de nouvelles humiliations. Il dut mendier un secours d'argent et écrivit au cardinal : « Ma nécessité est si grande et mes affaires en tel désordre qu'il faut par nécessité que je reçoive quelque argent pour partir d'icy, y devant pour ma despence dix à douze mille escus à de pauvres gens, sans les autres debtes que j'y ay faites pour le service du Roy, qui montent à plus de quatre cent mille livres [1]. » Il tomba, pendant son voyage en Italie, dans des supplications continuelles,

[1] Ms. Gaignières, v. 355, fol. 343, publié par Bouillé, t. IV, p. 407.

n'osa plus rentrer en France, essaya d'obtenir pour son fils aîné la main d'une nièce du cardinal, et s'éteignit enfin dans son exil d'Italie, en 1640, après avoir vu mourir son fils aîné quelques mois avant lui. Il laissait son titre à son troisième fils, qui était archevêque de Reims.

Henri, ce cinquième duc de Guise, possédait à quatorze ans quatre cent mille livres de rente en biens d'Église et l'archevêché de Reims. Il prit d'abord pour modèle son oncle le cardinal Louis de Guise, qui portait le justaucorps de buffle et l'épée, faisait appeler en duel, et avait cru pouvoir épouser Charlotte des Essars, ancienne maîtresse de Henri IV, dont il avait six enfants. De même le neveu, pendant ses visites pastorales à l'abbesse d'Avenay, dans son diocèse de Reims, avait su plaire à la jeune sœur de l'abbesse et vaincre ses scrupules par une promesse de mariage du style le plus galant : « A l'incomparable et adorable princesse Orante. Moy, soussigné, Henry de Lorraine, dans l'extrême passion que j'ay d'honorer et servir très généreuse et très vertueuse princesse madame Anne de Gonzague, jure et proteste de n'aimer ni épouser jamais autre personne qu'elle. Et pour plus grande sûreté de la foi du mariage que je lui ai promis, je lui ai envoyé la présente promesse écrite et signée de mon sang, 29 juin 1636. » La jeune pensionnaire eut sans doute des remords, car Henri obligea deux ans après un de ses chanoines de Reims de le marier avec sa charmante Anne de Gonzague, dans la chapelle de l'hôtel de Nevers.

La mort de son père et de son frère aîné lui permit de se démettre de toutes ses charges ecclésiastiques et de succéder au titre de duc de Guise, en 1640. Il se hâta d'entrer en lutte contre le cardinal de Richelieu et de se présenter comme un chef de mécontents : il fut forcé de s'enfuir dans les Pays-Bas, comme son père avait dû se retirer en Italie; il conspira avec le comte de Soissons, ne fut pas présent à la bataille de la Marfée, qui ruina les espérances de la cabale à laquelle il s'était associé, et il apprit à Bruxelles que le 6 septembre 1641, juste un an après la mort de son père, il avait été condamné à mort et dépouillé de tous ses biens.

Anne de Gonzague lui fut fidèle dans cette disgrâce; mais il lui avait déjà donné une rivale. Cessant d'imiter son oncle le cardinal, le nouveau duc de Guise suivait, cette fois, l'exemple de son cousin le duc de Lorraine. Ce bon seigneur avait obtenu la Lorraine en épousant sa parente la princesse Nicole, héritière du duché. Puis il avait feint des scrupules de conscience et prétendu que le mariage était nul parce que le prêtre qui avait baptisé la pauvre duchesse avait été plus tard condamné pour sorcellerie [1]; il s'était alors marié avec madame de Cantecroix, du vivant de sa femme Nicole, et en conservant le duché qu'elle lui avait donné en dot. Du reste, les deux femmes se traitaient avec égards, grâce aux soins d'une troisième, qui n'était autre que Charlotte des Essars, l'ancienne femme du cardinal de Guise, mariée depuis au marquis du Hallier.

Après un tel exemple, Henri de Guise n'eut aucun scrupule à se marier aussi une seconde fois; il n'était pas depuis deux mois à Bruxelles qu'il avait déjà épousé

[1] Bazin, *Histoire de France sous Louis XIII*, t. III, p. 84.

Honorée de Berghes, veuve d'Albert de Hénin, comte de Bossu. « Le mariage fut célébré par un évêque parent de la dame[1]. » Pendant ce temps-là, Anne de Gonzague s'était échappée de son couvent pour rejoindre son mari. « Elle s'habilla en homme et s'en alla droit à Besançon, pour passer de là en Flandres; elle s'y fit appeler madame de Guise[2]. »

Elle dut se retirer en voyant que le titre était porté par une autre femme, « revint à Paris et reprit son nom de Anne, la princesse Anne, comme si de rien n'étoit », épousa Édouard, prince palatin, « fort gueux et jaloux, elle d'humeur fort galante[3] ». Elle devint la célèbre princesse palatine de la Fronde, et ne dut pas éprouver beaucoup de pitié pour les malheurs de sa rivale, la comtesse de Bossu. Cette pauvre femme ne garda pas si longtemps qu'elle son influence sur le duc de Guise; « il lui mangea cinquante mille écus pendant son exil, et ensuite il s'en dégoûta. Il ne songeoit plus à elle que pour lui faire des outrages. Cette amante désolée donna de la compassion à tous ceux qui la virent, car elle étoit belle et malheureuse[4]. »

Le duc fut réintégré dans ses biens, après la mort de Louis XIII, par la régente Anne d'Autriche, le 25 juillet 1643, et reçut le pardon du crime « pour réparation duquel il avoit esté condamné à mort et exécuté en effigie[5] ». Il rentra à Paris et se trouva, dès les premiers jours, l'un des plus brillants dans la cour

[1] Madame DE MOTTEVILLE, *Mémoires*, édit. Didier, p. 64.

[2] Mademoiselle DE MONTPENSIER, *Mémoires*, édit. Chéruel, t. I, p. 283.

[3] *Id., ibid.*

[4] Madame DE MOTTEVILLE, *Mémoires*, p. 64.

[5] JAL, *Dictionnaire historique*.

avide de plaisirs qui s'était groupée autour de la Régente. Un duel accrut bientôt sa réputation d'homme heureux et le posa comme un héros de roman près de la duchesse de Montbazon et de toutes les beautés si célébrées de cette époque.

La duchesse de Montbazon, ennemie de la duchesse de Longueville, voulut faire croire que cette dame était dans un commerce de galanterie avec Coligny; elle lut et montra une lettre qui avait été trouvée dans son salon, et fit courir le bruit que cette lettre avait été écrite par la duchesse de Longueville et perdue par Coligny. La vérité est que la lettre était adressée par madame de Fouquerolles à M. de Maulevrier[1]. La Régente ne put tolérer qu'un pareil outrage fût infligé à la sœur du grand Condé; elle obligea la duchesse de Montbazon à venir présenter chez madame de Longueville des excuses assez humiliantes, et l'exila ensuite dans ses terres. La fière Longueville ne fut pas satisfaite; elle força Coligny à se présenter comme son chevalier et à provoquer le champion de madame de Montbazon. Pourquoi est-ce le duc de Guise qui se trouva l'adversaire de Coligny? Les contemporains ont négligé de le dire; la Rochefoucauld indique seulement qu'il « avoit été mêlé dans cette affaire[2] », peut-être par une simple légèreté de langue.

Coligny était le petit-fils de l'amiral, mais les vrais héritiers du grand Coligny étaient les fils de sa fille, les princes d'Orange; celui qui portait son nom n'avait aucune qualité intellectuelle, ni militaire; « il étoit foible et peu adroit, et il relevoit d'une longue maladie;

[1] Madame DE MOTTEVILLE, *Mémoires*, p. 58.
[2] LA ROCHEFOUCAULD, *Mémoires*, édit. Didier, p. 398.

il choisit d'Estrades, qui depuis a été maréchal de France, pour appeler le duc de Guise, qui se servit de Bridieu, et ils prirent leur rendez-vous à la place Royale. Le duc de Guise, en mettant l'épée à la main, dit à Coligny : — Nous allons décider les anciennes querelles de nos deux maisons, et on verra quelle différence on doit mettre entre le sang de Guise et celui de Coligny[1]. » Le jugement fut promptement prononcé, « le duc de Guise eut de l'avantage sur le martyr de madame de Longueville; il lui donna un grand coup d'épée dans le bras[2] ». La Rochefoucauld, qui vivait dans ce monde, raconte que « le duc de Guise, pour l'outrager, en lui ôtant son épée, le frappa du plat de la sienne. D'Estrades et Bridieu se blessèrent dangereusement l'un et l'autre, et furent séparés par le duc de Guise. Coligny, accablé de douleur d'avoir si mal soutenu une si belle cause, mourut quatre ou cinq mois après d'une maladie de langueur. »

Peut-être le coup du plat de l'épée est dû à l'imagination des salons, comme la légende de Coligny renversé demandant la vie à son rival qui aurait pu le tuer par terre, suivant les lois du duel :

S'il a demandé la vie,
Ne l'en blâmez nullement,
C'est pour être votre amant...,

disait la chanson à madame de Longueville qui passa pour avoir été spectatrice du duel, dans un des hôtels de la place Royale, « chez la vieille duchesse de Rohan,

1 La Rochefoucauld, *Mémoires*, p. 398.
2 Madame de Motteville, *Mémoires*.

cachée à une fenêtre; mais elle eut peu de satisfaction de ce combat [1] ».

Ce souvenir, ou plutôt cette parodie des luttes entre les grands hommes du siècle précédent, amusa les beaux-esprits, mais n'ajouta guère à la considération du duc de Guise. « Il a donné, disait-on à la Cour, de si grandes marques de sa légèreté, soit dans la galanterie, soit dans l'amour légitime, qu'une femme ne sauroit jamais le louer sans manquer à ce qu'elle doit à son sexe [2]. » Mazarin le regardait comme un homme léger et capable de se compromettre dans toutes les méchantes affaires [3]. La propre mère du duc de Guise ne cachait pas le peu d'estime que lui inspirait la conduite d'un fils jugé sévèrement par les gens sérieux. Son autre fils, le duc de Joyeuse, n'offrait pas davantage l'exemple de la constance. Il s'éprit d'abord de la petite-fille du duc d'Épernon [4]. « Ce fut principalement dans ces bals-là qu'il témoigna tout à fait sa passion pour mademoiselle d'Épernon, et mademoiselle d'Épernon n'en avoit pas moins pour ce mariage. Pour moi, je le souhaitois beaucoup aussi, dit mademoiselle de Montpensier [5]; cependant les chuchoteries de mademoiselle de Guise sur cette affaire envers madame sa mère ruinèrent ce dessein. » Dominé par les caprices

[1] Madame DE MOTTEVILLE, *Mémoires*.

[2] *Id.*, *ibid.*

[3] COUSIN, *Journal des savants*, 1854, p. 693, *les Carnets de Mazarin*, carnet III, p. 39 : « Madama di Guisa disgutatissima di suo figlio. Ne ha parlato a M. di Chavigni... » P. 63 : « Il duca è leggiero e capace d'impegnarsi in ogni cattivo affare. »

[4] La mère de mademoiselle d'Épernon était Gabrielle-Angélique de Bourbon, fille légitimée de Henri IV et de la marquise de Verneuil, et duchesse d'Épernon.

[5] Mademoiselle DE MONTPENSIER, *Mémoires*, t. I, p. 90.

de sa sœur, le duc de Joyeuse tomba amoureux de mademoiselle de Guerchy [1], et oublia la pauvre Anne d'Épernon qui s'enfuit, belle, enviée, héritière unique, aux carmélites de la rue Saint-Jacques, sous le nom de sœur Anne-Marie de Jésus. Bientôt mademoiselle de Guerchy fut oubliée également, et le duc de Joyeuse adressa ses galanteries à Marie de Valois, fille unique du duc d'Angoulême.

Tous les petits-fils des grands Guises n'étaient pas descendus à ce degré de frivolité et d'oisiveté. Un homme restait, mais un seul dans toute la famille. C'était le comte d'Harcourt, né en 1601, fils du duc d'Elbeuf [2]. Tête froide, soldat actif, adroit politique, il savait donner des ordres et les faire exécuter, diriger des manœuvres rapides, instruire des chefs. Presque tous les lieutenants généraux de la première moitié du règne de Louis XIV avaient été formés à son école. Ses campagnes d'Italie ont été regardées longtemps comme un modèle de stratégie, et pendant les guerres civiles il a été l'adversaire souvent heureux du grand Condé. Il avait épousé une cousine de Richelieu [3], et resta presque constamment fidèle à la fortune de Mazarin [4].

Le duc de Guise ne figura pas non plus parmi les ennemis de Mazarin; mais s'il évita de se mêler aux désordres de la Fronde, c'est qu'il eut, à cette époque,

[1] Mademoiselle DE MONTPENSIER, *Mémoires*, t. I, p. 108.

[2] Voir le tableau généalogique à la fin du premier volume.

[3] Marguerite de Cambout, veuve du duc de Puylaurens.

[4] La mort de cet homme de guerre fut assez étrange; elle fut la conséquence d'une certaine défaillance qu'il eut, dans un monastère, à l'âge de soixante-six ans. Les détails de cet accident sont donnés dans un manuscrit de la Bibliothèque nationale, cabinet des titres, carton des Guises, publié par BOUILLÉ, t. IV, p. 478.

l'âme absorbée tout entière par une pensée unique, le désir d'un nouveau mariage. Oublieux de ses deux femmes, il voulut épouser une des filles d'honneur d'Anne d'Autriche, Suzanne de Pons, fille de Jean-Jacques de Pons, marquis de la Caze. Suzanne, « qui n'étoit pas fâchée d'avoir un amant sous la figure d'un mari [1] », feignit d'ajouter foi à ce troisième mariage, se retira dans un couvent irrégulier pour y vivre « sous les ordres du duc de Guise, servie par ses officiers, et défrayée à ses dépens [2] ». Dès lors Henri de Guise ne songea plus qu'à obtenir la nullité des deux premiers mariages, pour faire accepter le troisième, et il partit « le lundi 29 octobre 1646 avec M. l'abbé d'Elbeuf pour aller à Rome faire rompre son mariage avec madame de Bossu [3] ».

Après sept mois de sollicitations près du Saint-Père, il n'obtenait pas de solution, lorsqu'il imagina subitement un moyen d'acquérir une influence prédominante près du trône pontifical, et d'offrir à sa bien-aimée une couronne conquise pour elle. Il s'avisa de faire valoir ses droits sur le royaume de Naples, en rappelant les prétentions des premiers Guises à représenter la dynastie angevine, et de se montrer ainsi à l'Europe comme « le véritable portrait de nos anciens paladins [4] ». Le peuple de la ville de Naples venait à ce moment de secouer la domination espagnole; le chef qu'il s'était élu, Thomas Aniello, avait été massacré après un règne de trois jours; le prince de Massa, qui

[1] Madame DE MOTTEVILLE, *Mémoires*, p. 64.
[2] *Id., ibid.*, p. 141.
[3] Olivier D'ORMESSON, *Journal*, publié par M. Chéruel.
[4] Madame DE MOTTEVILLE.

lui avait succédé, avait été égorgé de même. Le meneur de ces meurtriers, l'armurier Gennaro Annese, craignant un sort semblable, voulut s'abriter derrière un paladin, accueillit les offres du duc de Guise, et proposa de le proclamer général de la République napolitaine. Annese était un de ces parleurs qui se mêlent aux émeutes, y cherchent leur profit et sauvent souvent leur tête par une trahison opportune.

C'est à cet intrigant, faux et lâche, que se confia naïvement le duc de Guise : il s'avança, le 15 novembre, avec deux hommes, dans une chaloupe, au milieu de la baie de Naples : sous le feu de la flotte espagnole, il débarqua, sans soldats, sans argent, sans poudre. Ces salves de l'artillerie ennemie, cette audace d'apparaître seul, en plein jour, dans un pays inconnu, à travers une flotte de blocus, donnaient à cette entreprise un aspect théâtral qui fut suffisant pour soulever l'enthousiasme des lazzaroni. On lui brûla de l'encens sous le nez, on se battit pour s'arracher les sequins qu'il tirait de ses poches. « La femme du général Annese, qui n'était ni belle, ni propre, lui fit la chemise qu'il mit le lendemain [1]. »

Il put bientôt apercevoir les résultats de son imprévoyante folie; s'il visitait un poste avancé, tous les hommes y étaient accablés du sommeil de l'ivresse; sans ami, dans une ville prise de démence, au milieu d'une population criarde et fuyarde, il n'avait plus, comme son grand-père, au temps des barricades, les gardes bourgeoises qu'endoctrinaient les curés, mais des chefs insolents, l'armurier Annese, qui se disait son

[1] Madame DE MOTTEVILLE, *Mémoires*, p. 141.

collègue, et des gens qui l'abandonnaient au moment des sorties, ou qui livraient ses projets aux Espagnols.

De toutes les trahisons, la plus cruelle et la moins soupçonnée fut celle de la jeune fille pour laquelle il s'était jeté dans ces aventures. La belle Suzanne de Pons ne fut pas touchée par tant de périls encourus pour lui plaire. « Cela ne l'empêchoit pas de se divertir. Cette âme, gloutonne de plaisir, n'étoit pas satisfaite d'un amant absent qui l'adoroit, d'un héros qui, pour la mériter, vouloit se faire souverain et mettre à ses pieds toutes ses victoires [1]. » Elle oublia promptement le pauvre duc; elle « lui fit sentir, à son tour, les infidélités qu'il avoit faites à la princesse Anne de Gonzague et à la comtesse de Bossu. Et, par un échange honteux pour elle, l'écuyer de ce prince prit enfin dans son cœur la place de son maître [2]. »

La Régente, indignée de ce scandale, la fit enfermer au couvent des Filles de Sainte-Marie; elle y « demeura, malgré elle, jusqu'à ce que le peu de bonheur du duc de Guise et l'inclination de la demoiselle, qui n'étoit pas tournée du côté de la pénitence, la mirent dans une entière liberté ».

Ce qui acheva de perdre dans le ridicule le conquérant de Naples fut sa robuste crédulité dans la constance de Suzanne et son obstination à ne pas croire à la félicité de l'écuyer Malicorne, qu'il avait placé près d'elle. Il ne sut pas déguiser son indignation contre la Régente, en apprenant que sa bien-aimée était enfermée. Les infidélités dont il avait été victime étaient la fable de toute la Cour, lorsque arrivèrent ses lettres, qui deman-

[1] Madame DE MOTTEVILLE, *Mémoires*, p. 154.
[2] *Id., ibid.*

daient que mademoiselle Pons fût remise en liberté. « Exposant, disait le pauvre duc, ma personne dans les périls continuels où je me trouve tous les jours, et de trahison et de poison, et ne prétendant pour récompense de mes travaux que de pouvoir passer ma vie avec mademoiselle de Pons, j'ai appris avec un regret extrême la rigueur dont Votre Majesté a usé envers elle [1]. » Il ajoutait qu'il n'estimait sans elle « ni la fortune, ni la grandeur, ni même la vie ».

Il fut moins aveugle avec Gennaro Annese, lui retira son commandement, et ne réussit, par cette mesure incomplète, qu'à précipiter le dénouement. Annese introduisit les Espagnols dans la ville, et fut aussitôt pendu par eux, comme il le méritait doublement. Le duc de Guise, fait prisonnier le lendemain, fut embarqué pour l'Espagne, et resta plusieurs années enfermé. Il s'abaissa, pour obtenir sa liberté, aux promesses les plus fausses et aux offres les plus honteuses; ses lettres au roi d'Espagne existent encore dans nos archives. Il offre d'introduire en France les armées espagnoles à travers son gouvernement de Provence ou ses domaines de Guise : il se déclare prêt à employer, pour les intérêts de l'Espagne, « sa personne, son crédit, sa vie et celle de tous ses amys ». Il attend « avec une impatience extraordinaire les intentions de Sa Majesté pour y obéir avec autant de ponctualité qu'il en apportera toute sa vie à l'exécution de ses volontés [2] ». Ses véritables ennemis sont en France, comme ceux de l'Espagne, et il n'a « jamais souhaité la liberté que pour rendre à Sa Majesté des services considérables, resta-

[1] Madame DE MOTTEVILLE, *Mémoires*, p. 151.
[2] Ms. Simancas, A. 32, pièce 6 (Archives nationales).

blir sa maison, et se venger de tous les mauvais traitements et injures que ses prédécesseurs et luy avoient receu de la couronne de France[1] ». Après quatre ans, il fut enfin mis en liberté. Le prince de Condé, « sans avoir aucune habitude avec lui, par pure générosité, le demanda aux Espagnols au lieu de sommes fort considérables qu'ils lui devoient[2] ». Mais avant de le laisser retourner en France, le roi d'Espagne lui fit promettre, sous la foi du serment, et lui fit signer un engagement écrit de ne prendre part à aucune expédition contre le royaume de Naples.

Ainsi libre par la protection du prince de Condé et sous la promesse de ne plus retourner à Naples, le duc de Guise s'empressa de faire deux choses : il prit séance au Parlement et vota, dès son retour, avec les autres pairs, la condamnation du prince de Condé et de toute sa famille pour crimes de haute trahison et de lèse-majesté; « il fut présent à tout ce qui se passa contre tout le monde[3] »; puis il prépara une nouvelle expédition dans le royaume de Naples.

Il se glissa dans les bonnes grâces de Mazarin afin de faire mettre une flotte française au service de ses prétentions. Contre sa parole, il reparut à Naples le 6 octobre 1654, enleva Castellamare, et, après quelques combats douteux, jugea prudent de se rembarquer sur les vaisseaux français et de se réfugier à Paris, non sans avoir fait tuer un grand nombre des jeunes gentilshommes qui l'avaient suivi dans l'espoir d'une glorieuse conquête.

[1] Ms. Simancas, A. 32, pièce 7 (Archives nationales).
[2] Mademoiselle DE MONTPENSIER, *Mémoires*, t. II, p. 221.
[3] *Id.*, *ibid.*

Il montrait moins de fermeté à garder la reconnaissance des services rendus ou la foi jurée qu'à repousser les supplications de la femme qu'il avait épousée à Bruxelles. La comtesse de Bossu chercha à le rencontrer après ce second échec de Naples. Mademoiselle de Montpensier, fille du duc d'Orléans, qui vint la voir dans le couvent où elle s'était retirée à Paris, dit : « Je la trouvai au lit; elle me parut fort agréable. Elle est flatteuse, a de l'esprit, et dans une conversation le peu de jugement ne paroist pas. Je la fis lever pour voir sa taille, elle l'a assez belle. » Quelque temps après, elle la fit appeler dans sa chambre, au Luxembourg, un jour que Guise y était seul. En entrant, la comtesse de Bossu « se jeta aux pieds de M. de Guise, lui disant : — Ayez pitié de moi, songez à l'état où je suis et à celui où vous devez être, à l'amitié que vous avez eue pour moi. — Il lui dit : — Madame, levez-vous, je suis votre serviteur. — Force civilités d'un air froid et peu attendri. Elle lui disoit : — Mais vous m'avez aimée, vous m'avez trouvée belle! — Oui, mais je ne vous aime plus, parce que vous êtes changée. Il lui dit assez de duretés [1]. »

Au milieu de ces difficultés avec ses trois femmes et les lazzaroni, le duc de Guise s'amoindrit; ses voyages, ses années de prison l'écartèrent des événements de la France. Ce n'était plus un Guise, c'était le petit abbé de Retz, qui avait réveillé le souvenir des barricades, poussé contre les gardes du Roi les pertuisanes et les arquebuses du siècle dernier, mis sur la gorge des bourgeois les hausse-cols gravés à la devise : « Saint Jacques

[1] Mademoiselle DE MONTPENSIER, *Mémoires*, t. II, p. 440.

Clément, priez pour nous[1] », et essayé, par divertissement, le rôle du Balafré. Le duc de Guise laissait passer la Fronde, et les campagnes d'Alsace, et la paix des Pyrénées; il ne voyait rien autour de lui; satisfait de vivre en prince, avec trente-six pages et douze Maures[2], submergé par le flot montant des splendeurs récentes, enseveli dans la foule des favoris, des hommes de guerre, des ducs, des légitimés, des princes du sang, une France joyeuse et glorieuse, Vardes et Lauzun, Turenne et Luxembourg, la Rochefoucauld et Rohan, les Vendômes, le grand Condé, le duc d'Orléans. Dans ce monde nouveau, les Guises restaient comme un débris d'un autre âge, une ruine.

Le duc de Guise mourut en 1664, laissant son titre au fils aîné de son frère, le duc de Joyeuse. Ce sixième duc de Guise, Louis-Joseph, était un enfant de seize ans, dont la tante entreprit d'assurer la fortune. Cette tante, mademoiselle de Guise, « étoit une personne de beaucoup d'esprit et de desseins fort dignes des Guises ses pères[3] ». Elle eut assez de crédit pour faire épouser à son jeune neveu une fille de Gaston d'Orléans. « Bossue et contrefaite à l'excès, elle avoit mieux aimé épouser le dernier duc de Guise, en mai 1667, que de ne se point marier[4]. »

Le nouveau duc de Guise put éprouver, par cette union, à quel degré sa maison était déchue. Ce n'était plus le temps où la petite-fille d'un duc de Guise devenait reine de France et luttait contre Catherine de

[1] Cardinal DE RETZ, *Mémoires*, édit. Petitot, t. I, p. 231.
[2] Olivier D'ORMESSON, *Journal*.
[3] SAINT-SIMON, *Mémoires*, t. I, p. 196.
[4] *Id.*, *ibid.*

Médici. Le mariage parut si peu important qu'on oublia une partie des préparatifs. On « y avoit si peu pourvu qu'ils n'eurent point de carreaux. On alla en chercher, on ne trouva que ceux des chiens de madame de Montespan. Madame de Montespan me le conta le plus plaisamment du monde. Elle dit : J'étois dans la tribune; quand ils se levèrent à l'évangile, et que je vis les carreaux de mes chiens ainsi honorés et servant à une telle noce, cela me fit rire [1]. »

Mais la nouvelle duchesse de Guise n'en fut que plus exigeante sur le cérémonial de chaque jour : « Tous les respects dus à une petite-fille de France furent conservés. M. de Guise n'eut qu'un ployant devant madame sa femme. Tous les jours, à dîner, il lui donnoit la serviette, et quand elle étoit dans son fauteuil, et qu'elle avoit déployé sa serviette, M. de Guise debout, elle ordonnoit qu'on lui apportât un couvert, qui étoit toujours prêt au buffet. Ce couvert se mettoit en retour au bout de la table, puis elle disoit à M. de Guise de s'y mettre, et il s'y mettoit. Tout le reste étoit observé avec la même exactitude, et cela se recommençoit tous les jours [2]. »

Si fière avec son mari, elle n'en était que plus obséquieuse près du Roi, et s'efforçait de faire sa cour à une servante espagnole que la reine Marie-Thérèse avait amenée avec elle pour soigner son chocolat et ses bouillons. Cette fille, nommée la Molina, « étoit, dit Mademoiselle [3], la plus laide créature que l'on ait jamais vue. Ma sœur de Guise lui baisoit les mains, et

[1] Mademoiselle DE MONTPENSIER, *Mémoires*, t. IV, p. 45.
[2] SAINT-SIMON, *Mémoires*, t. I, p. 196.
[3] *Id., ibid.*, t. IV, p. 412.

l'on dit qu'elle l'appeloit *Maman*, et lui faisoit mille présents, et toutes les femmes lui en faisoient aussi pour être bien traitées de la Reine. »

Le jeune duc Louis-Joseph aimait la Fontaine, et se fit dédier un recueil de ses fables. Il mourut à vingt-deux ans, laissant un fils « qui étoit un enfant très malsain, qui ne se soutenoit pas à six ans, étoit tout misérable[1] », et qui succomba en juillet 1675. Sa mère en fut affligée, dit le duc de Saint-Simon, jusqu'à en avoir oublié son *Pater*. C'était François-Joseph, le septième et dernier duc de Guise.

Le titre de duc de Guise ne fut pas relevé par les autres descendants du fondateur de la race; toutes les branches furent éteintes de bonne heure; la seule qui se soit prolongée jusqu'à notre époque est celle du marquis d'Elbeuf, septième fils du duc Claude de Guise; elle disparut avec le prince de Lambese, qui, né en 1751, mourut en 1825.

[1] Mademoiselle de Montpensier, *Mémoires*, t. IV, p. 370.

FIN DU TOME SECOND.

# TABLE DES MATIÈRES





PARIS. TYPOGRAPHIE DE E. PLON, NOURRIT ET Cie, RUE GARANCIÈRE, 8.

## A LA MÊME LIBRAIRIE

[illegible] **en France au** [illegible] le vicomte de Meaux. Un vol. in-8°. Prix [illegible]

**Journal du Concile de Trente,** rédigé par [illegible] vénitien présent aux sessions de 1562 à 1563, [illegible] Armand Baschet, avec [illegible] documents [illegible] à la mission des ambassadeurs de France [illegible] vol. in-8°. Prix [illegible]

**La Réforme au XVI° siècle.** Études et portraits [illegible] A. Laugel. Un vol. in-8°. Prix [illegible]

**Henri IV, les Suisses et la haute Italie. La** [illegible] **les Alpes (1598-1610).** Étude historique d'après [illegible] ments inédits des Archives de France, de Suisse [illegible] d'Italie, par Édouard Rott, secrétaire de la Légation [illegible] en France. Un vol. in-8° avec une carte. Prix [illegible]

*Le Père de madame de Rambouillet.* [illegible] **vie et ses ambassades près de Philippe** [illegible] Rome, d'après des documents inédits, par le vicomte [illegible] Brémond d'Ars. Un vol. in-8°. Prix [illegible]

*(Couronné par l'Académie française* [illegible]

**La Renaissance,** *scènes historiques.* — Savonarole [illegible] Borgia. — Jules II. — Léon X. — Michel-Ange [illegible] de Gobineau. Un vol. in-8°. Prix [illegible]

*(Couronné par l'Académie française* [illegible]

[illegible]

[illegible]

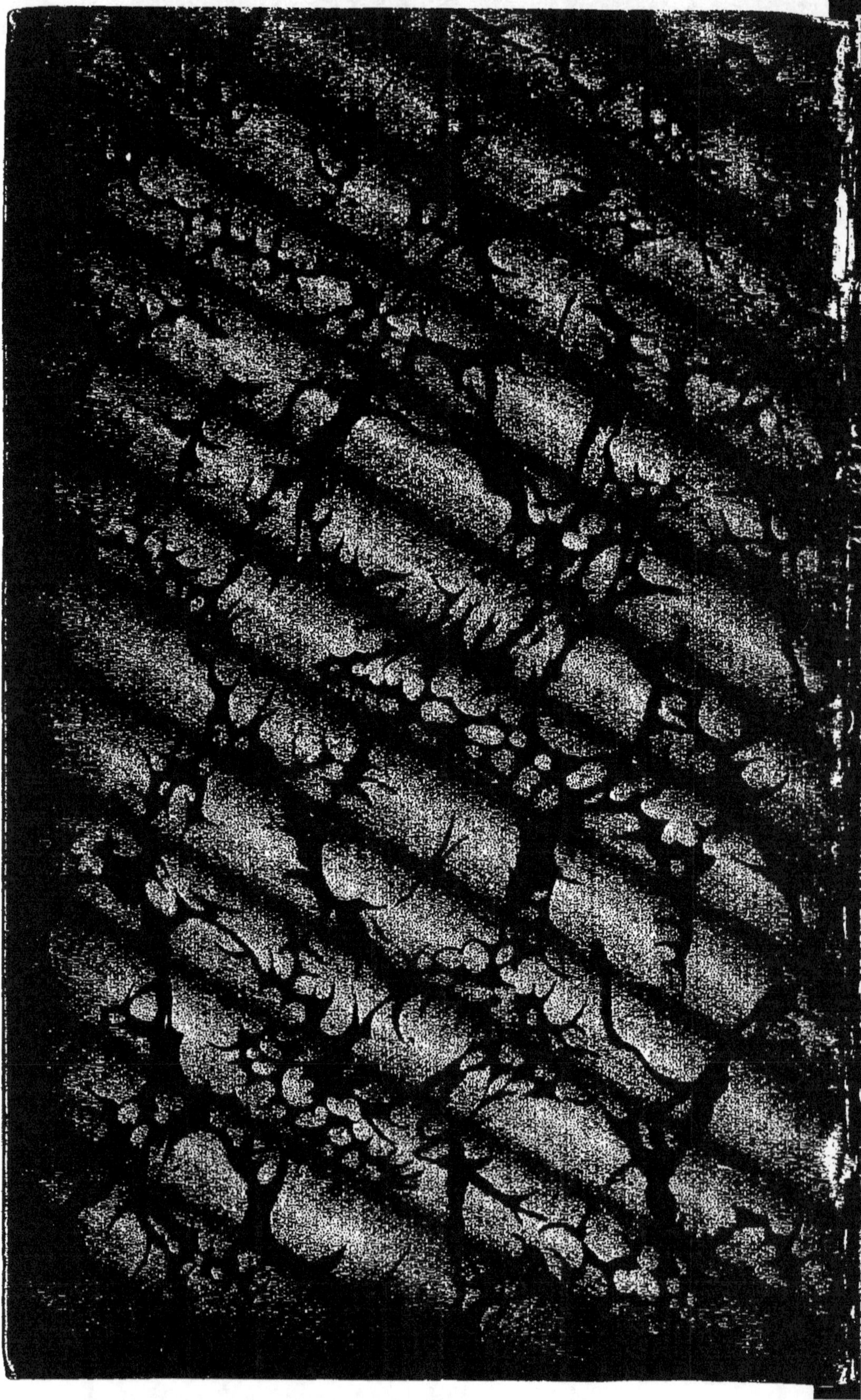

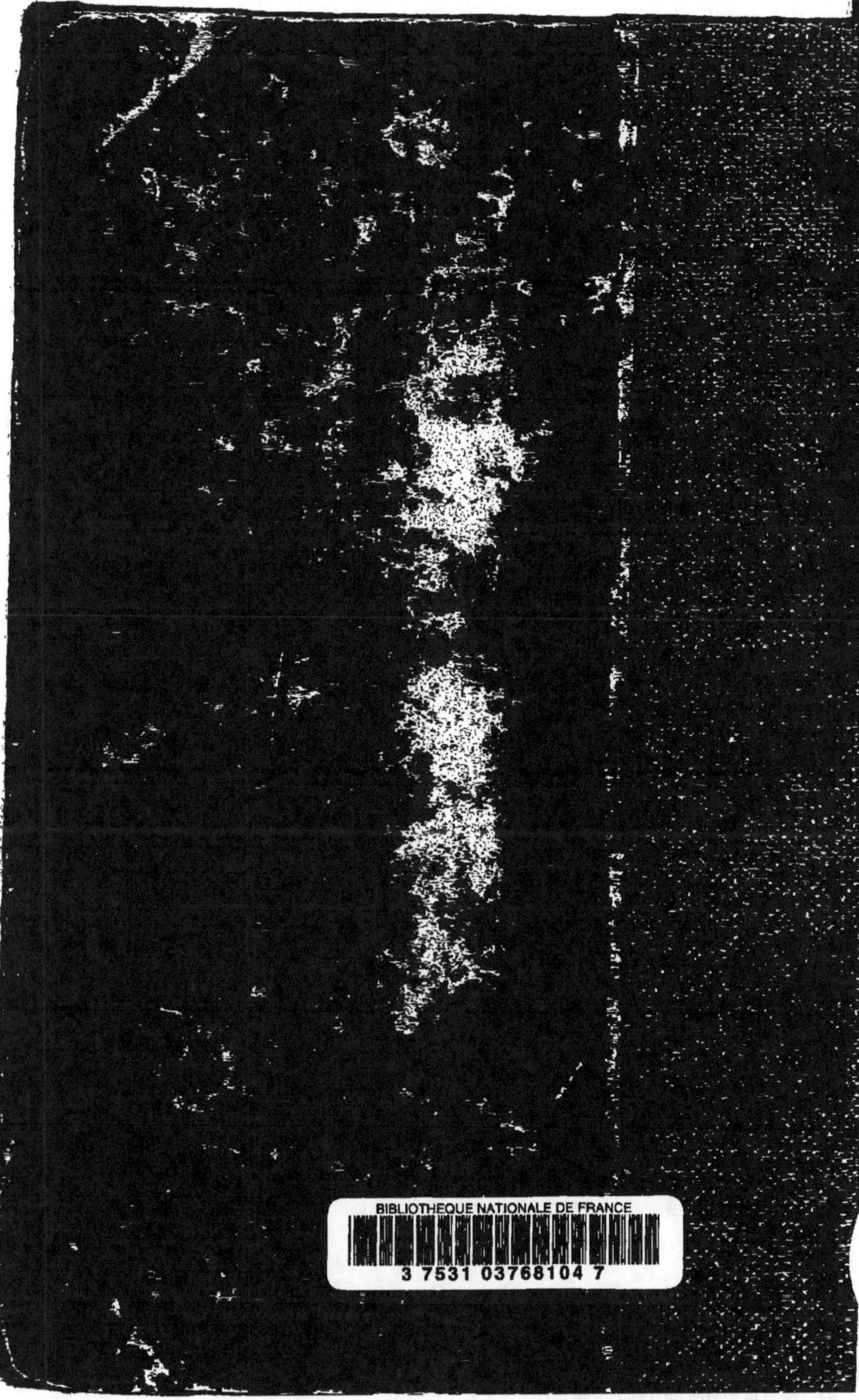

www.ingramcontent.com/pod-product-compliance
Lightning Source LLC
LaVergne TN
LVHW010830120826
845149LV00016B/169

* 9 7 8 2 0 1 3 5 1 9 7 5 5 *